黑龙江省高等教育应用型人才培养系列教材

投资项目分析

主　编　陈伟　刘毅　韩斌　张凌

副主编　卢尚坤　邓志茹　李潭

HEUP 哈尔滨工程大学出版社

内容简介

本书全面系统地阐述了投资项目分析的基本原理和方法。全书共12章，内容包括投资项目绪论、经济效益评价指标体系、投资项目分析的构成要素、现金流量构成与资金等值计算、投资项目技术经济分析的基本方法、投资项目技术经济不确定性分析方法、投资项目的可行性研究、工艺方案和工艺装备方案的技术经济分析、设备更新项目的技术经济分析、价值工程、技术引进与技术进步的技术经济分析和技术经济预测等。

本书可作为高等院校经济管理类专业和工程技术类专业研究生、本科生关于投资项目分析课程的教材，同时也可供工业企业、外贸投资公司、金融机构、政府及相关部门人员作为学习和工作的参考书。

图书在版编目(CIP)数据

投资项目分析/陈伟等主编. —哈尔滨:哈尔滨工程大学出版社,2015.12(2023.2重印)
ISBN 978-7-5661-1183-8

Ⅰ.①投… Ⅱ.①陈… Ⅲ.①投资项目-分析
Ⅳ.①F830.593

中国版本图书馆CIP数据核字(2015)第307566号

责任编辑 雷霞
封面设计 恒润设计

出版发行 哈尔滨工程大学出版社
社　　址 哈尔滨市南岗区南通大街145号
邮政编码 150001
发行电话 0451-82519328
传　　真 0451-82519699
经　　销 新华书店
印　　刷 黑龙江天宇印刷有限公司
开　　本 787mm×1 092mm　1/16
印　　张 16.25
字　　数 422千字
版　　次 2015年12月第1版
印　　次 2023年2月第9次印刷
定　　价 43.00元

http://www.hrbeupress.com
E-mail:heupress@hrbeu.edu.cn

前　言

投资项目分析是现代管理科学中一门综合性学科，也是技术与经济相互交融的边缘性学科。它对投资项目、经济效益评价指标体系、技术项目分析的构成要素、投资项目经济分析的基本方法、投资项目技术经济不确定性分析方法、投资项目的可行性研究、工艺方案和工艺装备方案的技术经济分析、设备更新项目的技术经济分析等要素做出了系统的分析和评价，对投资项目政策、投资项目技术方案等做出了科学的评价和决策。

本书广泛借鉴了国内外有关投资项目分析理论的研究成果，密切结合我国国民经济发展实际，在注重对基本理论进行系统阐述的同时，又紧密结合投资项目实践，在对投资项目技术经济评价的各种经济因素、各类评价参数的确定和选取上都贯彻了新的财务税收制度，使本书对投资者在进行投资项目分析与评价时更具有实际指导意义。理论和实践相结合，是本书最显著的特点。

本书由哈尔滨工程大学、哈尔滨理工大学等单位的专家和学者，结合多年的教学经验和科研成果共同编写完成。其中，韩斌编写了第一章、第二章和第三章；刘毅编写了第四章、第五章和第十二章；张凌编写了第六章和第十一章；李潭编写了第七章第三至五节和第八章；陈伟编写了第七章第一节、第二节，邓志茹编写了第九章；卢尚坤编写了第十章。

本书在出版的过程中，得到了哈尔滨工程大学出版社的大力支持，在此表示感谢。

编　者

2015 年 12 月

目　录

第一章　投资项目绪论

第一节　工程项目投资

一、项目及投资的基本内涵

(一)项目的内涵

项目的概念在社会经济活动中频繁使用,随着人们对项目管理实践认识的不断深入,其边界逐渐被扩大而趋于广义化,由原来狭义的诸如建筑物或设施的建设项目,拓宽至诸如开发一种新产品、新服务,进行一场组织变革,设计一套新型运输工具,建造一套新型水利系统,进行一次政治竞选活动和实施新的商业模式等。究其项目的内涵,不同的学术组织与学者基于不同视角给出了不同的观点与看法,而呈现出多样性的特征。目前引用比较多的项目的定义主要有:

美国项目管理学会(Project Management Institute, PMI)认为,项目是为完成某一种独特的产品、服务或任务所做的一次性努力。

英国项目管理协会(Association of Project Management, APM)认为,项目是为了在规定的时间、费用和性能参数下满足特定目标由个人或组织实施的具有规定的开始和结束日期、相互协调的独特的活动集合。

德国 DIN69910(德国标准化学会的简称,即 Deutsches Institut für Normung)认为,项目是指在整体上符合下面三个条件的唯一性任务:具有预定的目标;具有时间、财务、人力和其他限制条件;具有专门的组织。

R. K. Wysocki, R. Beck. Jr. 和 D. B. Crane 认为,项目是一些独特的、复杂的和相关的活动组成的一个序列,它有一个必须在特定时间内、在预算之内根据规范完成的目标或目的。

波特尼认为,一个项目无论大小,一般包括下列要素:具体的结果(产品或服务)、明确的开始与结束日期、既定的预算(人员、资金、设备、设施和资料总额)。

R. Levenc 认为,项目是一群人在规定时间、预算内,完成某个特殊产品或者取得某个具体结果,以达到一个具体绩效标准的过程。

这些定义从不同的视角对项目的内涵进行了说明,但相对于项目复杂、多样的内涵,都不甚全面,并且随着项目管理的实践变化,人们又赋予了项目更多、更新的内涵。综合上述观点,本书对项目给予以下定义。

1. 项目是一个临时性组织

传统观点认为,项目是实现系统目标的工具与手段,如产品开发项目是取得企业市场份额目标的手段,工程项目是建设大楼为建筑企业提供现金流的工具。与此不同的是,本书赞同项目组织说,因为项目是具有动机和目的性的人参与的活动,其运作不论是涉及某个单独部门,还是以联营体和合伙形式跨越多个组织或部门,都需要通过组织活动将分散的资源加以整合,使之相互协调,才能实现项目赋予的任务。因此,项目是一种组织。

虽然项目大多存在于企业之中,但项目活动与生产经营活动的不同特点决定了项目组织与企业组织存在本质的区别。尽管两者都需要由个人或组织机构来实施,受制于有限的资源,可分解成不同部分,划分成不同阶段,都需要进行规划、执行和控制,遵循某种工作流程等,但生产经营活动都具有日常性、重复性、周期性,其组织形式相对固定。尽管不同项目在规模和复杂性上存在差异,且项目持续时间也可能从几十天到几年甚至十几年不等,但项目活动都是临时、非重复、一次性的。任务一旦完成,或因任务不能完成而导致项目被中止,项目活动随之结束。

因项目而组建的团队也随着项目完成或中止而解散,人员被解散或重新分配。简言之,项目都有一个明确的开始和结束时间,必须在有限的时间内完成。

2. 项目是价值创造的过程

项目是价值创造的过程,包括项目建设活动与生产运营活动两个子过程。前者在时间、资源等方面的约束下,通过建设活动将投入的各种资源转化为可交付的产出,如新的工厂、新的资产、新的资源等;这些资产可能是有形的工程建筑,也可以是无形组织变化的社会建构,甚至是抽象的、经过培训的经理等。后者是将前者提供的资产、系统等,通过生产经营活动而形成项目的最终结果——满足客户需要的产品或者服务等。

项目建设与生产经营活动链包括项目建设单位、项目使用单位及其客户三个主体以及三个主体之间形成的两层关系。项目建设单位与项目使用单位之间的关系,关注的焦点是产品创造(可交付物);项目使用者与其客户之间的关系,关注的焦点是价值创造。就项目整个过程而言,总体关注的焦点是价值创造。建设单位建设的项目本身不为最终客户创造价值,但它为最终客户创造价值提供载体,并且通过动员项目使用单位一起借助于项目提供的交付物为自己创造价值。因为项目使用单位不再是单纯被动的产品接受者,而是价值创造的合作生产者与设计者,围绕着项目的生产活动形成资源—产品(可交付物)—价值的价值创造链。

现代项目都带有某种创新和创业性质,实施结果的预期的和不可预期的社会、经济和环境影响可能会比项目本身持续的时间要长得多,且其成果又具有不可挽回性。例如,三峡工程关系国计民生,不可能有"试验田"式的"缓冲区",因而具有较高的风险性。

与传统项目聚焦产品不同,现代项目影响的长期性与风险性决定了现代项目管理更加关注项目创造价值的全过程,并聚焦价值创造及第二层次客户关系。因为只有解决了项目交付物能够创造价值、实现价值的问题,才能真正实现项目本身的价值。

3. 项目是实现有益变化的代理

企业之所以要开展项目活动运作,其目的是通过项目完成一系列具有内在关联的变化目标与使命。这是因为企业已有的职能机构既存在官僚主义的作风,又不乏惯例的惰性。面对复杂多变的外部环境变化,这种超稳定的组织难以完成以变应变的使命,难以确保企业的生存与持续发展;而作为临时性组织的项目则具有克服这种惰性的天然优势、动力和灵活性,能很好地适应这些变化,应对目标的不确定性,为企业带来有益的变化。这些变化要么体现为企业提供更新或优质的资源,要么交付新的或者改善的组织能力,要么直接改变组织的绩效。

一般来说,驱动项目实现有益变化的因素是 PSO,即人(People)、系统(System)和组织(Organization),能否取得最终的有益变化则依赖于这些因素的协同。如 IT 一直被认为是企业的使能器,ERP 系统的实施也被认为是提高企业竞争力的利器,但信息化建设绩效不尽如人意却是不争的事实。造成这种困境的原因在于,ERP 项目成功的关键不仅仅在于软件系统的本身,更在于领导与员工对于信息化认识的深化和信息技术运用能力的提高,以及组织流程的改善与再造。只有这些因素协同一致,才能实现企业绩效与竞争力的相应提升。当然,这些因素的协同不仅存在于这些增量因素之间,还存在于增量因素与企业既有的存量因素之间,同时,这种协同还是动态的。因此,项目不仅是产生有益变化的代理,还是各种关系的协同机制,它对于管理人员的素质提出更高的要求,既需要勇于变革的精神与能力,还要具有很强的人际协调能力。

综上所述,本书将项目定义为:项目是通过价值创造过程实现有益变化的临时性组织。

(二)投资的含义

投资可定义为任何涉及牺牲一定水平的即期消费以换取未来更多预期消费的活动,并具有双重含义。一是指特种资金,即为获取一定经济收益或社会效益而向某种对象或业务投入的资本或资产;二是指特种活动,即为获取一定经济收益或社会效益而向某种对象或业务投入资本或资产的经济活动。

(三)投资的类型

1. 依据投资方向不同划分

按照投资的方向不同,投资有金融投资与实业投资之分

金融投资专指为获取经济收益而投放资本购买股票、债券及衍生金融工具的间接投资行为。按照金融工具的层次性,金融投资可以具体分为包括股票、债券投资的基本金融工具投资,以及包括金融远期合约投资、金融期货合约投资、金融期权合约投资和金融互换合约投资的衍生金融工具投资。

实业投资是指包括购置和建造固定资产,购买和储备流动资产的直接投资。本书主要研究实业投资,如开工厂、办商店、开发房地产,以及原有企业的改扩建、技术改造和新产品开发等。投资者通过这些投资活动,把现金和可以变为现金(变现)的资产与物资变成具有生产性的暂时不能变现的资产,经过生产经营活动,再产生现金和可以变现的资金,从而获得更多的增值。

2. 依据投资是否增加划分

依据投资是否增加现有固定资产规模可分为新增固定资产投资(或扩充型投资)与固定资产更新投资(或重置型投资)。

前者能够增加固定资产的数量,扩大再生产规模。如为增加现有产品的产量或扩大现有销售渠道而进行的投资,或者为生产新产品或开发新的市场范围而进行的投资,就属于此类。

后者则不能增加固定资产的数量,而只能维持固定资产的简单再生产。如旨在维持企业现有生产经营规模,为更换已报废或已损坏的生产设备而进行的投资,或旨在降低成本,为更换可用但已陈旧的生产设备而进行的投资,就属于此类。

在市场经济条件下,还存在一种与生产安全或环境保护有关的强制型或非收益型投资。

在投资管理实践中,不同类型的投资方案的提出是有分工的。一般来说,扩充型投资方案由销售管理部门的人员提出,而重置型投资方案由生产管理部门的人员提出。但对投资方案的选择,则视其对企业经营与发展的影响程度,可由部门经理决定,也可由总经理决

定,有时甚至需要由董事会或股东大会决定。

3. 依据投资在再生产过程中的作用划分

依据投资在再生产过程中的作用,投资又分为初创投资和后续投资两类。

初创投资是指在建立新企业时所进行的各种投资,它的特点是投入的资金通过建设形成企业的原始资产,为企业的生产、经营创造必备的条件。后续投资是指为巩固和扩大企业再生产规模所进行的各种投资,其主要包括为维持企业简单再生产所进行的更新性投资,为实现扩大再生产所进行的追加性投资,为调整生产经营方向所进行的转移性投资等。

从理论上讲,后续投资的风险相对较高。因为如果后续投资是原投资方向的继续,那么,后续投资处在产品寿命周期的后期阶段,有可能面临因产品衰落而无法销售的风险;如果后续投资是投向与原投资方向不同的方向,由于是新的投资领域,收益的不确定性较大,风险也就较大。

(四)投资与融资

项目投资与融资是企业战略规划过程中两个重要活动,两者相辅相成,互为条件和相互补充。一方面,具有明确的融资前景、合理的资金来源,才能进行项目投资分析,因而,在项目投资可行性研究的早期,就要探索项目各种可能的资金来源,如果筹集不到足够的资金,即便项目投资前景广阔,收益可观,也难以付诸实施;另一方面,对项目投资的深入分析,既可对项目的技术经济特征有清晰认识,还能发现诱人的前景,才能吸引大量的资金,为项目融资创造良好的条件。

投资决策在先,融资决策在后。前者重点考察项目净现金流的价值是否大于其投资成本,后者重点考察资金筹措方案能否满足要求。没有一定的投资目标或投资方向很难融到资金,尤其投资方向决策是能否融到资金的关键。对于分期投资的项目而言,投资过程中又将伴随着第二轮或第三轮的融资。前期的项目投资效果将直接影响后期的融资,前期投资的成功将吸引更多的投资者,有利于拓宽项目后期的融资渠道,为整个项目的成功奠定基础;而如果前期投资失败,必然影响项目的后期融资,进而影响整个项目的成功。

二、工程项目投资的含义与特点

(一)工程项目的含义与特征

1. 工程项目

项目是指那些作为管理对象,在一定约束条件下(限定的资源、时间、质量等)完成的具有特定目的的一次性任务。项目具有任务一次性、目标明确性和管理对象整体性特征,重复、大批量的生产活动及其成果,不能称作"项目"。

项目按其最终成果可划分为科学研究项目、开发项目。建设工程项目、航天项目、维修项目、咨询项目、教育项目,等等。本书研究的对象就是建设工程项目的投资与融资问题。

建设工程项目是指需要一定量的资金投入,经过决策、实施等一系列程序,在一定约束条件下以形成固定资产为目标的一次性过程。一个建设项目就是一项固定资产投资项目,它又可分为基本建设项目和技术改造项目。其中基本建设项目是指新建、扩建等扩大生产能力的项目;技术改造项目是指以节约资金、增加产品品种、提高质量、治理"三废"、劳动安全等为主要目的的项目。建设工程项目的基本特征有:

(1)由明确的项目组成。建设工程项目在一个总体设计或初步设计范围内,由一个或若干个互相有内在联系的单项工程组成。建设中实行统一核算、统一管理。

(2)在一定约束条件下,以形成固定资产为特定目标。在项目建设过程中,约束条件主要有三个:一是时间约束,即要求有适宜的建设期限(工期);二是资源约束,即要求有确定的投资限额;三是质量约束,即有预期的生产能力、技术水平或使用效益目标。

(3)需要遵循必要的建设程序和经过特定的建设过程,且是一个有序的全过程。

(4)具有投资限额标准。只有达到一定的限额投资才能作为建设项目,低于限额标准的称为零星固定资产购置。

(5)按照特定的任务,具有一次性的组织形式。

2. 工程项目建设程序

我国的工程项目建设程序分为六个阶段,即项目建议书阶段、可行性研究阶段、设计工作阶段、建设准备阶段、建设施工阶段和竣工验收交付使用阶段。其中项目建议书阶段和可行性研究阶段被称为"项目决策阶段",项目的设计、准备、施工,直至项目交付使用被称为"项目实施阶段",项目交付使用后称为"项目使用阶段"。项目决策、实施、使用阶段合称为"项目全寿命周期"。

(1)项目建议书阶段。项目建议书是建设单位向国家提出的要求建设某一建设项目的建议文件,是对建设项目的轮廓设想,是从拟建项目的必要性及大方面的可能性加以考虑的。

(2)可行性研究阶段。项目建议书经批准后,下一步就要进行可行性研究。可行性研究是对建设项目在技术及经济上是否可行进行科学分析和论证工作,为项目决策提供依据。可行性研究的主要任务是通过多方案比较,提出最佳方案。

(3)设计工作阶段。项目设计是在项目可行性研究获得批准后进行的,一般可划分为几个阶段。一般工业与民用建筑设计按初步设计和施工图设计两个阶段进行,称为"两阶段设计";对于技术上复杂而又缺乏设计经验的项目,可按初步设计、技术设计和施工图设计三个阶段进行,称为"三阶段设计"。小型项目由于技术简单,在简化的初步设计确定后,就可做施工图设计。

(4)建设准备阶段。初步设计已经批准的项目,可列为预备项目。建设准备的主要工作内容包括:征地、拆迁和场地平整;完成施工用水、电、路等工程;设备、材料订货,准备必要的施工图纸;组织施工招标投资,择优选定施工单位。

(5)建设施工阶段。建设项目经批准新开工建设,项目便进入了建设施工阶段。这是项目决策的实施、建成投产发挥投资效益的关键环节。新开工建设的时间,是指建设项目设计文件中规定的任何一项永久性工程第一次破土开槽开始施工的日期。施工活动应按照设计要求、合同条款、预算投资、施工程序与顺序、施工组织设计,在保证质量、工期、成本计划等目标前提下进行,达到竣工标准要求,经过验收后,移交给建设单位。

(6)竣工验收交付使用阶段。当建设阶段按设计文件的规定内容全部施工完成后,可组织验收。这是建设全过程的最后一个阶段,是投资成果转入生产或使用的标志。通过竣工验收,可以检查建设项目实际形成的生产能力或效益,也可避免项目建成后继续消耗建设费用。

(二)工程项目投资

工程项目投资的概念有双重含义。

第一层含义是广义上的理解——工程项目投资就是指投资者在一定时间内新建、扩建、改建、迁建或恢复某个工程项目所做的一种投资活动。从这个意义上讲,工程项目建设过程就是投资活动的完成过程,工程项目管理过程就是投资管理过程。

第二层含义是狭义上的理解——投资就是指进行工程项目建设花费的费用,即工程项目投资额。

本书将结合投资在两个层面上的含义,探讨在项目投资评价与决策、设计、招投标与实施过程中涉及的原理、方法和实务。

一个工程项目的总投资,一般是指工程建设过程中所支出的各项费用之和,是建设项目按照确定的建设内容、建设规模、建设标准、功能要求和使用要求全部建成并验收合格交付使用所需的全部费用。生产性建设工程总投资包括建设投资、建设期利息和流动资产投资三部分;非生产性建设工程总投资包括建设投资和建设期利息两部分。

建设投资由工程费用(包括设备工器具购置费用和建筑安装工程费用)、工程建设其他费用和预备费(包括基本预备费和涨价预备费)组成。固定资产投资方向调节税目前暂不征收。设备工器具购置费用是指按照建设项目设计文件要求,建设单位(或其委托单位)购置或自制达到固定资产标准的设备和新扩建项目配置的首套工器具及生产家具所需的费用。它由设备工器具原价和包括设备成套公司服务费在内的运杂费组成。建筑安装工程费用亦被称为建筑安装工程造价,是指建设单位支付给从事建筑安装工程施工单位的全部生产费用,包括用于建筑物的建造及有关的准备、清理等工程的费用,用于需要安装设备的安置、装配工程费用。它是以货币表现的建筑安装工程的价值,其特点是必须通过兴工动料、追加活劳动才能实现。工程建设其他费用是指未纳入以上两项的、由项目投资支付的、为保证工程建设顺利完成和交付使用后能够正常发挥效用而发生的各项费用的总和。

建设期利息是指项目建设投资中债务融资部分在建设期内应计的贷款利息。

建设项目投资与建设期利息又可分为静态投资和动态投资两部分。涨价预备费、建设期利息等构成动态投资,其余部分是静态投资部分(包括建筑安装工程费、设备工器具费、工程建设其他费和基本预备费)。

流动资产投资是指生产经营项目投产后,为了购买原材料、燃料、支付工资及其他经营费用所需的周转资金,也就是财务学中的运营资金。流动资产投资随着项目投产而发生,随着生产负荷的改变而增减。与固定资产投资一样,流动资产投资也是长期占用的投资,所不同的是,流动资产投资是周转资金,在项目计算期末应收回全部流动资金。

(三)工程项目投资的特点

1. 大额性

建设项目往往规模巨大,其投资额动辄数百万、上千万,甚至达到数百亿。投资规模巨大的设备工程关系到国家、行业或地区的重大经济利益,对宏观经济可能也会产生重大影响。

2. 单件性

对于每一项建设项目,用户都有特殊的功能要求。建设项目及其计价方式的独特性使其不能像一般工业产品那样按品种、规格、质量成批定价,而只能根据各个建设项目的具体情况单独确定投资。

3. 阶段性

建设项目周期长、规模大、投资大,因此需要按程序分成相应阶段依次完成。相应地,也要在工程的建设过程中多次地进行投资数额的确定,以适应建立建设项目各方经济关系、进行有效的投资控制的要求。其过程如图 1-1 所示。

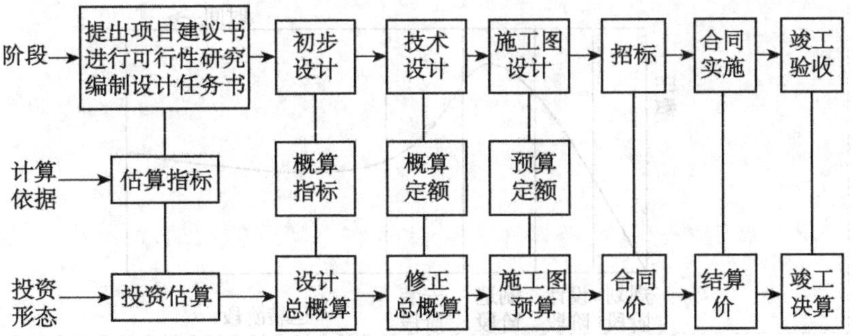

图1－1　建设项目投资确定过程

4. 投资确定的层次性

工程建设项目是一个庞大又复杂的体系。为了便于对其进行设计、施工与管理，必须按照统一的要求和划分原则进行必要的分解。具体的工程建设项目一般分为建设项目、单项工程（或工程项目）、单位工程、分部工程和分项工程。建设项目是指具有设计任务书和总体设计，经济上实行独立核算，行政上具有独立组织形式的建设单位；单项工程是指在一个建设项目中具有独立的设计文件，且建成后能独立发挥生产效能的工程，它由若干个单位工程组成；单位工程是指具有独立设计，可以独立组织施工的工程，它和单项工程的区别在于单位工程不能独立发挥设计生产（或使用）效能；分部工程是按工程部位、设备型号、使用材料及施工方法不同，对一个单位工程划分的部分工程；分项工程是指通过简单的施工过程就能生产出来，并能用适量计量单位（如 m^3，kg 等）计算的建筑安装产品，它是将分部工程按不同的施工方法、不同的材料、不同的质量要求和不同的设计尺寸，进一步划分的易于计算工程量和工料消耗量的若干子项目。

三、工程项目投资与项目全寿命费用的关系

工程项目投资与工程项目的全寿命费用是两个完全不同的概念。工程项目投资是指工程所有相关活动中所发生的全部费用之和；而全寿命费用是指工程项目一生所消耗的总费用，包括工程建设、运营和报废等各阶段的全部费用。具体来说，全寿命费用包括工程项目投资、工程交付使用后的经常性开支费用（含经营费用、日常维护修理费用、使用期内大修理和局部更新费用等）以及该工程使用期满后的报废拆除费用等。

工程寿命周期内各阶段费用的变化情况如图1－2所示。项目的决策—设计—制造过程所花费用是递增的，直到安装过程开始时才表现出下降趋势，其后的运行阶段基本保持一定的费用水平，而此阶段的持续时间要比设计、制造阶段长得多，最后当费用再度上升时就是需要更新的时期，工程的一生到此结束。这样，工程项目总费用（全寿命周期费用）即图1－2中曲线所包括的总面积。

工程项目投资分析应以全寿命周期费用为基础，而不能单纯地以投资额为基础。特别是对于那些使用过程中经常性开支较大的工程，更应重视全寿命期的分析，从投资决策阶段和设计过程起就应考虑全寿命费用（特别是使用维护费用）的最优化。必要时，应重新审查原始设计和其他与寿命周期费用有关的参数，通过对这些参数的比较选择来降低总费用。

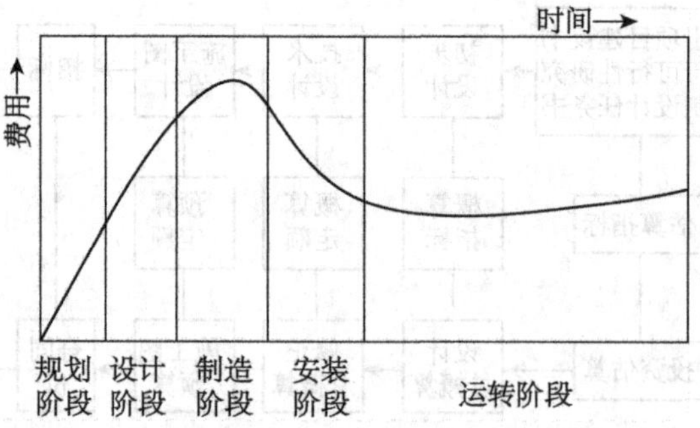

图 1－2　全寿命费用曲线

第二节　项目投资方向与定位

一、项目投资方向选择

正确选择项目的投资方向是项目策划的一个关键问题。从我国现阶段的市场经济特征看，在以下几个方向进行项目投资，可盈利性大，风险性小。

（一）资源利用开发型项目

由于不少资源具有不可再生或再生能力差的特点，因此，这些资源总是随着不断地被开发利用而日益减少，资源量的减少，其价格就愈来愈高，尤其对那些稀缺资源或无再生能力的资源来说，更是如此。例如，石油、天然气、稀有金属矿产等不可再生资源，随着开采量的增加而储量逐年减少，因此，投资开发这类资源并对其进行加工或深加工是必定会获利的。同样，对鱼类、天然橡胶、森林等再生能力不强的资源进行开发利用，如远洋捕捞、橡胶制品加工、木制品加工等，只要经营管理有方，产品结构合理，投资规模经济，则一般情况下也可望取得良好收益。另外，独具特色的旅游资源，独特的地理、气候形成的农业资源，均可被有效开发利用。

（二）填补市场空白型项目

项目投资效益的好坏，关键在于市场。尤其是工业加工项目，只要产品需求大，降低生产成本，则应该是能获利的。如果在某区域范围内，由于经济发展落后，工业化程度低，或者因为产业结构不合理，而使某些完全有条件（原料供应及其他建设条件）生产加工的产品全靠外地运进或某些经营领域尚存在一定规模的市场空白，则投资商完全可以瞄准和利用这一空白，构思投资项目，生产经营符合市场需求的产品。

（三）科技领先型项目

一项新技术的突破，一项新产品的问世，往往能取得超出市场平均利润几倍、几十倍的超额利润。正因为高额利润回报的诱导，促使人们不断研究应用新技术、开发新产品。因此，如果投资商按照社会的现实需要和潜在需求，组织人员攻关，研制技术领先的新产品，或者通过购买技术专利，开发新产品投放市场，则可望获取高技术附加值带来的高额利润回报。当然，这类项目往往投资大，周期较长，需要投资商具有一定的资本实力和技术力量，但只要获得成功，投资商付出的代价是能够得到足够或成倍补偿的。因此，在技术条件具备的前提下，研究开发具有巨大潜在需求的科技领先型产品，是任何一个有远见的投资商应着重考虑的重要投资方向之一。

(四)配套加工服务型项目

该类项目投资的着眼点主要在于某一大型项目的开发建设或某一产业的蓬勃发展,客观上对某些配套产品或配套服务形成了巨大需求,从而使该类项目投资获得具有一定规模和稳定的需求市场,市场风险相对较小。因此,投资商可采取跟进配套策略,投资开发配套项目。例如,在某一新兴汽车工业基地,可考虑投资开发与汽车生产配套的轮胎、坐垫、雨刮器等项目;在某一具有巨大旅游开发潜力的新兴旅游区,可投资开发宾馆等配套服务项目。

(五)可收费的基础工程项目

对投资商而言,是否决定进行某项投资的主要判断因素有两条:其一是确保投资风险小;其二是投资回报高。而对于基础设施或基础工业项目,使投资商(尤其是外商)首先感兴趣的是这类项目风险小,收益有保证,而且从长远看,也能获取令人满意的投资回报。例如,城市供水、城市煤气、收费公路、桥梁、(水)火电站以及输电网线和通信线路等。但由于这类项目一般投资大,周期长,因此要求投资商具有较强的资本实力和良好的融资渠道。

(六)政府鼓励的国有企业改造和支柱产业项目

投资该类项目一般能得到当地政府在政策、土地使用等方面的优惠,有时还能得到资金和信贷等方面的支持,甚至有些项目政府还承诺给予某一固定比例的投资回报。因此,投资商可在综合考虑各项条件和因素后,有选择地收购、兼并国有企业或参与支柱产业项目的投资建设。

以上介绍的几类投资项目,是一般情况下可考虑的投资方向,但在具体选择投资项目时,尚需进行科学策划、评估和慎重决策。

二、项目投资定位

项目投资定位,也是整个项目策划的原则性依据,是项目投资实现高起点、高收益的重要前提。

(一)投资目标定位

对于一个具体的投资项目,投资商一般都有一个效益目标期望值,而项目效益的预测值和项目投产运行后实际达到的效益值,很可能与期望值有差别,也因此使项目投资策划的其他方面与将来的实际存在着正负差距。为使项目策划尽可能和客观实际吻合,需要在对项目投资收益进行初步预测之后,对投资收益目标予以明确定位。这既能使投资商心中有数,又能正确指导各项投资策划行为,而且也能避免投资商存在过高期望的盲目乐观或缺乏投资信心的盲目悲观。同时,就某个具体项目而言,往往既可作为大收益目标来进行投资,也可作为小收益目标来投资,还可分为获取近期收益和远期收益的目标来投资。例如,投资开发某收费桥梁项目,既可以作为交钥匙工程,只承包工程建设赚取工程利润,也能以 BOT 方式投资合作,通过收费在一定期限内获取收益、回收投资。赚取投资经营利润,还可通过综合补偿开发等方式,不以建桥为最终目的,而以开发综合补偿给建桥的土地及有关物业为目标,以期获取长期、稳定的收益。因此,在进行项目投资时,需对投资收益的大小、远近、间接性和直接性予以界定,以便明确投资范围和投资计划等与项目投资相关的各主要因素。

（二）投资功能定位

项目策划的重要任务之一，即确定项目的功能，只有功能确定了，才能进行项目设计、计划投资和施工建设。如开发一幢楼房，楼房的功能是写字办公、商业娱乐或是纯粹的住宅楼等，首先需要明确；再如建造前述的桥梁，是仅仅解决交通问题还是需要作为一道景观或某一个城镇的标志和象征，这也需要明确。不同的功能要求，同一项目建设的内容和要求就可能大不相同。因此，项目功能的定位，决定了投资项目的框架及其他各个方面，因此，在进行项目策划时，首先需要对项目功能进行定位。

（三）项目形象定位

这主要是从文学和艺术的角度来看待项目的投资。一个项目，可以简单地把它看作一项工程、一个工厂或某一产品的研制生产，但如果把开发的起点、层次和要求提高，则可以把它看作一项作品、一种文化或某项艺术的代表。如在城市内建造一座桥梁，既可以把它看作解决市内交通问题的一项市政基础工程，也可以从文化和艺术角度，把它看作一项作品来设计开发。如把某一城市文化的精神，通过精心设计和高质量建造，从这座桥上体现出来，则该桥就不仅仅是一座简单的满足交通功能的桥，而成了这个城市文明的象征，是一项凝聚城市文明的艺术作品。再如，建设一个工厂，如能以艺术的思维，对厂房平面布置和立体建筑进行精心设计，则该工厂的形象就大不一样，如果以花园式的厂貌景观做产品广告画面或进行其他宣传，则可望取得很好的宣传效果。如与外商投资合作，外商在考察该工厂时，也会增添其投资合作信心。

（四）市场定位

市场定位主要有产品销售市场、服务对象及原料来源市场的定位。产品销售市场和服务对象定位决定着产品的设计方案、生产规模、质量档次、产品包装以及销售价格等。如某一轮胎生产项目，首先需明确产品主要是国内销售还是出口创汇，另需明确的是生产载重车用轮胎还是卡车用胎，或为飞机制造厂等配套供应的专用胎等。只有产品服务对象明确了，才能正确选用生产加工设备和工艺流程路线，确定符合市场需求的产品方案和合适的销售价格。另外，原料来源不同，会直接影响产品的成本和质量。如生产轮胎的生胶和胎用橡胶原料质量不好，那么即使技术工艺再先进，也难以生产出高质量的轮胎来。

由此可见，对投资项目的定位，是项目投资策划和开发建设中的一项重要工作。

习　题

1. 如何理解项目？
2. 简述投资的含义及其类型。
3. 简述工程项目投资的含义及其特点。
4. 简述工程项目投资与项目全寿命费用的关系。
5. 简述项目投资方向选择的类型。
6. 简述工程项目建设程序。
7. 简述工程项目投资定位的类型。

第二章 经济效益评价指标体系

第一节 经济效益的基本概念

在社会实践中，人们进行的所有实践活动，都是为了要取得一定的效益，以满足人们生产和生活的需要，这是人类社会实践所遵循的一个重要原则。只是由于各类活动的不同，人们取得效益的形式也有所不同。从事工业生产，希望造出质量好、成本低、数量多的产品；从事交通运输，希望将用户的货物（人）既安全（舒适）又快捷方便地运到目的地；从事教育工作，则希望能培养出技术精、能力强的德才兼备的人才。不论是能够用经济数字可以描述的生产领域的活动，还是无法用经济数字描述，属于"软指标"的非生产领域的活动，主要从两个角度去考察其经济效益：一是在一定的人力、物力和财力的条件下，如何靠科学管理、合理调配而使之充分发挥作用，更好地满足既定目标的要求，得到最好的效果，即得到最佳的"成果"，使产出最大；二是在确保满足既定目标的前提下，通过技术进步、优化组合而使在获得效益的过程中所花费的消耗最少，即付出最小的"耗费"，投入最小。换言之，任何一种社会实践，要获得有用成果，创造物质财富，同时都必须花费一定的代价，消耗一定的人力、物力和财力。经济效果好，也就是用较少的资源取得相同的使用价值，或用相同的资源取得更多的使用价值（经济成果）。

一、经济效益的含义

人们对于经济效益和经济效果的含义以及它们之间的关系及区别有不同的理解。有人认为效益和效果是同一个词，但有人认为两者含义不同。他们认为效果一般是指事物的结果，结果有好有坏，那么效果也是有好有坏，好的效果是有益的效果，称之为效益，所以效益是指好的效果，不是指坏的效果。

经济效果实际上是人们从事经济活动的一种必然结果，这种结果可能符合社会需要，也可能不符合社会需要；而经济效益则是指符合生产目的和社会需要，能够通过市场实现其价值和使用价值的劳动成果，即按照有用成果原则来衡量和评价的经济效果。应该说，经济效果和经济效益是两个既有联系又有区别的不同概念，但在技术经济分析中，评价经济效果时必须遵循有用成果原则，我们搞经济建设的目的是为了取得有益的经济效果，都是按照有用成果原则来评价经济效果。因此，依据有用成果原则来衡量和评价的经济效果就是经济效益。那么，我们对两者就不加以区分，以后所提到的经济效果概念与经济效益概念在内涵上可以等同。

所谓经济效益是指人们在经济实践活动中取得的劳动成果与劳动耗费之比，或产出的经济成果与投入的资源总量（包括人力资源、物力资源、财力资源）之比，亦可简称"成果与消耗之比""所得与所费之比""产出与投入之比"。

劳动成果是指对社会有用的劳动产出。劳动耗费是指在生产过程中为获得某种成果所消耗的人力、物力和财力的总和，即包括生产过程中的直接物化劳动消耗、活劳动消耗、劳动占用三部分。直接物化劳动消耗是指生产中消耗的原材料、动力、工具等;活劳动消耗是指劳动者进行技术活动和生产建设所消耗的劳动量;劳动占用是指为正常生产而长期占用的厂房、设备、工具材料、燃料、动力和资金等,劳动占用也是一种消耗,如购置机床,就是物化劳动占用,在生产过程中使用,就是物化劳动消耗,但如果占而不用,由于技术进步和自然因素,也会逐渐减低效能,失去效能而被淘汰,最后也是一种消耗。无论哪种社会形态,都追求好的经济效果,这是社会发展的需要。

二、经济效益的表示方法

从经济效益的概念可以看出,经济效益是就比较而言,即将成果与消耗相比较。进行任何一项经济活动,首先都必须投入、消耗一定的资源,才能产出、获取一定的成果。所以,在评价经济效果大小时,关键就在于把劳动成果与劳动消耗,也就是产出与投入进行比较。只有通过比较,才能判断所从事经济活动的效果如何,是大还是小,是继续还是应该停止。不把成果与消耗联系起来进行比较和分析,就无法正确做出判断。

技术方案取得的经济成果与劳动耗费的比较,这个比较可以是"之比",也可以是"之差",经济效益的数字表示有两种形式。

(一)比率表示法

$$E = V/C \tag{2-1}$$

式中 E——技术经济效益;

V——技术方案的劳动成果;

C——技术方案的劳动耗费。

比率表示法是以除法形式表示经济效益的一种方法,是最常见、最普通的一种表示方法,是指劳动成果(产出)与劳动消耗(投入)之比,并以比值的大小表示经济效益的高低。

表达式中 V 与 C 的单位可以用价值单位表示,也可以用实物单位表示,而且劳动成果与劳动耗费的计量单位可以相同,也可以不相同。如"价值对价值(元/元和元/百元等)""价值对实物(元/吨、元/立方米和元/千克等)""实物对实物(件/工时、克/度和千克/米等)""实物对价值(吨/元和度/元等)"等四种双计量单位组合,这种双计量单位表示法是技术经济分析的一个突出特点,也是技术经济指标区别于一般经济指标的显著特征。当然,在技术经济分析中,最常使用的是"价值对价值"的表示法。这种方法被广泛地用于物质生产领域和非物质生产领域,广泛地用于凡有"劳动"存在的一切领域。我们知道任何与劳动相联系的活动都属于经济活动,而在所有的经济活动中有"产出"与"投入"关系的一切领域,我们都可以用这种方法表示并计算其经济效益的大小与优劣。

(二)差额表示法

$$E = V - C \tag{2-2}$$

式中 E——技术经济效益;

V——技术方案的劳动成果;

C——技术方案的劳动耗费。

差额表示法是以减法形式表示经济效益的一种方法,是以绝对量形式表示技术经济效果的一种方法,既可以用于生产领域,也可以用于流通、消费领域。

差额表示法对量纲要求十分严格,要求劳动成果与劳动耗费必须是相同计量单位,否则无法相减。这时 V 与 C 常常都以价值形式表示,如元、万元等。

差额表示法是经济效益最简单、最古老、最普遍、最易懂的表示方法，自古以来就被广泛用于各种物质生产部门与非物质生产部门，特别适用于商业、服务、饮食业等。由于计算结果是以“利润”形式出现，因此，利润大小就表明了经济效益的高低。在这里，利润等于经济效益，利润指标当然也就是重要的经济效益指标了。那种在经济活动中不算经济账、不研究成果与消耗的关系，不重视“利润”的倾向显然是错误的。当然，也要避免另一种倾向，即把利润额的大小视为经济效益的唯一表现，于是扩大外延、扩大规模、扩大生产能力、扩大产品产量成了一种顽症。似乎由于这些“扩大”，表面上利润额增加了，经济效益就提高了，可哪里知道，这种利润额的增加是好是坏，经济效益是提高了还是下降了，还要看新增产与新增投入之比。如前者大于后者，经济效益是好的，但若前者小于后者，就需坚决抵制，更不用说对交通运输、能源、原材料，以及社会的影响等。所以，应该说这种方法的应用是有局限的，特别是由于生产规模、技术装备水平、人员数量与质量等方面的差异，造成宏观上的利润额差别甚大，因而影响着经济效益的真实水平。这样，在衡量不同规模，不同技术装备水平，不同内外部条件的企业、行业的经济效益时，便不宜采用“利润额”指标。在现实经济评价中，时常采用利润率指标，这就需要采用其他方法、其他指标来补充。

三、经济效益的评价标准

根据经济效益的概念及其表达式，可以计算出一个技术方案经济效益的大小，但是这个技术经济效益值多少才能认为技术方案可行，这就是一个评价标准问题。

所谓评价标准是衡量技术经济效益大小的一个标准尺度。根据经济效益的含义，可以得到评价标准为

$$E = V/C, \max \text{为优}$$

或

$$E = V - C, \max \text{为优}$$

比率表示法、差额表示法属于正指标系列，比值、差值越大越好，符合人们的习惯，其衡量的最低标准为

$$E = V/C \geqslant 1$$

或

$$E = V - C \geqslant 0$$

即决策和方案取舍时，首先要考虑的就是 $E \geqslant 1$ 或 $E \geqslant 0$，如果是在多方案选择中进行决策时，也必须在 $E \geqslant 1$ 或 $E \geqslant 0$ 的方案中选最优方案。

四、提高经济效益的途径

从经济效益的概念和表示方法中可以看出，经济效益随人们在经济实践活动中所取得的劳动成果的增加而增加，随劳动消耗的增加而减少。也就是说，在技术方案实施过程中讲究经济效益，就是要用尽可能少的投入（包括原材料与生产费用），生产出尽可能多的社会需要的产品。其中包含了劳动消耗的节约及有用成果的增多两方面内容。由此可以归纳出提高经济效果的 5 种基本途径。

（一）经济效益（↑）= 劳动成果（↑）/劳动耗费（→）

劳动耗费保持不变，劳动成果增加，从而提高经济效益。这就要求在项目耗费的各种资源不增加的情况下，通过改善产品质量，调整结构，改善管理来提高技术经济效果。一方

面提高资源利用率，使在资源消耗不增加的情况下生产出更多符合社会需要的产品；另一方面是改善品种结构，提高质量，即在资源消耗总量不变的情况下提高附加价值。

（二）经济效益（↑）＝劳动成果（→）/劳动耗费（↓）

劳动成果保持不变，劳动耗费减少，从而提高经济效益。减少投资和生产经营过程中的各种耗费，这个途径的实质就是提倡节约，在降低消耗上想办法。

（三）经济效益（↑）＝劳动成果（↑↑）/劳动耗费（↑）

劳动成果与劳动耗费同时增加，但是劳动成果增加的幅度大于劳动耗费增加的幅度，因此经济效益仍得以提高。这种途径必须不断提高工作质量、管理水平，提高劳动生产率，提高各种物资资源的利用效果，使劳动成果的增加远大于劳动耗费的增加。

（四）经济效益（↑）＝劳动成果（↓）/劳动耗费（↓↓）

这是当劳动成果与劳动耗费虽然都同时减少，但由于劳动耗费减少的幅度远大于劳动成果减少的幅度，因此经济效益得到了提高。这种途径应有效利用和节约使用各种资源，大幅度地降低劳动耗费，使经济效益在劳动成果有所减少的条件下仍能得到提高。即使使用价值略有降低，但能满足人们的需要，同时能使生产耗费大幅度降低，从而提高技术经济效果。

（五）经济效益（↑）＝劳动成果（↑）/劳动耗费（↓）

显然，这是提高经济效益的最理想的途径，即以尽可能少的劳动耗费取得尽可能多的劳动成果，但一般比较难于办到。通过技术改进和改善管理，既能增加使用价值又能降低劳动耗费。为此，应不断提高劳动生产率、不断改善产品质量和扩大产品品种，使产品适销对路，并且不断挖掘潜力，节约资源，提高资源利用效率，不断降低生产和建设中的劳动耗费，显著地提高经济效益。

第二节　经济效益评价指标体系

对于任何一项技术，其投产后能否获得经济效益及获得经济效益的大小是我们评价该项目甚至决定是否投资该项目的重要内容，为保证投资的科学与正确，全面准确地分析、评价技术项目或投资方案的经济效益，研究建立一套有统一标准的经济效益评价的技术经济指标，作为对比评价的依据，是十分必要的工作。

所谓指标，是指事先设定的目标，一般是可以用数字具体描述的，有时也可以用笼统的模糊概念作为指标，即通常所讲的“软”指标。

技术经济指标，是从技术和经济等诸方面综合反映技术项目或技术方案的经济效益所要达到的目标。

而经济效益指标体系，则是指从不同侧面、不同角度评价技术项目或技术方案，全面系统地反映、评价、说明技术项目或技术方案的经济效益的一系列互相联系、互相补充的完整的指标体系。

一个指标一般只能反映经济效果的某一个侧面，由于技术经济因素的复杂性，因而采用任何一个单一的指标都难以全面、完整、综合、客观地反映经济效果，所以必须建立一组能从各方面反映技术方案的经济效果的指标。这样一组互相联系互相制约的指标就是评价指标体系。

经济效益指标与指标体系是进行计划、组织、管理、指导、控制各项经济活动的重要工具,也是监督与检查社会生产、各种资源利用效果的重要手段。它的作用与意义可概括为:可查明、挖掘生产潜力,不断扩大生产能力;可考核社会生产、企业生产经济活动的最佳成果,以便合理利用各种资源、设备,扩大产品产量,改善产品质量;可评估各种技术方案、技术政策、技术措施的优劣,指出其经济合理性的程度,为各层次的技术经济决策提供科学的依据。经济效益评价指标体系是我们评价技术项目和技术方案的客观标准和基本依据,社会各部门的一切经济实践活动都离不开它,是企业现代化管理的重要组成部分,是加强企业管理,提高技术水平的重要工具。

一、技术经济评价指标分类

在技术经济评价中,采用的指标与指标体系是多种多样的,且每种形态都有自己的适用范围及表示方法。根据技术经济指标的构成、性质、层次、适用部门、评价标准、决策要求等,可做如下分类。

(一)按技术经济指标的构成分类

1. 成果指标(劳动成果指标或经济成果指标)

主要包括:收益指标(以价值形式表示,如营业收入、产值、增加值等;以实物形式表示,如“吨”“千克”等);品种指标(如品种收益、新产品替代等);质量指标(如合格率、返修率、废品率、满意率等);时间因素指标(如投产时间、达产时间、建设期等)。

2. 消耗指标

包括劳动消耗和物化劳动消耗,如劳动生产率或劳动消耗率。在技术经济评价中,除了消耗的指标外还要讲占用指标。占用指标有:每百元产值占用的流动资金(占用越少,资金周转越快);每百元产值占用固定资产;每百元产值占用资金,这里包括固定资产和流动资金、生产资金、非生产资金。

3. 综合指标

既考虑劳动成果指标又考虑消耗指标。主要有资金利润率、工资利润率、产值利润率、能源利润率等。

(二)按技术经济指标的性质与表示方法分类

1. 价值指标与实物指标

价值指标是以价值形态反映的;实物指标是以实物形态反映的。

2. 宏观指标与微观指标

宏观指标是从整个国民经济角度考虑的;微观指标是从企业经济角度考虑的。

3. 综合指标与单项指标

综合指标是把相互关联的不同指标组合在一起用一个指标表示出来,这种指标更具有综合性和全局性;单项指标仅指某一项指标,它只表明个别或局部事物的状况。

4. 数量指标与质量指标

数量指标如能源节约额、资源节约额等;质量指标如产品优质品率、合格率、废品率、返修率等。

5. 绝对数量指标与相对数量指标

绝对数量指标如国民收入、利润总额等;相对数量指标如产值利润率、投资利润率、成本利润率等。

6. 总量指标与人均指标

总量指标如国民收入、工业净产值等；人均指标如人均国民收入、人均净产值或劳动生产率等。

（三）按技术经济指标的评价角度分类

1. 国民经济的技术经济评价指标

这是指某项实践活动给整个国民经济带来的影响。

2. 企业技术经济评价指标

这是指该实践活动给企业带来的影响等。

（四）按技术经济指标的决策要求分类

1. 事前技术经济评价

指投资决策前的评价，是为投资决策服务的。

2. 事中技术经济评价

指生产建设过程中或设计施工过程中的评价，是为提高生产建设、设计施工经济效益服务的。

3. 事后技术经济评价

指建设投产后的评价，是为研究分析经济效益、挖掘经济效益潜力服务的。

二、投资项目评价指标体系

（一）财务评价指标

财务评价的盈利能力分析要计算财务内部收益率、投资回收期等主要评价指标。根据项目的特点与实际需要，也可计算财务净现值、投资利润率、投资利税率、资本金利润率等指标。清偿能力分析要计算资产负债率、借款偿还期、流动比率等指标。此外，还可计算其他价值指标或实物指标（如单位生产能力投资），进行辅助分析。

（二）国民经济评价指标

国民经济评价指标包括国民经济盈利能力分析和外汇效果分析，以经济内部收益率为主要评价指标。根据项目特点和实际需要，也可计算经济净现值等指标。产品出口创汇及替代进口节汇等项目，要计算经济外汇净现值、经济换汇成本和经济节汇成本等指标。此外，还可对难以量化的外部效果进行定性分析。国民经济评价可以在财务评价基础上进行，也可以直接进行。

（三）社会评价指标

项目社会评价是一种宏观评价，指由于项目的建设与实施，对社会经济、自然资源利用、自然与生态环境、社会环境等方面的社会效益与影响分析。

社会评价指标体系包括四项通用指标，即就业效益、分配效益、节约自然资源与环境质量指标。

在实际技术经济分析中应根据具体情况来选定相应指标，以准确反映技术方案的经济效果。

第三节　经济效益评价的基本原则

经济效益既是一个十分复杂的理论问题，也是一个涉及整体与局部、动态与静态、横向与纵向、短缺与过剩、经济与社会、内部与外部等利益相关的现实问题。因此,我们在深入研究经济效益时,需要掌握一些基本原则及其基本的经济效益评价的方法和准则,以处理各种经济效益形态、不同经济效益表现的各种关系,这些基本原则分别从不同的角度对项目或方案进行考评,待最后综合后便可得到项目或方案的较全面的评价结果。

一、技术与经济相结合的原则

技术经济学是研究技术和经济相互关系的科学,其目的是根据社会生产的实际以及技术与经济的发展水平,研究能使技术与经济相互促进,协调发展的途径。所以,我们在讨论、评价技术项目或技术方案时,应当遵循技术与经济相结合的原则。

技术与经济这种相互依赖、相互促进、相辅相成的关系,构成了我们考虑与评价技术方案的原则之一。我们在评价方案的技术问题时,既要考虑方案技术的宏观影响,使技术对国民经济和社会经济发展起到促进作用,又要考虑方案技术的微观影响,使得采用的技术能有效地结合本部门、本单位的具体实际,发挥出该项技术的最大潜能,创造出该技术的最大价值。同时,又要注意避免贪大求洋,盲目追求所谓“最先进的技术”。当然,也要注意不能一味强调现有实际,而不善于引进、采纳现代高新技术,无法利用现有条件发挥最大的优势,创造价值。考核项目或方案的技术问题时,要注意其经济能力和影响,不要因具体部门采纳的技术给全局性的经济问题带来诸如资源、环保等方面的负面影响。

所以,在应用技术经济学的理论来评价技术项目或技术方案时,既要评价其技术的能力和意义,也要评价其经济特性、经济价值,将二者结合起来,寻找符合国家政策、符合产业发展方向且又能给企业带来发展的项目或方案,使之最大限度地创造效益,促进技术进步及资源、环保等工作的共同发展。

二、定性分析与定量分析相结合的原则

定性分析与定量分析是对项目或方案进行经济效益分析评价的两种方法。定性分析是一种在占有一定资料的基础上,根据决策人员的经验、直觉、学识、逻辑推理能力等以主观判断为基础进行评价的方法,评价尺度往往是给项目打分或确定指数。这是从总体上进行的一种笼统的评价方法,属于经验型决策。

定量分析则是以对项目各方面的计算结果为依据进行评价的方法。它以对项目进行客观、具体的分析而得出的各项经济效益指标为尺度,通过分析“成果”与“消耗”、“产出”与“投入”等指标,对项目进行评价。定量分析以科学为依据,不仅使各种评价更加精确,减少了分析中的直觉成分,使得分析评价更加科学化,还可以在定量分析中发现研究对象的实质和规律,尤其是对评价中不易掌握的一些不确定因素和风险因素,均可以量化的指标对其做出判断,利于决策。

定量分析以其科学、准确的特点得到了广泛的应用,更由于现代应用数学及计算机技术使得定量分析规范且易行。但在实际项目或方案中,由于经济问题的复杂性,有些内容无法用数量表达。在这些情况下,定性分析还是十分必要的。因此,在实际分析评价中,应善于把定性与定量分析方法结合起来,发挥各自在分析上的优势,互相补充,使分析结果科学、准确。

三、财务分析与国民经济分析相结合的原则

项目的财务分析是指根据国家现行的财务制度和价格体系，从投资主体（全部投资者和直接投资者）的角度考察项目给投资者带来的经济效果的分析方法。项目的国民经济分析则是指按照社会资源合理配置和有效利用的原则，从国家整体的角度来考察项目的效益和费用的分析计算，其目的是充分利用有限的资源，促进国民经济持续稳定地发展。

项目的财务分析和国民经济分析都是项目的盈利性分析，但各自所代表的利益主体不同，使得两种分析方法的目的、任务和作用等也有所不同。财务分析是微观经济效益分析，它是站在企业（投资者）的立场上进行的，而国民经济分析是宏观经济效益分析，它是站在国家或全社会的角度进行分析的。

财务分析是从投资者或项目本身的角度出发进行分析，只考虑可以直接用货币量度量的效果。国民经济分析则是从整个国家和社会的角度出发进行分析，除了考虑直接的、能以货币量度量的效果外，还要考虑间接的、不能以货币量度量的效果；除了考虑项目的内部效果外，还要考虑外部效果。对于国家来讲，资源的配置及获取效益的大小应从国家利益出发追求其合理性，当财务分析与国民经济分析结果产生不一致时，应以国民经济分析的结果为主。一般来说，财务分析与国民经济分析结论均可行的项目，应予以通过；国民经济分析结论不可行而财务分析可行的项目应予以否定。对于一些国计民生必需的项目，国民经济分析结论可行，但财务分析的结果如不可行，通常要重新考虑方案，或必要时向有关主管部门建议或申请采取相应的经济优惠措施，使得投资项目具有财务上的生存能力，既要满足人民群众生产、生活的必需，又不给国家造成严重的经济负担。

所以，在评价投资项目的经济效益时，必须将项目的财务分析与国民经济分析结合起来考虑，既要符合国家发展的需要，使资源合理配置并充分发挥效能，又尽量使项目能够有较好的经济效益，具有相应的财务生存能力。

四、可比性原则

技术经济学研究的核心内容就是寻求项目或技术方案的最佳经济效果。因此，在分析中，我们既要对某方案的各项指标进行研究，以确定其经济效益的大小，也要把该方案与其他方案进行评价比较，以便找出具有最佳经济效果的方案，这便是比较问题。方案比较是技术经济学中十分重要的内容，可比性原则是进行技术经济分析时所应遵循的重要原则之一。

不同投资方案由于目的、条件等不同，其指标往往不能直接相比，也就是比较方案之间必须具有可比条件，才能进行比较。一般，比较方案的可比条件包括以下4个方面。

（一）满足需要的可比

任何一个项目或方案实施的目的都是为了满足一定的社会需求，只有满足人们的需要，才能通过市场实现其价值和使用价值。例如，生产汽车是为了提高运输能力，建设住宅是为了改善人民居住条件，兴修水利是为了农业增产等。没有一个技术方案不是以满足一定的客观需要为基础的。然而，人们的需要是具有多样性的，一个技术方案所能满足的需要类型是固定的，因此满足不同需要的技术方案之间就不能直接相比。

技术方案都是以自己产品数量、品种、质量、功能等指标来满足国民经济的需要的，所以，不同技术方案必须保证在产量、品种、质量、功能等指标上的可比性。

(二)消耗费用的可比

比较项目或技术方案消耗的费用,应该从项目建设到产出产品及产品消费的全过程中整个社会的消耗费用来比较,而不是以某个国民经济部门或个别环节的部分消耗进行比较,也就是说要从总的、全部消耗的观点出发来考虑。例如,建设煤矿的方案,就应该考虑建矿的消耗费用以及运输和运行等的消耗费用。但是,在项目企业内部各生产环节之间,在国民经济各部门之间,占用资金、劳动力、资源、运输能力、能源、原材料等均存在着一定的协调关系,某一部门或某一生产环节消耗费用的变化必然会引起其他相关部门或环节的变化。这种情况下进行方案比较时,可只考虑与方案有直接的、经常性联系的主要部门或环节,而省略关系不密切的部门或环节的消耗费用。

(三)时间的可比

对于投资、成本、产品质量、产量相同条件下的两个项目或方案,其投入时间不同,经济效益显然不同。而在相同的时间内,不同规模的项目或方案,其经济效益也不同。规模小的方案,建设期短,寿命周期短,投产后很快实现收益,资金回收期短,但往往需要追加投资;规模大且技术先进的方案,通常是建设期长,寿命周期长,经济效益好,但投产后不能很快实现收益,资金回收期也长。显然,时间因素对方案经济效益有着直接的影响。在比较不同项目或方案的经济效益时,时间因素的可比条件应满足:

1. 计算期相同

不同的方案应以相同的计算期作为比较的基础。

2. 考虑货币的时间价值

发生在不同时间内的效益和费用,应根据货币的时间价值进行折算比较。

3. 考虑整体效益

不同项目或方案在投入财力、物力、人力、运力及自然力和实现经济效益的时间不同,其经济效益会有很大的差别,比较时应考虑这些对社会、环境、资源及本企业的总体影响。

(四)价格的可比

每一个项目或技术方案都要产出或提供服务,同时消耗物化劳动,既有产出也有投入。要描述项目或方案产出和投入的大小,以便与其他的项目或技术方案进行比较,就要考虑价格因素。价格的可比性是分析比较项目或技术方案经济效益的一个重要原则。

要使价格可比,项目或技术方案所采用的价格指标体系应该相同,这是价格可比的基础。对每个技术方案,无论是消耗品还是产品,均应按其相应的品目价格计算投入或产出。理论上讲,产品的价格与价值是一致的,现实中,却时有背离的情况。所以,在比较价格时,通常对产出物和投入物的价格不采用现行价格,而是按合理价格(如影子价格)来比较。这个合理价格反映了国家的最大利益和用户及消费者的正当利益,由国家主管行政部门确定。这个价格通常仅供对项目或方案进行经济效益分析时参考使用,对现行价格不产生任何意义上的影响,也不暗示其变化的趋势,只作为价格比较时的基本条件。

五、近期经济效益与远期经济效益相结合的原则

远期经济效益一般是指 10 ~ 15 年以后的经济效益,可以指宏观经济效益,也可以指微观经济效益;近期经济效益一般是指 2 ~ 3 年或 3 ~ 5 年内,可以指宏观经济效益,也可以指微观经济效益。当然这里的远期与近期是动态概念。我们认为,在处理远期经济效益与近期经济效益的关系时,应本着近期有益、远期也有利的原则,要长远与目前结合起来,既要

考虑目前,更要考虑长远。要处理好眼前的和长远的经济效益的关系,当前经济效益要服从长远经济效益,不能急功近利。当两者出现矛盾时,要近期服从远期、眼前服从长远,并以远期经济效益好来决定优先顺序与项目取舍。

六、直接经济效益与间接经济效益相结合的原则

直接经济效益与间接经济效益一般也可理解为内部经济效益与外部经济效益。在现实经济中,直接与间接、内部与外部常处于矛盾之中,甚至它们之间的矛盾可决定一个经济单位能否继续存在与发展。

在处理直接经济效益与间接经济效益时,应首先考虑直接效益好,间接效益也好,既要内部有益,也要外部有利;当两者出现矛盾时,一般虽主要应考虑直接经济效益,但也要以不损害相关部门、企业的利益为原则,同时还必须从宏观经济角度,考虑整个国民经济的经济效益好坏、直接效益与间接效益的损益情况。

习　题

1. 如何正确理解经济效益的科学含义?经济效益的评价标准是什么?
2. 为什么说产值不是经济效益,产值速度也不是经济效益?
3. 处理各种形态经济效益时应遵循哪些基本原则?
4. 经济效益有哪些表示方法?如何正确运用这些表示方法?
5. 提高经济效益的途径是什么?
6. 如何建立技术经济评价体系?如何设计评价指标?
7. 用所学的知识论证:为什么发展经济必须走提高经济效益的道路。
8. 根据所学的知识,说明当前我国经济效益存在的主要问题,并说明主要对策。

第三章　投资项目分析的构成要素

第一节　投资与资产

对项目进行技术经济分析和评价时，将涉及许多基本经济要素，最重要的几个基本数据有：投资、成本、销售收入、税金和利润等。这些基本经济要素是进行项目分析和评价不可或缺的基础数据，是进行技术经济分析最重要的数据，是构成和影响项目投入产出的基本数据。

对这些数据预测和估算的准确性，将直接影响项目的决策选择，因此，必须明确这些基本经济要素的概念、构成，以及掌握其预测（计算）和估算的基本方法。

通过本章的学习，较全面地认识技术经济分析的各基本经济要素，着重掌握技术经济分析中投资的原理，熟悉企业各成本费用的构成及其用途，熟悉销售收入、利润、税金等概念，并了解它们相互间的关系。

投资是人类最重要的经济活动之一，一般有广义和狭义两种理解。

广义的投资是指一切为了将来的所得而事先垫付的资源（包括资金、人力、技术和信息等）及其经济行为。从一定意义上讲，广义的投资是指为了将来获得收益或避免风险而进行的资产投放活动。

狭义的投资是指为了建造和购置固定资产、购买和储备流动资产而事先垫付的资金及其经济行为。

任何一个项目要想正常运行都要投资，技术经济学中的投资主要是指狭义的投资。狭义投资是所有投资活动中最基本、最重要的投资，也是经济启动和发展的源泉。

投资活动是诸多要素的统一。第一，投资主体，是指各种从事投资活动的法人和自然人。具体表现为从事投资的各级政府、企业、个人及外商等。第二，投资环境，既包括投资政策、法律法规的保障水平等投资软环境，又包括基础设施等投资硬环境。第三，资金投入，投资主要以货币，也可以表现为设备、材料等有形资本和技术、信息、商标、专利权等无形资本的投入。第四，投资产出，投资的直接产出表现为购建的资产和新增加的生产能力（服务能力）。所购建的资产又包括固定资产、流动资产、无形资产和递延资产等真实资产。第五，投资目的，投资活动是人类的有意识活动，其目的是为了获得预期效益。即投资前必须对投入与产出进行估算，考察预期目标的实现程度。

一、投资的分类

投资是一个极为复杂的经济系统。为了有助于深入理解投资的概念、本质和运动规律，现将投资分类如下。

（一）直接投资与间接投资

投资按其与形成真实资产关系的直接程度，可划分为直接投资与间接投资。

1. 直接投资

是指投资者运用筹措的资金，直接开厂设店、独立经营，或收购原有企业，或与其他投资者合资经营、合作经营、合作开发等，从而获得支配企业经营管理的权利。直接投资一般都能增加真实资产存量，为最终生产产品和提供劳务创造物质基础。

2. 间接投资

一般是指投资者运用自己的资金，购买股票、债券等有价证券以收取一定的股息或利息为目的的投资行为。间接投资只能形成虚拟资产，其本身并不直接导致生产能力、服务能力的增加。

（二）经营性投资与非经营性投资

投资按其形成资产的用途不同，可划分为经营性投资和非经营性投资。

1. 经营性投资

是指所形成的资产主要用于物质生产和盈利性服务。它的主要特征是投资资金所转换的资产在运转中进行经济核算，以其收入弥补其支出，计算和考核盈亏。

2. 非经营性投资

是指所形成的资产主要用于公共管理事业。它的主要特征是，投资资金所转换的资产在运转中，资产的使用价值逐渐损耗，资产的价值却无处转移，不能以收抵支，不考核经济效果。因此，投资资金不能形成自身的循环周转。

（三）固定资产投资、流动资产投资、无形资产投资和递延资产投资

投资按其形成真实资产的内容不同，划分为固定资产投资、流动资产投资、无形资产投资与递延资产投资。

二、建设项目总投资的构成

一般来说，总投资含建设投资和生产经营所需的流动资金，如果建设投资所使用的资金中含有借款，则建设期的借款利息也应计入总投资。建设投资最终形成相应的固定资产、无形资产和递延资产（参见图 3－1）。

建设投资是指从工程项目确定建设意向开始直至建成竣工投入使用为止，在整个建设过程中所支出的总费用，这是保证工程建设正常进行的必要资金。建设投资主要由设备器具购置费用、建筑安装工程费用和工程建设其他费用等组成。

三、投资形成的资产

投资所形成的资产，依据资产的特性可分为固定资产、无形资产和递延资产。

（一）固定资产

1. 概念

固定资产是可供长期使用（一般在 1 年以上）并保持其原有实物形态的劳动资料和其他物质资料。

企业使用期限超过 1 年的房屋及建筑物、机器、运输工具以及其他与生产、经营有关的设备、器具、工具等资产均应作为固定资产；不属于生产、经营主要设备的物品，单位价值在规定限额以上的，使用期限超过规定年限的也作为固定资产管理，这构成了企业的物质基础。

固定投资中形成固定资产的支出叫作固定资产投资，是指建设和装备一个投资项目所需的一次性支出。以上所说的这些资产（房屋、建筑物、机器、运输工具）的建造或购置过程

中发生的全部费用都构成固定资产投资。

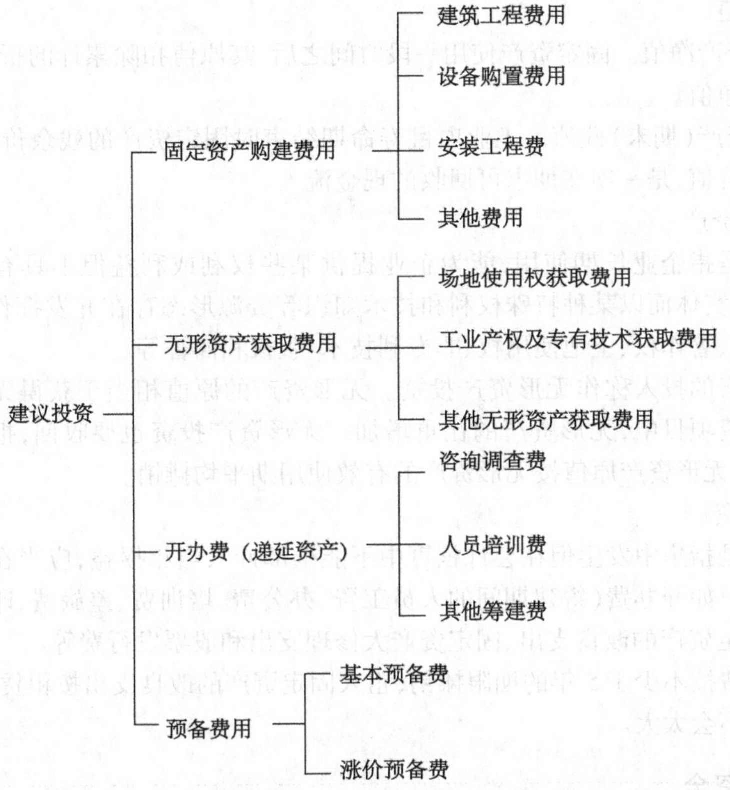

图 3－1 工业项目建设投资构成

2. 特征

固定资产具有以下一些基本特征：

(1)从实物形态看,可以在较长的时期内保持原有的实物形态。

(2)从使用价值看,能够连续在若干生产经营周期中发挥作用。

(3)从使用寿命看,除土地外,所有固定资产的使用寿命都是有限的并且是可估计的。

(4)从发挥作用看,主要是用于生产经营活动,而不是为了出售。这一特征是区别固定资产与流动资产的重要标志。

固定资产的实物形态是在项目的实现过程即技术项目建设过程中一次形成的,其价值也随之在建设期全部垫支出去。固定资产在使用的过程中会逐渐磨损和贬值,磨损和贬值应计算到产品的成本当中,在计算产品成本时应加入这些,也就是会以折旧的形式将其自身的价值逐渐转移到产品中去,随产品销售以货币形式收回。

这部分随着固定资产的磨损而逐渐转移的价值就是固定资产折旧。

固定资产折旧计入生产成本或经营费用的过程,就是随着固定资产的价值转移以折旧费的形式对磨损和贬值通过在商品或产品销售收入中得到补偿,并转化为货币资金形式回收的过程,通过产品的销售以货币形式收回到投资者手中。

3. 相关概念

(1)固定资产原值。在会计核算中,购建固定资产的实际支出即为固定资产的原始价值，简称为固定资产原值。在形成（或购建）固定资产过程中所发生的全部投资费用构成固定资产原始价值。

（2）固定资产净值。固定资产使用一段时间之后，其原值扣除累计的折旧总额，称为当时的固定资产净值。

（3）固定资产（期末）残值。工业项目寿命期结束时固定资产的残余价值，一般指当时市场可实现的价值，是一项在期末可回收的现金流入。

（二）无形资产

无形资产是指企业长期使用，能为企业提供某些权利或利益但不具有实物形态的资产，即没有物质实体而以某种特殊权利和技术知识等资源形态存在并发挥作用的资产。如专利权、商标权、著作权、土地使用权、非专利技术、版权和商誉等。

对无形资产的投入称作无形资产投资。无形资产的原值相当于获得无形资产的实际支出。现代投资项目中，无形资产的比重增加。无形资产投资也要收回，把无形资产投资回收称为摊销，无形资产原值按无形资产的有效使用期平均摊销。

（三）递延资产

递延资产是指集中发生但在会计核算中不能全部计入当年损益，应当在以后年度内分期摊销的费用。如开办费（筹建期间的人员工资、办公费、培训费、差旅费、印刷费和注册登记费）、租入固定资产的改良支出、固定资产大修理支出和股票发行费等。

一般开办费按不少于5年的期限摊销，租入固定资产的改良支出按租赁期限摊销，这样各年的成本就不会太大。

四、流动资金

技术项目通过固定资产投资形成固定资产后，还不能直接投入运营，因为还需要物化劳动消耗，还必须为物化劳动消耗投入一定的资金，作为为生产消耗准备的必要的周转物资。比如要购买原材料、燃料、动力、支付工资和其他费用，以及在制品、半成品、产成品和其他库存占用的，以保证生产和经营中流动资金周转的投资活动。

流动资金是指在工业项目投产前预先垫付，在投产后的生产经营过程中用于周转的资金。流动资产的投资对于社会再生产过程的正常进行是必不可少的，它的构成如图3－2所示。一个企业要组织生产和经营活动，不仅要投入货币资金购买固定资产，还要投入购买劳动对象和支付工资。固定资产是生产的物质条件，而流动资产则是生产过程的对象和活劳动。

流动资金在项目建成投产时以货币形态出现，在供、产、销3个阶段依次转化为材料储备形态、在制品及半成品形态、产成品形态，最后通过产品销售再还原为货币形态。即从流通—生产—流通过程的循环。流动资金就是这样不停循环，每一周期结束通过商品销售以货币形式收回货款，再投入下一个生产和流通过程。

在产品生产过程中，流动资金的实物形态不断改变，流动资产或在一个生产周期中全部消耗掉，或改变原有实物形态，一个生产周期结束，其价值随着实物的消耗一次全部地转移到新产品中去，并通过产品销售，从销售收入中以货币形式全部获得补偿。

流动资金在整个项目寿命期内始终被占用着，并且不断地周转，在项目使用寿命期的最后一个生产周期（期末）流动资金随产品出售收回，不再投入。

流动资金周转越快，实际发挥作用的流动资产也就越多。工业项目投资中流动资金数额的大小,主要取决于生产规模、生产技术、原材料及燃料动力消耗指标和生产周期的长短等,此外,原材料、燃料的供应条件、产品销售条件、运输条件及管理水平等也都会影响流动资金的占用额。

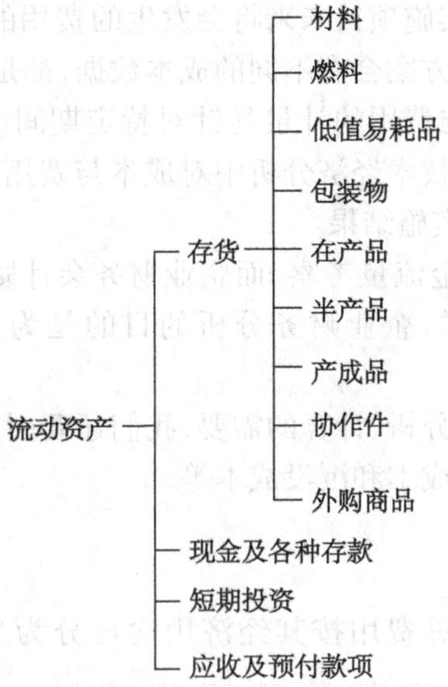

图 3－2　流动资产构成

第二节　成本与费用

一、概念

费用泛指企业在生产经营过程中发生的各项耗费。

成本通常指企业为生产商品和提供劳务所发生的各项费用。

成本和费用指的是用货币表示的,为达到一定目的或获取一定的利益所必须付出或已经付出的代价。

它们的区别主要在于:成本有特定的对象,而费用没有特定的对象。成本总是针对特定对象或目的,它是一定产出物的耗费,是针对一定的产出物来计算的,这个产出物成为成本计算对象,它可以是一件产品或者一项服务。费用仅指为取得本期营业收入所发生的资产耗费,它强调与特定期间收入相配比的耗费,而不是特定产出物的耗费。费用往往是与一定时期相联系的。

技术经济分析强调对现金流量的考察、分析,在这个意义上,成本和费用具有相同的性质,因此技术经济分析中一般不严格区分成本和费用的概念。

成本和费用是从劳动消耗角度衡量技术项目投入的基本指标,它可以综合地反映企业生产经营活动的技术工艺水平、资金利用率、劳动生产率水平以及经营管理水平等。

二、技术经济中的成本与费用概念与财务会计中的区别

技术经济分析中使用的成本与费用概念与财务会计中使用的成本与费用概念不完全

相同。

财务会计中的成本与费用是对生产经营活动中实际发生费用的记录，各种影响因素的作用是确定的，所得到的成本数据是唯一的，是事后的真实记录。而技术经济分析中使用的费用与成本有许多是对拟实施项目未来将会发生的费用的预测和估算，各种影响因素的作用是不确定的，不同的实施方案会有不同的成本数据，都是预测数据。

企业财务会计中的成本与费用的计量是针对特定期间（月、季、年）的企业生产经营活动和特定产品的生产过程，而技术经济分析中对成本与费用的计量则一般针对某一项目或技术方案（在整个寿命期）的实施结果。

技术经济分析强调对现金流量考察，而企业财务会计则着重对利润的分析，即企业这个时间生产了多少，利润怎样，企业财务分析的目的是为了利润，企业就是要追求高额利润。

在技术经济分析中，根据分析、计算的需要，我们还要引入一些财务会计中所没有的成本概念，比如，经营成本、机会成本和沉没成本等。

三、总成本费用构成

工业项目运营过程中的总费用按其经济用途可分为生产成本和期间费用（参见图 3－3）。

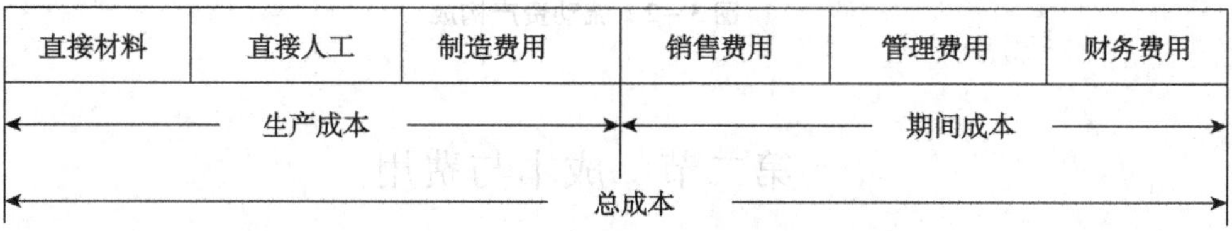

图 3－3　成本按经济职能分类示意图

直接材料是指在生产中用来形成产品主要部分的材料，直接工资是指在产品生产过程中直接对材料进行加工使之变成产品的人员的工资。

制造费用是指为组织和管理生产所发生的各项间接费用，包括生产单位（车间或分厂）管理人员工资、职工福利费、折旧费、矿山维简费、修理费及其他制造费用（办公费、差旅费、劳动保护费等）。

直接费用和相应的制造费用构成产品生产成本。已销售产品的生产成本通常称为商品销售成本。

期间费用包括销售费用、管理费用和财务费用。

销售费用是指销售商品过程中发生的费用，包括应由企业负担的运输费、装卸费、包装费、保险费、差旅费、广告费，以及专设销售机构的人员工资及福利费、折旧费和其他费用。

管理费用是指企业行政管理部门为管理和组织经营活动发生的各项费用，包括管理部门人员工资及福利费、折旧费、修理费、物料消耗、办公费、差旅费、保险费、工会经费、职工教育经费、技术开发费、咨询费、诉讼费、房产税、车船税、土地使用税、无形资产摊销、开办费摊销、业务招待费及其他管理费用。

财务费用是指企业在筹集资金等财务活动中发生的费用，包括生产经营期间发生的利息净支出、汇兑净损失、银行手续费以及为筹集资金发生的其他费用。

在技术经济分析中，为了便于计算，通常按照各费用要素的经济性质和表现形态将其归并，把总费用分成9项：①外购材料（包括主要材料、辅助材料、半成品、包装物、修理用备件和低值易耗品等）；②外购燃料；③外购动力；④工资及福利费；⑤折旧费；⑥摊销费；⑦利息支出；⑧修理费；⑨其他费用。

四、其他用途的成本概念

（一）经营成本

成本费用包括付现成本和不必付现成本。

在技术经济分析中，引入经营成本这一概念，是为了经济分析方便从总成本费用中分离出来的一部分费用。

$$经营成本 = 总成本费用 - 折旧与摊销费 - 借款利息支出 \tag{3-1}$$

经营成本也称付现成本，是从技术项目本身考察，其在一定期间（通常为1年）内由于生产和销售产品及提供劳务而实际发生的现金支出。

经营成本是总成本费用的一部分，但不包括虽计入总成本费用中而实际尚未发生现金支出的费用项目，是项目经营过程中实际发生的成本，是技术项目的现金流出。

折旧费和摊销费不是一种经常性的实际支出，它们是以前一次性投资支出的分摊，从项目整个投资周期看，由于固定资产、无形资产和递延资产的投资已在其发生时（期初）作为一次性的支出计入现金流出，而折旧费是对资产磨损的价值补偿，是过去的投资在项目使用期的分摊，并不是真正发生的现金流出，对于摊销费也视同折旧费处理，所以就不能再将折旧和摊销看作是现金流出，否则会发生重复计算。因此，在经营成本中不包括这两项费用。

借款利息是使用借贷资金所要付出的代价，对于企业来说是实际的现金流出。但在评价工业项目全部投资的经济效果时，并不考虑资金来源问题，也不将借款利息计入现金流量。

（二）机会成本

机会成本是指将一种具有多种用途的有限资源置于特定用途时所放弃的收益。

当一种有限的资源具有多种用途时，可能有许多投入这种资源获取相应收益的机会，如果将这种资源置于某种特定用途，必然要放弃其他的资源投入机会，同时也放弃了相应的收益，在所放弃的机会中最佳的机会可能带来的收益就是将这种资源置于特定用途的机会成本。

也就是说，由于生产要素的供给是有限的，人们不可能用有限的资源无限地生产所有产品，当用某些生产要素生产某种产品的同时，就必须要放弃利用这些要素生产另一种产品，为生产某种产品而放弃生产另一种产品所带来的收益，就是生产这种产品的机会成本。

其实，在技术经济分析中，机会成本就是指选择最优方案而必须放弃的次优方案而获得的收益。

机会成本并非实际支出，也不记入会计账册，但机会成本的概念是投资者必须具备的概念，是一种科学的思维方式，是正确进行投资决策必须认真考虑的现实因素，是选择最佳方案的重要依据。

（三）沉没成本

沉没成本是指以往发生的与当前决策无关的费用。它是指过去发生的，不是目前决策所能改变的成本，即与目前决策无关或影响较小可不予考虑的成本，与之相对应的成本称为有效成本。

经济活动在时间上是具有连续性的，但从决策的角度来看，以往发生的费用只是造成当前状态的一个因素，当前状态是决策的出发点，当前决策所要考虑的是未来可能发生的费用及所能带来的收益，不考虑以往发生的费用。

提出这个概念的目的是提醒人们，在进行一项新的决策时，要向前看，不要总想着已经花出去而不能收回的费用而犹豫不决，影响未来的决策，正确理解和运用沉没成本的概念，是进行技术经济分析的一个基本要素。

第三节　折旧与折旧方法

一、概念

折旧指的是实物资产随着时间流逝和使用消耗在价值上的减少。

折旧就是固定资产在使用过程中逐渐损耗而转移到产品成本和营业费用中去的那一部分价值。

固定资产的实物形态是在项目的实现过程即技术项目建设过程中一次形成的，其价值也随之在建设期全部垫支出去，固定资产在使用的过程中会逐渐磨损和贬值，对于这些磨损和贬值应做出相应的补偿，把这些磨损和贬值以折旧费的形式计算到产品的成本当中，通过产品销售，转化为货币资金形式进行回收，通过产品的销售以货币形式收回到投资者手中，作为对投资的回收。

折旧是一个会计上的概念，它确立了一项对税前收益的年(季、月)度抵减值。折旧是一项非现金流出，并不是真正的流出，但它可以影响所得税额，所以在进行税后技术经济研究时，必须要对其加以合理考虑。

从本质上讲，折旧也是一种费用，只不过这一费用没在计提期间付出实实在在的货币资金，这种费用是前期已经发生的支出，而这种支出的收益在资产投入使用后的有效使用期内实现，即它是当期的费用，但却不是当期的现金流出。

现行财务制度规定，应计提折旧的固定资产有：房屋及建筑物，在用的机器设备、仪器仪表、运输车辆及工具器具等，季节性停用及修理停用的设备，融资租入和以经营租赁方式租出的固定资产。

不计提折旧的固定资产有：未使用或不需用的机器设备，以经营租赁方式租入的固定资产，在建工程项目交付使用以前的固定资产，已提足折旧仍继续使用的固定资产，按规定单独作价作为固定资产入账的土地等。

与固定资产类似，无形资产通常也有一定的有效服务期，无形资产的价值也要在服务期内逐步转移到产品价值中去。其价值在一定会计期间的分摊类似于折旧，一般没有余值，习惯上称为摊销。无形资产的价值转移是以无形资产在其有效服务期内逐年摊销的形式体现的。递延资产也应在项目投入运营后的一定年限内平均摊销。

二、折旧的计算方法

会计中的生产经营成本与期间费用含有固定资产折旧费与无形资产和递延资产摊销

费。下面分别说明它们的计算方法。

企业常用的计算、提取折旧的方法有年限平均法、工作量（或产量）法和加速折旧法等。我国企业一般采用年限平均法或工作量法，在符合国家有关规定的情况下，经批准也可采用加速折旧法。

企业应当根据固定资产的性质和使用方式，合理确定固定资产的使用寿命和预计净残值，并根据科技发展、环境及其他因素，选择合理的固定资产折旧方法，作为计算折旧的依据。

在投资项目计算期的现金流量表中，折旧费并不构成现金流出，但是在估算利润总额和所得税时，它们是总成本费用的组成部分。从企业角度看，折旧的多少与快慢并不代表企业的这项费用的实际支出的多少与快慢。因为它们本身就不是实际支出，而只是一种会计手段，把以前发生的一次性支出在年度（或季度、月份）中进行分摊，以核算与年（季、月）应缴付的所得税和可以分配的利润。因此，一般来说，企业总希望多提和快提折旧费以期少交和迟交所得税；另一方面，从政府角度看，也要防止企业的这种倾向，保证正常的税收来源。因此，对折旧的计算，国家作了明确的规定。

（一）平均年限法

平均年限法也称直线折旧法，是将固定资产的折旧均衡地分摊到各期的一种方法。采用这种方法计算的每期折旧额均是等额的，是使用最广泛的一种折旧计算方法。按照年限平均法，固定资产每年折旧额的计算公式为

$$年折旧额=\frac{固定资产原值-固定资产净残值}{折旧年限} \tag{3-2}$$

固定资产净残值是预计的折旧年限终了时的固定资产残值减去清理费用后的余额。固定资产净残值与固定资产原值之比称为净残值率，净残值率一般为3%～5%。各类固定资产的折旧年限由财政部统一规定。

实际工作中常用折旧率计算固定资产折旧额，折旧率的计算公式为

$$年折旧率=\frac{年折旧额}{固定资产原值}\times 100\%=\frac{1-预计净残值率}{折旧年限} \tag{3-3}$$

$$月折旧率=年折旧率\div 12 \tag{3-4}$$

$$月折旧额=固定资产原价\times 月折旧率 \tag{3-5}$$

（二）工作量法

工作量法是根据实际工作量计提折旧额的一种方法。这种方法弥补了平均年限法只注重使用时间而不考虑使用强度的缺点。

工作量法一般用于计算某些专业设备和交通运输车辆的折旧，是以固定资产完成的工作量（行驶里程、工作小时、工作台班、生产的产品数量）为单位计算折旧额。计算公式为

$$每一工作量折旧额=\frac{固定资产原值\times(1-残值率)}{预计总工作量} \tag{3-6}$$

$$某项固定资产折旧额=该项固定资产当月工作量\times 每一工作量折旧额 \tag{3-7}$$

（三）加速折旧法

加速折旧法也称为快速折旧法或递减折旧法，其特点是在固定资产有效使用年限的前期多提折旧，后期则少提折旧，从而相对加快折旧的速度，以使固定资产成本在有效使用年限中加快得到补偿。

加速折旧的计提方法有多种，常用的有双倍余额递减法和年数总和法。

1. 双倍余额递减法

双倍余额递减法是在不考虑固定资产残值的情况下，根据每期期初固定资产账面余额（年初固定资产净值，即固定资产价值余额）和双倍的直线法折旧率计算固定资产折旧的一种方法。计算公式为

$$年折旧率=\frac{2}{预定使用年限}\times 100\% \tag{3-8}$$

$$月折旧额=固定资产账面净值\times 月折旧率 \tag{3-9}$$

由于双倍余额递减法不考虑固定资产的残值收入，因此，应用这种方法时必须注意不能使固定资产的账面折余价值降低到它的预计残值收入以下，即实行双倍余额递减法计提折旧的固定资产，应当在其固定资产折旧年限到期以前两年内，将固定资产净值扣除预计净残值后的余额平均摊销。

2. 年数总和法

年数总和法又称合计年限法，是将固定资产的原值减去净残值后的净额乘以一个逐年递减的分数计算每年的折旧额，这个分数的分子代表固定资产尚可使用的年数，分母代表使用年数的逐年数字总和。计算公式为

$$年折旧率=\frac{尚可使用年数}{预计折旧年限的年数总和} \tag{3-10}$$

$$年折旧率=\frac{预计折旧年限-已使用年数}{预计折旧年限\times(预计折旧年限+1)/2} \tag{3-11}$$

$$月折旧额=(固定资产原值-预计净残值)\times 月折旧率 \tag{3-12}$$

采用加速折旧法，并不意味着固定资产提前报废或多计折旧。不论采用何种方法计提折旧，在整个固定资产折旧年限内，折旧总额都是一样的。采用加速折旧法只是在固定资产使用的早期多提折旧，后期少提折旧，其递减的速度逐年加快。加快折旧速度，目的是使固定资产成本在估计使用年限内加快得到补偿。一般来说，加速折旧有利于企业进一步发展。

从以上分析可以看出，加速折旧法提取的折旧总额和直线折旧法一样，即从总量来看，其折旧总额没有因加速折旧而改变，改变的只是折旧额计入成本费用的时间。加速折旧法前期折旧费大，使企业税前收益相应减少，早期所得税减少，而后期折旧费小又使所得税增加，改变了所得税计入现金流出的时间，其效果是推迟了所得税的缴纳，等于企业向政府取得了一笔无须支付利息的贷款。允许采用加速折旧法，实际上是国家给予企业的一种特殊的缓税或延期纳税优惠。由此可见，加速折旧法对企业是十分有利的。该种方法在发达国家普遍使用。

第四节 收入、利润与税金

一、收入

根据我国《企业会计准则》中的定义，收入是指企业在销售商品、提供劳务及他人使用本企业资产等日常活动中所形成的经济利益的总流入，具体包括商品销售收入、劳务收入、

使用费收入、股利收入及利息收入等。收入是企业利润的主要来源。

技术项目经济分析中的收入主要是指项目投入运行后，提供的销售收入或劳务收入。

企业生产经营阶段的主要收入来源是销售收入，它是指企业销售产品或者提供劳务等取得的收入。计算公式为

$$销售收入 = 产品的销售数量 \times 销售价格 \tag{3-13}$$

企业的销售收入与总产值是有区别的。总产值是企业生产的成品、半成品和处于加工过程中的在制品等价值的总和，可按现行价格或不变价格计算。而销售收入是出售商品或提供劳务的货币收入，销售单价为实际市场价格或预测的市场价格，企业生产的产品只有在市场上出售，才能成为给企业带来收益的有用的劳动成果，因此销售收入才是反映项目真实收益的经济参数。

二、利润的核算

收入、利润和成本的关系如图 3－4 所示。

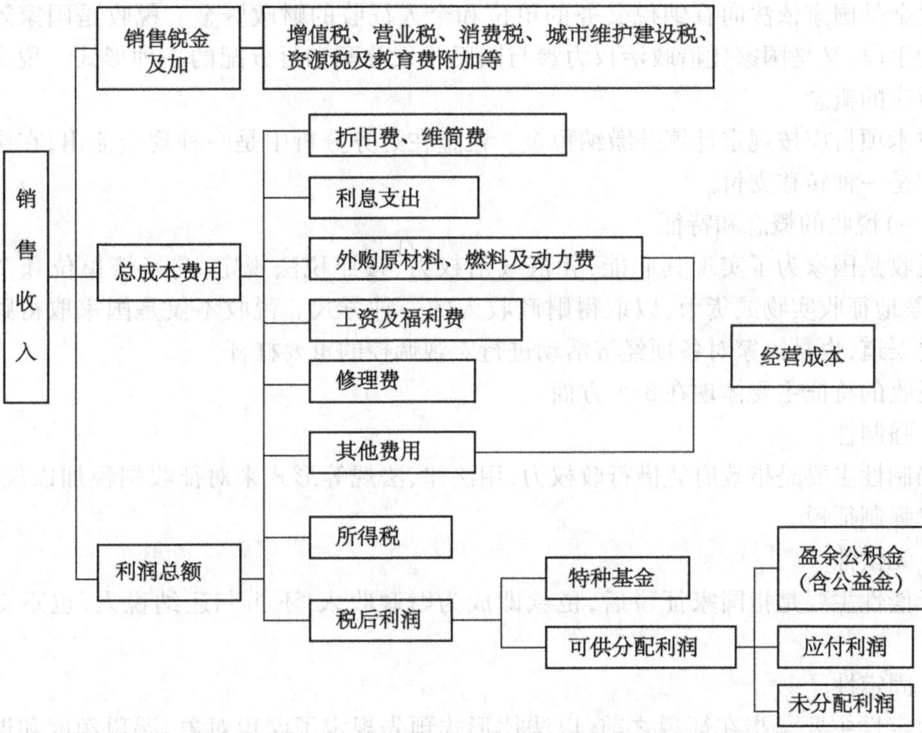

图 3－4　收入、利润与成本关系图

利润是企业经济目标的集中表现，是一定时期内全部生产经营活动的净成果，是以企业生产经营所创造的收入与所发生的成本对比的结果。利润的实现表明企业生产耗费得到了补偿，并取得了盈利。

利润就其构成而言，既可通过生产经营活动获得，也可通过投资活动获得，还包括那些与生产经营活动无直接关系的事项所引起的盈亏，有不同的层次。工业投资项目投产后所获得的利润可分为销售利润和税后利润两个层次。

$$销售利润 = 年销售收入 - 总成本费用 - 营业税金及附加 \tag{3-14}$$

税后利润又称净利润，是指企业缴纳所得税后形成的利润，是利润总额减去所得税的余额，是企业所有者权益的组成部分，也是企业进行利润分配的依据。企业的利润总额是劳动者为社会创造的新价值，其中一部分由国家以税收形式无偿征收，作为国家的财政收入，另一部分就是企业的净利润。

$$税后利润 = 利润总额 - 所得税 \tag{3-15}$$

企业缴纳所得税后的利润基本上都可以看作是投资者的所得。但投资者真正能拿到的现金形式的分配利润还要从税后利润中扣减以下部分：

(1)被没收的财物损失，支付各项税收的滞纳金和罚款；

(2)弥补企业以前年度的亏损；

(3)提取法定公积金；

(4)提取公益金。

三、税金

税金是国家依法向有纳税义务的单位和个人征收的财政资金。税收是国家筹集财政资金的手段，又是国家凭借政治权力参与国民收入分配和再分配的一种形式。税金和税收是相对应的概念。

技术项目应按规定计算并缴纳税金。税金在财务分析中是一种现金流出，在国民经济分析中是一种转移支付。

(一)税收的概念和特征

税收是国家为了实现其职能，凭借政治权力，按照税法规定，向经济单位和个人强制地、无偿地征收实物或货币，以取得财政收入的一种方式。税收不仅是国家取得财政收入的主要渠道，也是国家对各项经济活动进行宏观调控的重要杠杆。

税收的特征主要体现在 3 个方面。

1. 强制性

强制性主要是指政府凭借行政权力，用法律、法规等形式来对征收捐税加以规定，并按照法律强制征税。

2. 无偿性

无偿性主要是指国家征税后，税款即成为财政收入，不再归还纳税人，也不支付任何报酬。

3. 固定性

固定性主要是指在征税之前，以法律形式预先规定了课税对象、课税额度和课税方法等依法征税事项。

(二)税收的种类

我国工业企业应当缴纳的税有十多种，按其性质和作用可分为 5 大类。

1. 流转税类

它是指以商品生产、流通和劳动服务各个环节的流转额为征收对象的各种税，它是我国目前最大的一类税收，包括增值税、消费税和营业税等。

增值税是以商品生产、流通和劳务服务各个环节的增值额为征税对象，在我国境内销售货物或者提供加工、修理修配劳务以及进口货物的单位或个人都应缴纳增值税。

就计算原理而言，增值税是对商品生产和流通过程中各环节的新增价值或商品附加值进行征税,所以叫增值税,并实行税款抵扣制。增值税是价外税,销售价格内不含增值税款。由于纳税人的会计核算水平参差不齐,将纳税人按其经营规模与会计核算健全与否划分为一般纳税人和小规模纳税人。小规模纳税人是指年销售额在规定标准以下,并且会计核算不健全,不能按规定报送有关税务资料的增值税纳税人,除此之外的纳税人为一般纳税人。一般纳税人的增值税计算办法如下。

由于新增价值和商品附加值在商品流通过程中通常是难以准确计算的,因此增值税的计税在实际操作上采取间接计算办法,即从事货物销售以及提供应税劳务的纳税人,根据货物或应税劳务销售额,按照规定的税率计算税款。具体公式为

$$应纳增值税额=当期销项税额-当期进项税额 \tag{3-16}$$

式中　当期销项税额=销售额×适用增值税税率。

销项税额是按照销售额和规定税率计算并向购买方收取的增值税额;

销售额是纳税人销售货物或者提供应税服务而向购买方收取的全部价款和价外费用,不包括收取的销项税额,销项税额应在增值税专用发票"税额"栏中填写。

增值税率设基本税率、低税率和零税率三档税率。出口货物适用零税率;粮食、食用植物油、自来水、暖气、冷气、热水、煤气、石油液化气、天然气、沼气、图书、报纸、杂志、生产资料等适用低税率13%,其他适用基本税率17%。

进项税额是纳税人购进货物或者接受应税劳务所支付或者负担的增值税。对于一般纳税人而言,由于其在经营活动中,既会发生销售货物,又会发生购进货物或者接受应税劳务等活动,都会有收取的销项税额和支付的进项税额。增值税计税的核心就是纳税人收取的销项税额扣除其支付的进项税额,其余额即为纳税人应纳增值税额。

准予从销项税额中抵扣的进项税额,限于下列增值税扣税凭证上注明的增值税额:

(1)从销售方取得的增值税专用发票上注明的增值税额;

(2)从海关取得的完税凭证上注明的增值税率。

小规模纳税人销售货物或者应税劳务,按照销售额和规定的征收率计算应纳税额,不得抵扣进项税额。其计算公式为

$$应纳增值税额=销售额×征税率 \tag{3-17}$$

由于增值税是价外税,既不计入成本费用,也不计入销售收入,从企业角度进行投资项目现金流量分析时可不考虑增值税。

消费税的纳税义务人为在我国境内生产、委托加工和进口某些消费品的单位和个人。在货物普遍征收增值税的基础上,选择少数消费品再征收一道消费税,主要是为了调节产品结构,引导消费方向,保证国家财政收入。

征收消费税的消费品大体分五类:第一类是一些过度消费会对人类健康、社会秩序、生态环境等造成危害的特殊消费品,如烟、酒、鞭炮、烟火等;第二类是奢侈品、非生活必需品;第三类是高能耗及高档消费品;第四类是不可再生稀缺资源消费品;第五类是消费普遍、税基宽广、征税不会明显影响人民生活水平但有一定财政意义的产品。消费税的计税依据是应税消费品的销售额或者销售量,税率或单位销售量税额依不同消费品类别分若干档次,采用从价定率计税和从量定额计税两种办法。计算公式为

$$实行从价定率方法计算的应纳税额=销售额×税率 \tag{3-18}$$

$$实行从量定额方法计算的应纳税额=销售数量×单位税率 \tag{3-19}$$

营业税是对在我国境内提供应税劳务、转让无形资产或者销售不动产的单位和个人,

就其营业额而征收的一种税。凡在我国境内从事交通运输、建筑业、金融保险业、邮电通信业、文化体育业、娱乐业、服务业、转让无形资产和销售不动产等业务的单位和个人均为营业税的纳税义务人。计算公式如下

$$应纳营业税税额 = 营业额 \times 适用税率 \quad (3-20)$$

营业额为纳税人提供应税劳务、转让无形资产或者销售不动产向对方收取的全部价款和价外费用。流转税类中的增值税是价外税，不计入在企业的收入中，和企业的损益无关；消费税、营业税等是价内税，在所得税前从企业总收入中已作扣除的税金。

2. 资源税类

资源税是为保护和合理使用国家自然资源而课征的税。资源税是以各种自然资源为课税对象的一种税。目前，我国资源税的征收范围仅限于矿产品和盐，对其他自然资源不征收资源税。资源税对在我国境内从事开采应税矿产品和生产盐的单位和个人，就其因资源条件差异而形成的级差收入征收的一种税。资源税实行从量定额征收的方法。其计算公式为

$$应纳资源税税额 = 课税数量 \times 适用单位税额 \quad (3-21)$$

3. 所得税类

所得税类是指以企业、单位、个人在一定时期内的纯所得额为征收对象的一种税，它主要是对生产经营者的利润和个人的纯收入发挥调节作用。

由于所得税是企业的一项重要的现金流出，所以所得税的核算对技术项目的投资决策来说是很重要的。

企业所得税的纳税人是在我国境内实行独立经济核算的企业（外商投资企业和外国企业除外）。纳税人每一纳税年度的收入总额减去准予扣除项目后的余额为应纳税所得额。收入总额中包括生产经营收入、财产转让收入、利息收入、租赁收入、特许权使用费收入、股息收入及其他收入，准予扣除的项目是指与纳税人取得收入有关的成本、费用和损失。对于工业企业来说，应纳税所得额的计算公式为

$$应纳税所得额 = 利润总额 \pm 税收调整项目金额 \quad (3-22)$$

税收调整项目是指将会计利润转换为应税所得额时按照税法规定应当调整的项目。

企业所得税是以应纳税所得额乘以企业适用的所得税税率而求得的。其计算公式为

$$应纳所得税额 = 应纳税所得额 \times 适用的所得税税率 \quad (3-23)$$

另外，国家根据经济和社会发展的需要，在一定的期限内会对特定的地区、行业或企业的纳税人给予一定的税收优惠，即对其应缴纳的所得税给予减征或免征。

4. 特定目的税类

特定目的税类是指国家为达到某种特定目的而设立的各种税，主要有城市维护建设税等。即为了达到特定目的，对特定对象和特定行为发挥调节作用。

城乡维护建设税是为保证城乡维护和建设有稳定的资金来源而征收的一种税。凡有经营收入的单位和个人，除另有规定外，都是城乡维护建设税的纳税义务人。城乡维护建设税以纳税人的产品销售收入额、营业收入额及其他经营收入额为计税依据，税率由各省、市、自治区根据当地经济状况与需要确定不同市县的适用税率。

5. 财产税类

财产税类是指以企业和个人拥有及转移的财产的价值或增值额为征收对象的各种税，包括房地税、车船税和土地增值税等，主要是对某些财产和行为发挥调节作用。

车船税是对行驶于公共道路的车辆或航行于国内河流、湖泊和领海口岸的船舶，按照其种类（如机动车船、非机动车船、载人汽车、载货汽车等）、吨位和规定的税额计算征收的一种税。拥有车船的单位和个人为纳税义务人。

房产税以房屋为征收对象，以房产评估值为计税依据。拥有房屋产权的单位和个人为纳税义务人。

土地增值税的纳税义务人是有偿转让国有土地使用权及地上建筑物和其他附着物产权（简称转让房地产）并取得收入的单位和个人，征税对象是转让房地产所取得的增值收益。土地增值税的计税依据是土地增值额，即纳税人转让房地产所取得的收入减除规定的扣除项目金额后的余额。计算增值额的扣除项目包括：取得土地使用权所支付的金额；开发土地的成本、费用；新建房及配套设施的成本、费用，或者旧房及建筑物的评估价格；与转让房地产有关的税金以及规定的其他扣除项目。

习　题

1. 固定资产投资与流动资金的主要区别是什么？

2. 解释固定资产、固定资产净值及固定资产残值的内涵。

3. 影响工业投资项目流动资金数额大小的因素有哪些？

4. 工业企业的成本费用分哪些项目，由哪些费用因素构成？

5. 什么是经营成本？为什么要在技术经济分析中引入经营成本的概念？

6. 什么是机会成本，试举例说明。

7. 如果你是大学本科毕业后再攻读研究生，试列出各种可能的机会成本。如果从纯收入角度分析，你选择读研究生方案的依据应是什么？

8. 简述税收的性质与特点。

9. 为什么说税收是国家对各项经济活动进行宏观调节的重要杠杆？

10. 增值税、资源税、所得税的征税对象分别是什么？

11. 折旧年限与速度对投资者税后财务盈利能力有什么影响？

12. 规定残值率的高低对投资者财务盈利能力的影响是什么？

13. 试证明年数总和法的各年折旧率之和等于1。

14. 某企业某项固定资产的原值为100万元，预计使用年限为10年，采用双倍余额递减法计算净残值率分别为30%，11%，9%，7%和5%时各年的折旧额。

15. 某企业一台精密机床，原值为35万元，预计净产值率为6%，预计完成的总工作量为13 160小时。5月份该机床实际工作220小时。请采用工作量法计算该机床5月份应提折旧额。

第四章　现金流量构成与资金等值计算

第一节　现金流量构成

一、现金流量的含义

人们通常从物质形态与货币形态两个方面来考察工业生产活动。从物质形态来看，工业生产活动表现为人们使用各种工具、设备，消耗一定量的能源，将各种原材料加工、转化成所需要的产品。从货币形态来看，工业生产活动表现为投入一定量的资金，花费一定量的成本，通过产品销售获取一定量的货币收入。进行技术经济分析通常采用后一种视角，把所考察的对象作为一个独立的经济系统。现金流量就是系统在各个时间点上实际发生的各种现金流入和流出。各时点上的货币支出为现金流出，通常用“-”和具体的金额数来表示；各时点上的货币收入叫作现金流入，用“+”和具体的金额数字来表示；现金流入与现金流出统称为现金流量。在同一时间点上的现金流入与现金流出之差称为净现金流量。

对现金流量的基本要素进行分析与估算，是进行经济分析的基础，对发生在不同时期的现金流量进行计算，是分析经济效益的前提。

在分析和计算现金流量时要注意，根据考察的角度和范围不同，现金流量所包含的内容也不同，例如，集团的母公司对子公司经济活动征收的管理费，从子公司的角度看是现金流出，从整个集团的角度看既不是现金流出也不是现金流入，而是在集团范围内资金分配权和使用权的一种转移；现金流量的现金是一个广义的概念，不仅包括现钞，也包括其他结算凭证等现金等价物；流入或流出的现金流量都一次性计入发生的时点，对其以后时点的现金流量没有影响，不具有滞效性；在进行技术经济分析时，通常部分数值是由预测得到的，现金流量的预测是否准确直接关系到投资评价的可靠性，现金流量估算错误必然会导致决策和评价的失误。

二、现金流量的构成

（一）现金流出

1. 投资

人们通常所讲的投资有广义和狭义之分。广义的投资是以一定的资源投入某项计划，以期获得所期望的报酬，资源可以是资金，也可以是人力、资产、技术等其他资源，技术经济分析讨论的是狭义的投资，是指人们在社会生产活动中为实现某种预定的生产、经营目标前预先垫支的资金。

技术经济分析讨论的投资通常包括项目的固定资产投资、固定资产投资方向调节税（已停征）、流动投资。固定资产投资，包括建设工程费；设备购置、运输、安装、调试费；可行性研究和勘探设计费；一次性支付的技术费、开办费、职工培训费、管理费等。还有按投资预算的一定比例（通常为5%左右）所预留的不可预见费。

流动资金指在工业项目投产前预先垫付,在投产后的生产与经营过程中用于购买原材料、燃料动力、备品备件,支付工资和其他费用以及被在制品、半成品、制成品占用的周转资金,包括:储备资金,即储备的各种原材料、燃料、包装物、低值易耗品、委托加工石料和在途材料等;生产资金,即在生产的各项产品、自制半产品和待摊费用;成品资金,即库存待售的产成品;结算及货币资金,即发出商品,结算资金和货币资金。

2. 经营成本

经营成本为技术经济分析所特有的概念,是为了经济分析方便从产品成本中所分离出来的一部分费用,等于产品成本扣除基本折旧、摊销费、资金借款利息。产品成本是指企业花费在生产和销售上所支付的生产资料费用、工资、车间经费、企业管理费、销售费用等。当经济决策活动中,生产经营阶段的产品成本支出是包括折旧和摊销费用的。实际上这些都已经作为资金流出进行了考虑,计算成本时并没有真正的资金流出。如固定资产折旧是对固定资产磨损的价值补偿,而并不是真正发生的现金流出,在技术经济分析中,已计入现金流出,如再将折旧随成本计入现金流出,会造成现金流出的重复计算。

贷款利息是使用借贷资金所要付出的代价,对于企业来说是实际的现金流出,但在评价工业项目全部投资的经济效果时,并不考虑资金来源问题,在这种情况下不考虑贷款利息的支出。为了计算与分析的方便,技术经济分析中一般将经营成本作为一个单独的现金流出项目。

3. 营业税金及附加

营业税金及附加包括增值税、营业税、资源税、城市维护建设税及教育费附加等。在进行项目的国民经济评价时,不计税金。

4. 技术转让费

技术转让费是指在生产期按年支付的部分,在投产前作为一次性支付的部分,已计入固定投资中,不需要再单独列出。

5. 营业外净支出

营业外净支出是指营业外收入与营业外支出的差额。为简化计算,一般项目的营业外净支出可不计算。

(二)现金流入

1. 销售收入

销售收入是工业项目实施后,向社会提供产品及劳务所取得的现金收入,收入金额等于销售量与销售价格的乘积。

2. 固定资本残值

投资项目寿命期满时处置固定资产所得到的现金流入。由于机器设备的处置还需一笔拆迁费,所以通常所说的固定资本残值是扣除拆迁费后的净残值。

3. 回收流动资金

投资项目寿命期满,流动资金将退出生产领域和流通领域,全部还原成货币资金,与固定资产残值一样,流动资金回收是投资活动结束时的一笔一次性收入。

三、现金流量的图示

(一)现金流量的计算

为了全面考察新建工业项目的经济性,必须对项目在整个寿命期内的收入和支出进行研究。通常可根据各阶段现金流动的特点,把一个项目分为4个期间:建设期、投产期、稳产期和终止期,如图4-1所示。建设期是指项目开始投资至项目开始投产获得收益之间的一段时间;投产期是指项目投产开始至项目达到预定的生产能力的时间;稳产期是指项目达到生产能力后持续发挥生产能力的阶段;终止期是指项目完成预计的寿命周期后停产并进行善后处理的时期。

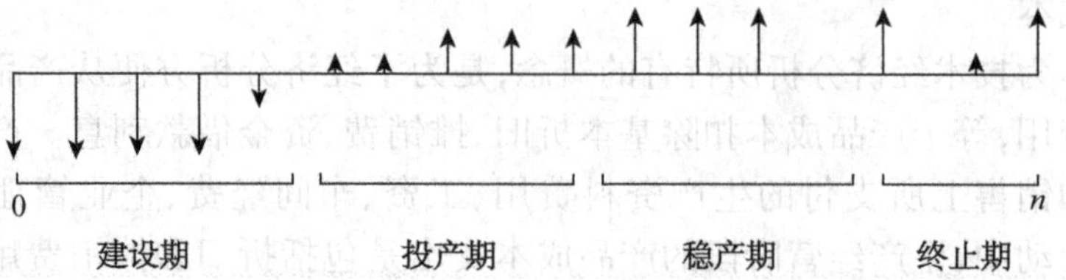

图4-1 新建工业项目的现金流量图

(二)现金流量图

在项目的整个生命周期,资金都在不停地流动,现金流量常表现为在不同时刻具有不同值的多种资金的流通。为了便于研究,在技术经济分析和计算中,常用现金流量图来反映各时点上现金流量,如图4-2所示。

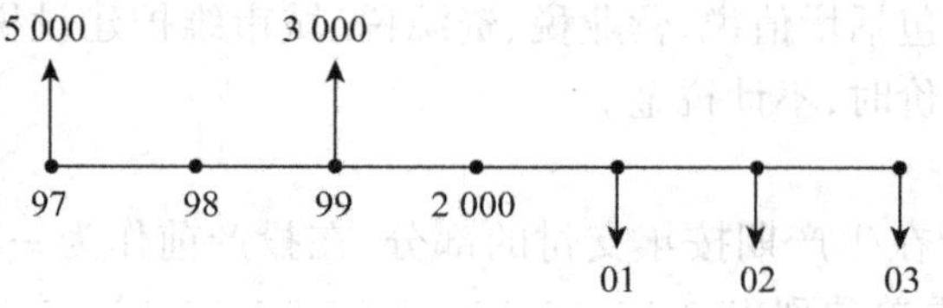

图4-2 现金流量图

现金流量表的特点如下:

以水平线表示时间坐标,时间的推移从左到右,时间间隔相等,一般以年为单位。第一年初规定为0,本期末与下期初重合。比如2表示第二年年末、第三年年初。时间原点通常选为项目建设期的开始点。

箭头表示现金流动方向,向下箭头表示现金支出(现金流出);向上箭头表示现金收入(现金流入)。垂直箭线表示现金流量多少,线段的长短应反映出现金流量的大小,最好成比例。通常规定在利息周期发生的现金流量均作为发生在周期末。

现金流量图的画法与观察、分析问题的角度有关,例如:卖一批货物价值 P 元为现金流出,对卖者而言 P 元为现金流入。

现金流包含3个要素:项目的有效期(也就是现金流的时间域)、发生在各个时刻的现金流值以及现金流的符号。不同的方案表现为不同的现金流,通过研究某一过程的现金流,可以直观地了解不同方案的基本情况。

第二节 资金等值计算

一、资金的时间价值

企业在经营工业项目时,通常都需要一定数量的本钱和发展生产的财力基础,人们将之称为自有资本。此外,企业通过各种融资渠道所获得一定量的货币来运用经营,如长期贷款、短期贷款、发行股票和获得捐赠等。自有资本和负债的和统称为资本,资金是资本的货币表现。

资金和交换中的货币有一个很显著的特征,就是资金是具有时间价值的,资金能随时间的推延增值,如图4-3所示。

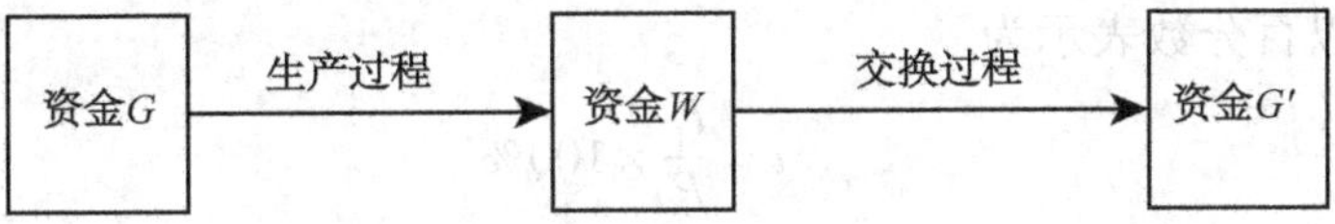

图4-3 资金增值过程

很显然 $G' > G$,设 $G' = G + \Delta G$,ΔG 通常表现为税金与利润之和,部分用于再生产的部分,部分用于消费。可以发现 ΔG 是在生产过程中连续产生的,而不是跳跃式,因此它是时间的连续函数,不是离散的。资金上期的增值(利润)同样可以在下一个周转中产生收益。ΔG 在下次周转中同样也会产生收益。

资金的增值通常表现为借贷中的利息、生产经营中的利润、占用资源的代价、投资的收益等多种方式。现实生活中,人们通过兴办企业等直接投资的方式和存入银行、放贷、购买债券、购买股票等间接投资的方式,出让资金的使用权来获得资金的增值。资金数量和投入的时间、资金使用的周期或使用年限、经济效益高低、资金使用代价的计算方式及利率高低等都是影响资金增值的常见因素。

资金在扩大再生产及其循环周转中,随着时间变化而产生的资金增值或经济效益统称为资金的时间价值。

资金的时间价值可以从两个方面来理解。从生产角度看,投入的人力、物力和财力(资金)在一定的时间之后会实现经济效益,资金的运动伴随着生产与交换活动会给投资者带来利润,表现为资金的增值。资金增值的实质是劳动者在生产过程中创造了剩余价值。从投资者的角度来看,资金的增值特性使资金具有时间价值。从使用角度看,消费者放弃资金的即时使用的机会,资金的时间价值体现为对放弃即期使用的损失所应给的补偿。

可见,资金增值的实现有两个基本条件:一是货币作为资本或资金参加社会周转;二是要经历一段时间。资金的时间价值充分体现了时间因素对经济效益的影响,帮助提高决策的质量,从而促进决策者树立时间就是金钱的观念,提高资金的利用效率和投资效益,缩短项目建设周期,早日发挥投资效益;有利于资源的优化配置,使资源向效益高(增值快)的地方流动,提高国民经济的整体实力。

二、利息与利率

(一)利息和利率

利息是指占用资金所支付的代价(或放弃使用资金所得到的补偿)。如果将一笔资金存入银行,这笔资金就称为本金。经过一段时间之后,储户可在本金之外再得到一笔利息,这一过程可表示为

$$F = P + I \tag{4-1}$$

式中 F——周期末本利和;

P——本金;

I——利息。

利息通常根据利率来计算。利率是在一个计息周期内所得的利息额与借贷金额(即本金)之比,一般以百分数表示为

$$i = \frac{I_1}{P} \times 100\% \tag{4-2}$$

式中 i——利率;

I_1——一个计息单位的利息。

(二)单利和复利

利息的计算有单利和复利之分。单利只以本金计算利息。n 个计息周期数后,本息和 F 为

$$F = P(1 + ni) \tag{4-3}$$

式中 n——计息周期数。

复利计算中,先前周期中已获得的利息也要计息。n 个计息周期数后,本息和 F 为

$$F = P(1 + i)^n \tag{4-4}$$

技术经济分析中,上期的增值(利润)ΔG 同样可以在下一个周转中产生收益,故资金的增值是复利形式。因此,一般以复利计算。

(三)我国储蓄利息的计算

利率的表示方法有 3 种,即年利率、月利率和日利率。年利率通常以百分数表示,如年息 5% 就是 1 000 元存款存 1 年,利息为 50 元;月息通常用千分数表示,如月息 6 厘写成 6‰,表示 1 000 元存 1 个月可得利息 6 元;日利率通常用万分数表示,如日息 3 厘写成 3‱,表示 1 000 元存 1 天可得利息 3 角。年利率、月利率和日利率的关系为

$$年利率 = 月利率 \times 12(月) = 日利率 \times 360(天) \tag{4-5}$$

$$月利率 = 年利率 \div 12(月) = 日利率 \times 30(天) \tag{4-6}$$

$$日利率 = 年利率 \div 360(天) = 月利率 \div 30(天) \tag{4-7}$$

储蓄存款的计息起点为元,元以下的角分不计付利息。利息金额计算至厘位,实际支付时将厘位四舍五入至分位。分段计息时,先保留至厘位,各段利息加总,再将厘位四舍五入至分位。除活期储蓄的年度结算可以将利息转入本金继续生息外,其他各种储蓄存款不论存期如何,一律于支取时利随本清,不计复息。

活期储蓄存款不管存期内有无利率变动,其利息均按结息日当天(一般是每年 6 月 30 日)挂牌公告的活期存款利率计付利息并转入本金,不分段计息。储户要求销户时,则按销户日当天挂牌公告的活期存款利率计付利息。活期存款的利息计算一般采取累计日积数

法进行,其公式为

$$利息=日积数和\times日利率$$

定期储蓄存款的利息计算有以下规定(从1993年3月1日起实行):

(1)定期存款在存期内如遇利率调整,不论调高或调低,均按存单开户日所定的利率统一计付利息,不分段计息;

(2)定期存款如提前支取或部分提前支取,均按支取日挂牌公告的活期存款利率计付利息,未提前支取的部分,仍按原存单约定利率计付利息。

如果资金使用的时间较长,当然选择定期储蓄,但需注意的是,定期储蓄并不是期限越长越好。这样讲的原因有两个:第一个原因是虽然从表面上看,利率的档次是期限越长,利息越高,但实际上由于短期存款到期后可以将利息加入本金然后再存,所以实际利息收入相差并不那么多。举例来说,假设1年期定期存款利息是5%,两年期定期存款利息是5.5%,表面上看相差0.5%,但是1年期定期存款到期后如果连本带利再存1年,则两年所得利息为最初本金的10.25%,合下来的年利息为5.125%,而不是表面上的5%,与两年期存款的利率相差只有0.375。这是由于1年期定期存款的利息实际上采取了复利计算方法,而两年期定期存款则按单利计息的缘故。第二个原因是现在利率水平已降至较低位,再往下降的空间有限,而随着经济的复苏,如果通货膨胀抬头,也不排除再次提高利率的可能,而一旦提高了利率,较短期的存款可以及时取出续存,较早享受到提高了的利率,而3年期、5年期的长期存款就无法及时享受。因为按现行的利率政策,定期存款在存期内如遇利率调整,不论调高或调低,均按存单开户日所定的利率统一计付利息,如果提前支取,则要按支取日挂牌公告的活期存款利率计付存期的利息。所以,从发展的眼光看,存期较长并不一定合算,目前最适宜的存期是1年期。

如果在刚存入一笔定期存款后不久就遇到利息率调高,则应根据存入天数的多少和利率调高的幅度来决定是提前取出并按新利率重新存入好,还是维持原状好。

$$提前取出利息损失=(调整前年利率-活期存款年利率)\times 存款数额\times实存天数/360天$$

$$重新存入利息增收=(调整后利率-调整前利率)\times 存款数额\times(1-实存天数/360天)$$

若利息损失数额大于利息增收数额则说明维持原状好,反之则说明提前取出好。

【例4-1】存入年利率为5%的一年期定期存款10 000元,35天后一年期利率调高为5.25%,活期存款利率为1.7%,则提前取出利息的损失和重新存入利息的增收分别为多少?

根据以上公式算出,提前支取的利息损失$=(5\%-1.7\%)\times10\,000\times35/360=32.08$(元)。

重新存入利息的利息增收$=(5.25\%-5\%)\times10\,000\times(1-35/360)=22.57$(元),比较可知,还是维持原状更好。

贷款计息用复利。一位数学专家介绍,按照银行提供的计算公式,目前市民贷款时所用的等额本息法就是理论上的普通年金算法;而年金一般都是以复利计算的,所以可以很肯定地说,等额本息法所确定出来的每月还款额使用的是复利。以5年期、10万元的贷款为例,使用复利等额法计算出来每月需要还款1 877元,但是如果把复利转换成单利,得出每月需要还款1 848元,比复利法每月少支付29元。

(四)名义利率与实际利率

在技术经济分析中,一般把各种利率折算为以年为计息周期的利率,成为名义利率。

而在实际经济活动中，计息周期不一定以年为单位。

$$i=\left(1+\frac{r}{m}\right)^{m}-1 \tag{4-8}$$

$$r=m[(1+i)^{1/m}-1] \tag{4-9}$$

式中　i——实际利率；

　　r——名义利率；

　　m——年计息次数。

当 m 等于1时，名义利率等于实际利率；当 $m>1$ 时，实际利率大于名义利率。当 m 趋近于无穷大时，即按连续复利计算时，i 与 r 的关系为

$$i=\lim_{m\to\infty}[(1+r/m)^{m}-1]=\lim_{m\to\infty}[(1+r/m)^{m}]-1=e^{r}-1 \tag{4-10}$$

【例4-2】若银行年利率为12.0%，本金为1 000元，如果按年计息，实际利率为多少？如果按月计息，实际利率应为多少？

按年计息，则

$$i=\frac{F-P}{P}=\frac{(1+0.12)P-P}{P}=0.12$$

按月计息，则

$$i=\frac{F-P}{P}=\frac{\left(1+\frac{0.12}{12}\right)^{12}P-P}{P}=12.68\%$$

可见，按月计息时，实际利率高于名义利率。本例若按连续复利算，$i=12.75\%$。

表4-2　历年储蓄存款利率表

单位：年息%

调整日期			活期	整存整取							零存整取		
年	月	日		3个月	半年	1年	2年	3年	5年	8年	1年	3年	5年
1988	9	1	2.88		6.48	8.64	9.18	9.72	10.8	12.42	7.2	8.64	9.72
1989	2	1	2.88		9	11.34	12.24	13.14	14.94	17.64	9.54	11.34	13.14
1989	6	1	2.88	7.56									
1990	4	15	2.88	6.3	7.74	10.08	10.98	11.88	13.69	16.2	8.28	10.08	11.88
1990	8	21	2.16	4.32	6.48	8.64	9.36	10.08	11.52	13.68	7.2	8.64	10.08
1991	4	21	2.16	3.24	5.4	7.56	7.92	8.28	9	10.08	6.12	6.84	7.5
1991	7	1	1.8										
1993	5	15	1.8	4.86	7.2	9.18	9.9	10.8	12.06	14.58	7.2	9.18	10.8
1993	7	1	2.16										
1993	7	11	3.15	6.66	9	10.98	11.7	12.24	13.86	17.1	9	10.98	12.24
1996	4	1	2.97	4.86	7.2	9.18	9.9	10.8	12.06		7.2	9.18	10.8
1996	8	23	1.98	3.33	5.4	7.47	7.92	8.28	9		5.4	7.47	8.28
1997	10	23	1.71	2.88	4.14	5.67	5.94	6.21	6.66		4.14	5.67	6.21
1998	3	25	1.44	2.88	4.14	5.22	5.58	6.21	6.66		4.14	5.67	6.21
1998	7	1	1.44	2.79	3.96	4.77	4.86	4.95	5.22		3.96	4.77	4.95

表4－2（续）

调整日期			活期	整存整取							零存整取		
年	月	日		3个月	半年	1年	2年	3年	5年	8年	1年	3年	5年
1998	12	7	1.44	2.79	3.33	3.78	3.96	4.14	4.5		3.33	3.78	4.14
1999	6	10	0.99	1.98	2.16	2.25	2.43	2.7	2.88		1.98	2.16	2.25
2002	2	21	0.72	1.71	1.89	1.98	2.25	2.52	2.79		1.71	1.89	1.98
2004	10	29	0.72	1.71	2.07	2.25	2.7	3.24	3.6		1.71	2.07	2.25
2006	8	19	0.72	1.8	2.25	2.52	3.06	3.69	4.14		1.8	2.25	2.52
2007	3	18	0.72	1.96	2.43	2.79	3.33	3.96	4.41		1.96	2.43	2.79
2007	5	19	0.72	2.07	2.61	3.06	3.69	4.41	5.95		2.07	2.61	3.06
2007	7	21	0.81	2.34	2.88	3.33	3.96	4.41	5.22		2.34	2.88	3.33

注：1999年11月1日开征利息所得税，税率为20%，2007年8月15日利息税减至5%。

三、资金等值概念及计算

（一）资金等值的概念

在资金时间价值的计算中，等值是一个十分重要的概念。资金等值是指在考虑时间因素的情况下，不同时点发生的绝对值不等的资金可能具有相等的价值。假设存入1 000元，采用复利计息，年利率为8%时，3年后可获得：1 000 ×（1 +0.08）3 =1 259.7，5年后可获得：$1\ 000 \times (1+0.08)^5 = 1\ 469.3$，不同数额的资金，折算到某一相同时点所具有的实际经济价值是相等的。

【例4－3】某人现在借款1 000元，在5年内以年利率还清全部本金和利息，则有如表4－3中的4种偿付方案。

表4－3　典型的等值形式

偿付方案	年数(1)	年初所欠金额	年利息额 (3)＝(2)＊3%	年终所欠金额 (4)＝(2)＋(3)	偿还本金	年终付款总额 (6)＝(3)＋(5)
1	1	1 000	30	1 030	0	30
	2	1 000	30	1 030	0	30
	3	1 000	30	1 030	0	30
	4	1 000	30	1 030	0	30
	5	1 000	30	1 030	1 000	1 030
	合计	5 000	150	1 030	1 000	1 150
2	1	1 000	30	5 150	0	0
	2	1 030	30.9	1 030	0	0
	3	1 060.9	31.827	1060.9	0	0
	4	1 092.727	32.781 81	1 125.509	0	0
	5	1 125.508 81	33.765 26	1 159.274	1 000	1 159.274 1
	合计		159.274 1		1 000	1 159.274 1

表 4 - 3(续)

偿付方案	年数(1)	年初所欠金额	年利息额 (3) = (2) * 3%	年终所欠金额 (4) = (2) + (3)	偿还本金	年终付款总额 (6) = (3) + (5)
3	1	1 000	30	1 030	200	230
	2	830	24.9	854.9	200	224.9
	3	654.9	19.647	674.547	200	219.647
	4	474.547	13.236 41	488.783 4	200	214.236 41
	5	288.783 41	8.663 502	297.446 9	200	208.663 5
	合计		97.446 91		1 000	1 097.446 9
4	1	1 000	30	1 030	188.35	218.35
	2	811.65	24.349 36	835.994 8	194.01	218.35
	3	617.64	18.529 21	636.169 4	199.83	218.35
	4	417.81	12.534 45	430.349 3	205.82	218.35
	5	211.99	6.359 842	218.354 6	211.99	218.35
	合计		91.772 86		1 000.00	1 091.77

第 1 种方案：在 5 年中每年年底仅偿付利息 30 元，最后第 5 年末在付息同时将本金一并归还。

第 2 种方案：在 5 年中对本金、利息均不做任何偿还，只在最后 1 年末将本利一次付清。

第 3 种方案：将所借本金做分期均匀摊还，每年末偿还本金 200 元，同时偿还到期利息。由于所欠本金逐年递减，故利息也随之递减，至第 5 年末全部还清。

第 4 种方案也将本金做分期摊还，每年偿付的本金额不等，但每年偿还的本金加利息总额却相等，即所谓等额分付。

从上面的例子可以看出，如果年利率为 3% 不变，上述 4 种不同偿还方案与原来的 1 000 元本金是等值的。从贷款人立场来看，今后以 4 种方案中任何一种都可以抵偿他现在贷出的 1 000 元，因此现在他愿意提供 1 000 元贷款。从借款人立场来看，他如果同意今后以 4 种方案中任何一种来偿付，他今天就可以得到 1 000 元的使用权。

【例 4 - 4】假设某人今年有 50 000 元的收入，明年将有 60 000 元的收入，市场允许他不但可以今年消费价值 50 000 元的商品，明年消费 60 000 元，而且可以以均衡利率进行借贷。

图 4 - 4 中的直线 AB 表示此人通过借贷可实现的所有消费可能性，C 点表示其现有的消费可能点。曲线为其效用无差异曲线。假设不存在信用风险，用 i 代表市场上的均衡利率。可以看到如果无差异曲线恰好和 AB 相切于 C 点，则其无须借贷，如果相切于 C 点下方的 C' 点，则其可能会选择今年多消费，明年少消费，反之亦然。

只要有完全竞争的借贷市场，由于不存在套利机会，此人可以根据自己的状况灵活地选择消费组合。对此人而言，AB 直线上的任意一点的价值都是相同的。今年的 104 545 元和明年的 115 000 元的价值是一样的，这就是资金等值。利用等值的概念，可以把在一个时点发生的资金金额换算成另一时点的等值金额，这一过程叫作资金等值计算。

时值(Time value)：资金的时值是指资金在运动过程中，处在某一时刻的价值。

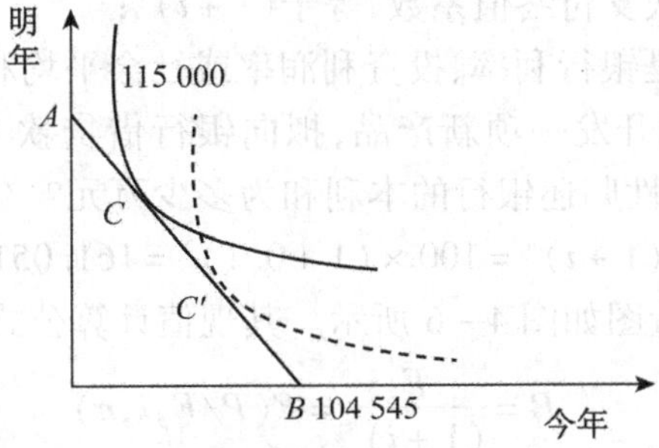

图 4－4　效用曲线图

折现(Discount):把将来某一时点的资金金额换算成现在时点的等值金额称为“折现”或“贴现”。

现值(Present value 或 Current value):将来时点上的资金折现后的资金金额称为“现值”。“现值”并非专指一笔资金“现在”的价值,它是一个相对的概念。一般来说,将$(t+k)$时点上发生的资金折现到第 t 时点,所得的等值金额就是第$(t+k)$时点上资金金额的现值。

终值(Future value 或 Future worth):与现值等价的将来某时点的资金金额称为“终值”或“将来值”。

折现率(Discount rate):进行资金等值计算中使用的反映资金时间价值的参数叫“折现率”。

(二)资金等值的计算

资金等值的计算分为现值的计算和终值的计算两种。

根据支付方式的不同,支付可分为一次支付和多次支付两大类,而多次支付又可依据每次支付的资金额的数值特征分为等额支付、等比支付、等差支付和自有支付等。

1. 一次性支付

一次支付又称为整付,指流入和流出现金流量均为一次性发生。

(1)一次支付终值现金流量图如图 4－5 所示,其终值的计算公式为

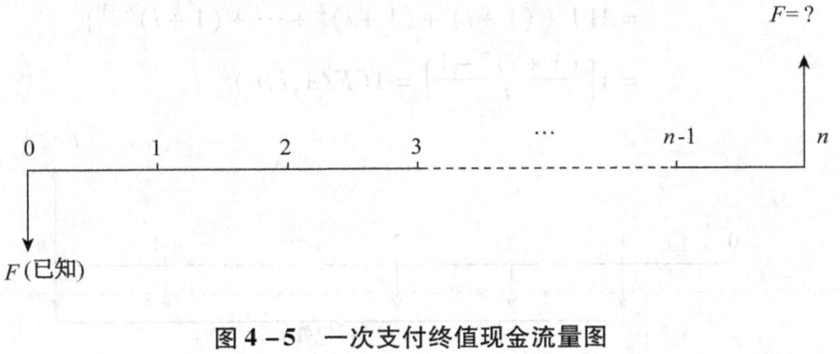

图 4－5　一次支付终值现金流量图

$$F=P(1+i)^n=P(F/P,i,n) \tag{4-11}$$

式中　F——资金的终值;

P——资金的现值;

i——利率;

n——计息周期;

$(F/P,i,n)$——一次支付终值系数，等于$(1+i)^n$；

i——折现率，可以是银行利率、投资利润率或社会平均利润率。

【例 4-5】某企业计划开发一项新产品，拟向银行借贷款 100 万元，若年利率为 10%，借期为 5 年，5 年后应一次性归还银行的本利和为多少万元？

$$F=P(1+i)^n=100\times(1+0.1)^5=161.051(\text{万元})$$

(2)一次支付现值流量图如图 4-6 所示。其现值计算公式为

$$P=\frac{F}{(1+i)^n}=F(P/F,i,n) \quad (4-12)$$

式中 $(P/F,i,n)$——一次支付现值系数，或折现(贴现)系数，等于$\frac{1}{(1+i)^n}$。

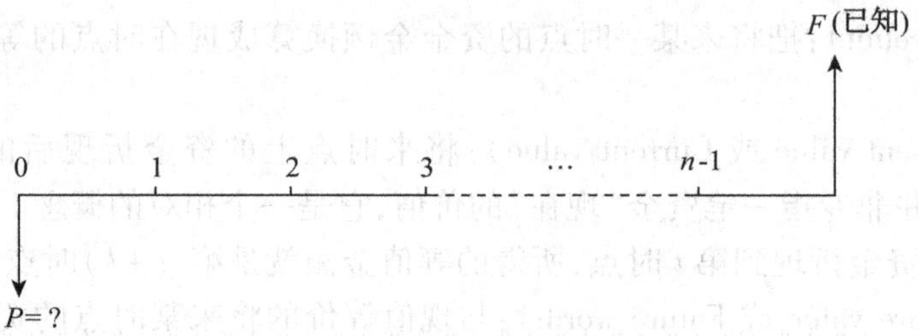

图 4-6 一次支付现值现金流量图

【例 4-6】某企业拟在 3 年后购置一台新的分析仪器，估计费用为 2 万元，设银行存款利率为 10%，现在应存入银行多少万元？

$$P=\frac{F}{(1+i)^n}=\frac{2}{(1+0.1)^3}\approx 1.503(\text{万元})$$

2. 等额分付类型等值的计算

(1)等额分付终值公式

①若现金流量发生在每个周期的期末，现金流量图如图 4-7 所示。其终值计算公式为

$$\begin{aligned}F&=A(1+i)0+A(1+i)1+\cdots+A(1+i)^{n-1}\\&=A[1+(1+i)+(1+i)^2+\cdots+(1+i)^{n-1}]\\&=A\left[\frac{(1+i)^n-1}{i}\right]=A(F/A,i,n)\end{aligned} \quad (4-13)$$

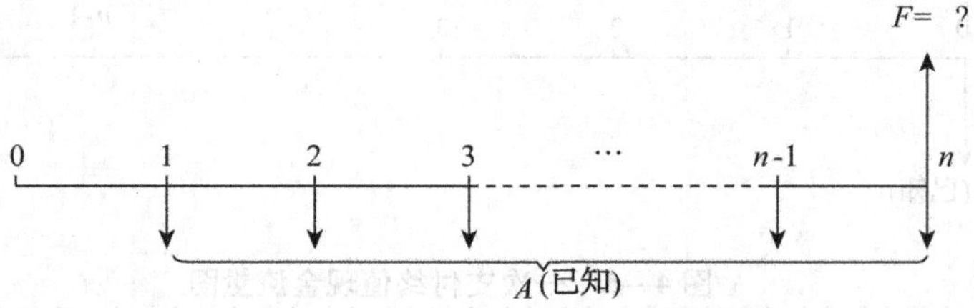

图 4-7 等额分付终值计算现金流量图(期末付款)

②若现金流量发生在每个周期的期初，现金流量图如图 4-9 所示。其终值计算公式为

$$F=A\left[\frac{(1+i)^{n+1}-(1+i)}{i}\right] \quad (4-14)$$

式中　A——年金；

i——利率；

n——计息周期；

$(F/A,i,n)$——等额分付序列终值系数。

【例 4－7】某扩产项目的建设期为 4 年，在此期间，每年末向银行借贷 100 万元，银行要求在第 4 年末一次性偿还全部借款和利息。若年利率为 8%，第 4 年末一次性偿还的总金额应为多少万元？若每年年初借款，应偿还多少万元？

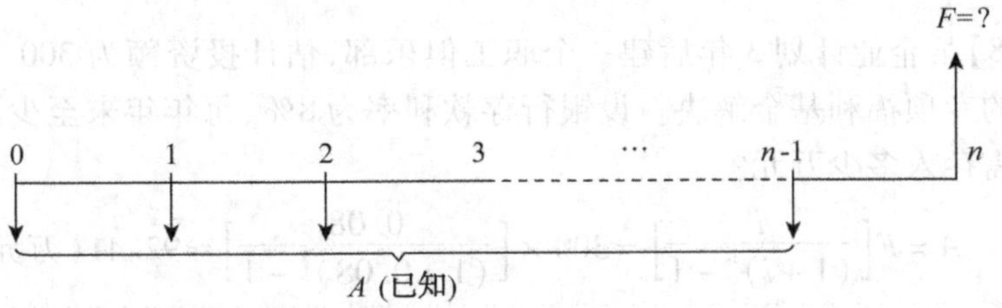

图 4－8　等额分付终值计算现金流量图（期初付款）

第 4 年末一次性偿还总金额为

$$F=A\left[\frac{(1+i)^n-1}{i}\right]=100\times\left[\frac{(1+0.08)^4-1}{0.08}\right]=450.61(\text{万元})$$

若每年期初借款时，则

$$F=A\left[\frac{(1+i)^{n+1}-(1+i)}{i}\right]=100\times\left[\frac{(1+0.08)^5-(1+0.08)}{0.08}\right]=486.66(\text{万元})$$

（2）等额分付偿债基金公式

①若每期末付款，则

$$A=F\left[\frac{i}{(1+i)^n-1}\right]=F(A/F,i,n) \tag{4-15}$$

其现金流量图，如图 4－9 所示。

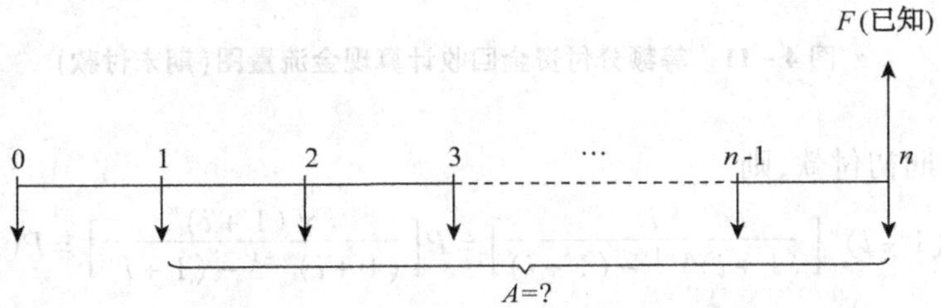

图 4－9　等额分付偿债基金计算现金流量图（期末付款）

②期初付款，则

$$A=F\left[\frac{i}{(1+i)^{n+1}-(1+i)}\right] \tag{4-16}$$

式中　$(A/F,i,n)$——等额分付偿债基金系数。

其现金流量图，如图 4－10 所示。

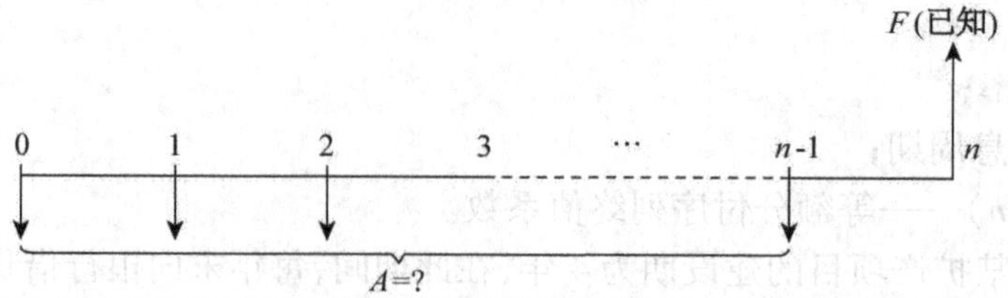

图 4-10　等额分付偿债基金计算现金流量图(期初付款)

【例 4-8】某企业计划 3 年后建一个职工俱乐部,估计投资额为 300 万元,欲用每年积累一定数额的专项福利基金解决。设银行存款利率为 8%,每年年末至少应存入多少万元?若期初存款需存入多少万元?

$$A=F\left[\frac{i}{(1+i)^n-1}\right]=300\times\left[\frac{0.08}{(1+0.08)^3-1}\right]\approx 92.41(\text{万元})$$

$$A=F\left[\frac{i}{(1+i)^{n+1}-(1+i)}\right]=300\times\left[\frac{0.08}{(1+0.08)^4-(1+0.08)}\right]\approx 85.56(\text{万元})$$

(3)等额分付资金回收公式

①若每期期末付款,由于 $F=P(1+i)^n$,$A=F\left[\frac{i}{(1+i)^n-1}\right]$,则

$$A=P(1+i)^n\left[\frac{i}{(1+i)^n-1}\right]=P(A/P,i,n) \tag{4-17}$$

式中　$(A/P,i,n)$——等额分付资金回收系数。其现金流量图如图 4-11 所示。

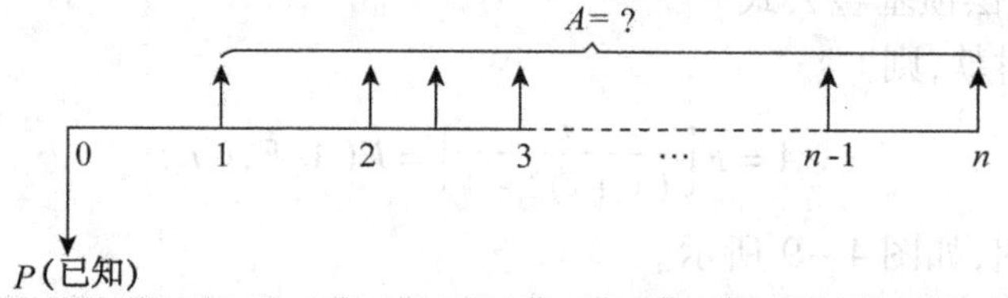

图 4-11　等额分付资金回收计算现金流量图(期末付款)

②若每期期初付款,则

$$A=P(1+i)^n\left[\frac{i}{(1+i)^{n+1}-(1+i)}\right]=P\left[\frac{i\times(1+i)^n}{(1+i)^{n+1}-(1+i)}\right]=P(A/P,i,n) \tag{4-18}$$

其现金流量图如图 4-12 所示。

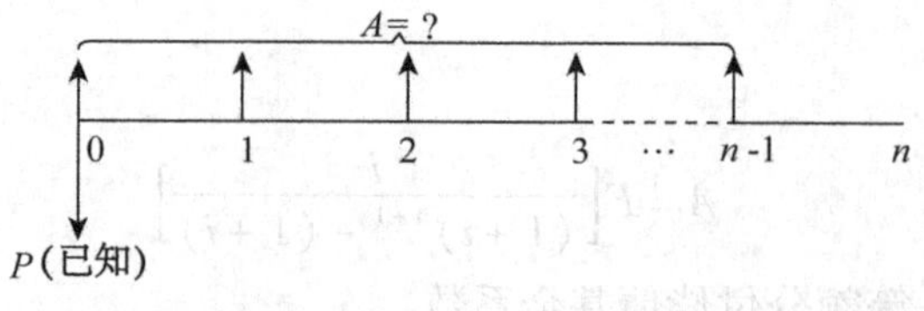

图 4-12　等额分付资金回收计算现金流量图(期初付款)

【例 4－9】某企业拟建立一套水循环再利用系统，需投资 10 万元，预计可使用 10 年，设期末无残值。如果在投资收益率不低于 10% 的条件下，该系统投入使用后，每年至少应节约多少万元的费用，该方案才合算？

$$A = P(1+i)^n\left[\frac{i}{(1+i)^n-1}\right] = 10\times\left[\frac{0.1\times(1+0.1)^{10}}{(1+0.1)^{10}-1}\right] = 1.627(\text{万元})$$

（4）等额分付现值公式

①若每期期末付款，则

$$P = \frac{F}{(1+i)^n} = A\left[\frac{(1+i)^n-1}{i(1+i)^n}\right] = A(P/A,i,n) \qquad (4-19)$$

式中　$(P/A, i, n)$——等额分付现值系数。等额期末分付的现金流量图如图 4－13 所示。

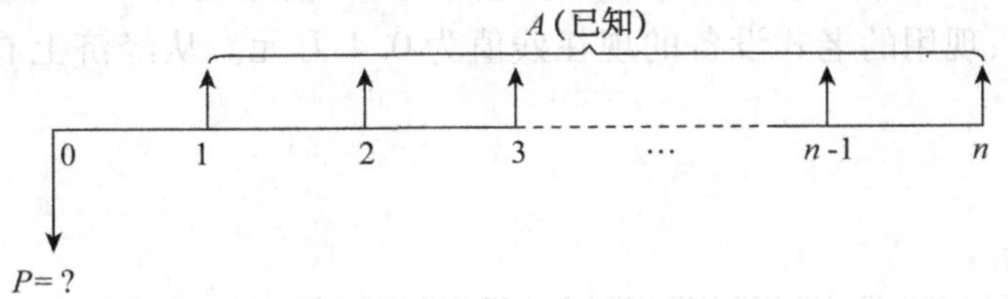

图 4－13　等额期末分付的现金流量图（期末付款）

②若每期期初付款，则

$$P = \frac{F}{(1+i)^n} = A\left[\frac{(1+i)^{n+1}-(1+i)}{i(1+i)^n}\right] = A(P/A,i,n) \qquad (4-20)$$

式中　$(P/A, i, n)$——等额分付现值系数。等额期初分付的现金流量图如图 4－14 所示。

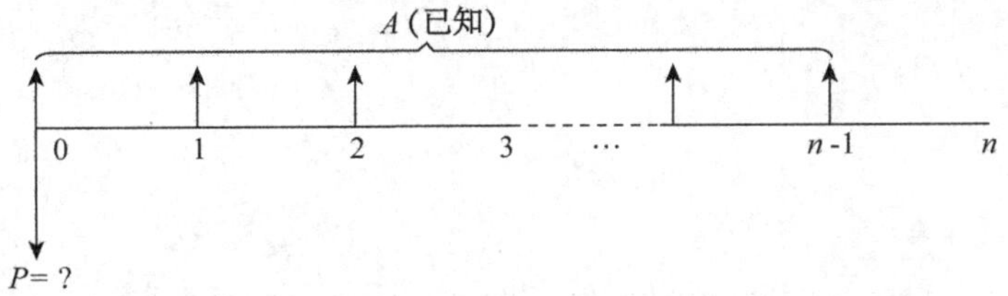

图 4－14　等额期初分付的现金流量图（期初付款）

【例 4－10】某企业在技术改造中欲购置一台废热锅炉，每年可增加收益 3 万元，该锅炉可使用 10 年，期末残值为 0。若逾期年利率为 10%，该设备投资的最高限额是多少？若该设备售价为 19 万元，是否应该购买？

$$P = A\left[\frac{(1+i)^n-1}{i(1+i)^n}\right] = 3\times\left[\frac{(1+0.1)^{10}-1}{0.1\times(1+0.1)^{10}}\right] = 18.43(\text{万元})$$

所以不该购买。

习　　题

1. 某企业拟向国外银行商业贷款 1 500 万美元，5 年后一次性还清。现有一家美国银行可按年利率 17% 贷出，按年计息。另有一家日本银行愿按年利率 16% 贷出，按月计息。该企业从哪家银行贷款较合算？

2. 某企业年初从银行贷款120万元,并计划从第二年开始,每年年末偿还25万元。已知银行利率为6%,该企业在第几年时,才能还完这笔贷款?

3. 某企业拟购买一套分析检测设备,若货款一次付清,需10万元;若分3年,每年年末付款4万元,则共付款12万元。如果利率为10%,选择哪种支付方式经济上更有利?

4. 某企业计划5年后更新一台设备,预计那时新设备的售价为8万元,若银行利率为10%,试求:

(1)从现在开始,企业每年应等额存入多少万元,5年后才能够买一台新设备?

(2)现在企业应一次性存入多少万元,5年后刚好够买一台新设备?

5. 现在市场上新出现一种性能更佳的高压泵,售价为5.4万元。如果用该新型的高压泵取代现有的同类设备,估计每年可增加收益2万元,使用期为7年,期末残值为0。若预期年利率为10%,现用的老式设备的现在残值为0.4万元。从经济上看,能否购买新设备取代现有设备?

第五章 投资项目技术经济分析的基本方法

投资项目技术经济分析主要依据项目的经济效果评价指标来进行,这些指标是多种多样的,它们从不同的角度反映项目的经济性。本章所讨论的仅是那些重要而又常用的指标。这些指标主要可以分为两大类:一类是以货币单位计量的价值型指标,例如净现值、净年值、费用现值、费用年值等;另一类是反映资金利用率的效率型指标,如投资收益率、内部收益率、净现值指数等。由于这两类指标是从不同的角度考察项目的经济性,所以,在对项目方案进行经济效果评价时,应当尽量同时选用这两类指标而不仅是单一指标。又由于项目方案的决策结构是多种多样的,各类指标的适用范围和应用方法也是不同的。

按是否考虑资金的时间价值,经济效果评价指标分为静态评价指标和动态评价指标。不考虑资金时间价值的评价指标称为静态评价指标;考虑资金时间价值的评价指标称为动态评价指标。静态评价指标主要用于技术经济数据不完备和不精确的项目初级阶段;动态评价指标则用于项目最后决策前的可行性研究阶段。经济效果评价指标体系,如图5-1所示。

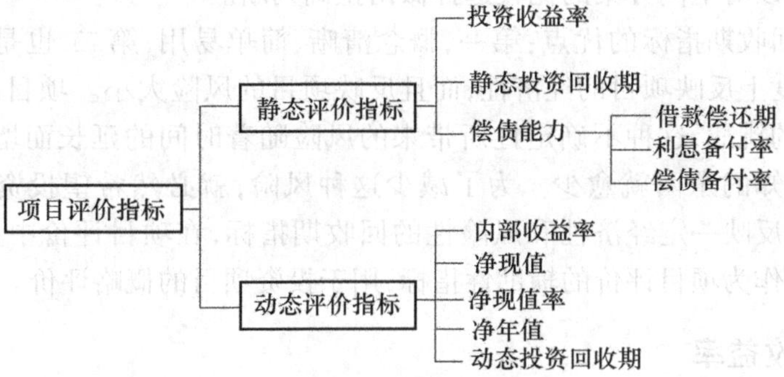

图5-1 经济效果评价指标体系

第一节 静态分析方法

一、静态回收投资期

投资回收期也叫返本期,指用投资项目的净收量抵偿全部投资所需的时间,一般以年为单位。它是反映投资项目财务上清偿能力及评价企业经济效益的一项重要指标,该指标的投资回收速度作为项目评价的标准。按是否考虑资金的时间价值,可分为静态投资回收期和动态回收期。

静态投资回收期(P_t)不考虑资金的时间价值,用项目各年的净收益(CO)来回收全部投资(CI)所需要的期限,其一般表达式为

$$\sum_{t=0}^{P_t}(CI - CO) = 0$$

静态投资回收期可根据项目现金流量表计算,其具体计算分以下两种情况。

1. 项目建成投产后各年的净收益均相同时,计算公式为

$$P_t = \frac{I}{A} \tag{5-1}$$

式中 I——项目投入的全部资金;

A——每年的净现金流量,即 $A=(CI-CO)_t$。

2. 项目建成投产后各年的净收益不相同时,计算公式为

$$P_t = 累计净现金流量开始出现正值的年份数 - 1 + \frac{上年累计净现金流量的绝对值}{当年的净现金流量} \tag{5-2}$$

评价准则:求得静态投资回收期 P_t 必须与给定的标准投资回收期 P_c 比较,只有 $P_t \leqslant P_c$,投资项目才可接受。简单地说就是:$P_t \leqslant P_c$,可行;反之,不可行。

【例 5-1】某公司投资 10 000 元,估计 5 年内,每年平均净现金流为 2 000 元。计算投资回收期。

$$P_t = 10\,000/2\,000 = 5(年)$$

静态投资回收期的计算比较简单,但有两个显著的缺点:第一,它没有反映资金的时间价值;第二,由于它舍弃了回收期以后的收入与支出数据,故不能全面反映项目在寿命期内的真实效益,难以对不同方案的比较选择做出正确判断。

静态投资回收期指标的优点:第一,概念清晰、简单易用;第二,也是最重要的,该指标不仅在一定程度上反映项目的经济性,而且反映项目的风险大小。项目决策面临着未来的不确定性因素的挑战,这种不确定性所带来的风险随着时间的延长而增加,因为离现时愈远,人们所能确知的东西就愈少。为了减少这种风险,就必然希望投资回收期越短越好。因此,作为能够反映一定经济性和风险性的回收期指标,在项目评价中具有独特的地位和作用,并被广泛作为项目评价的辅助性指标,用于投资项目的概略评价。

二、投资收益率

投资收益率(E)就是项目在正常生产年份的净收益与投资总额的比值,其计算公式为

$$E = \frac{NB}{K} \times 100\% \tag{5-3}$$

(1)当 K 为总投资,NB 为正常年份的利润总额,则 E 称为投资利润率;

(2)当 K 为总投资,NB 为正常年份的利税总额,则 E 称为投资利税率。

评价准则:设 E_c 为基准投资收益率,若 $E \geqslant E_c$,则项目可以考虑可行;反之,则不可行。

【例 5-2】某公司投资 10 000 元,估计 5 年内每年平均净利润为 2 000 元。计算投资收益率。

$$E = 2\,000/10\,000 = 20\%$$

投资收益率未考虑资金的时间价值,且较投资回收期指标,舍弃了更多的项目寿命期内的经济数据,故该指标一般仅用于技术经济数据不完整的初步研究阶段。

三、清偿能力分析指标

(一)建设投资借款偿还期(P_d)

建设投资借款偿还期 P_d 是指不考虑完全的时间价值,用项目各年的可用于还款的资

金来偿还固定资产投资借款本金和建设期利息所需要的期限。其表达式为

$$I_d = \sum_{t=0}^{P_d} R_t \tag{5-4}$$

式中　I_d——固定资产投资借款本金和建设期利息；

R_t——可用于还款的资金，包括税后利润、折旧、摊销及其他还款额。

在实际工作中，借款偿还期可直接根据资金来源与运用表或借款偿还计划表推算，其具体推算公式为

$$P_d = (\text{借款偿还后出现盈余的年份数} - 1) + \frac{\text{当年应偿还的借款额}}{\text{当年可用于还款的资金额}} \tag{5-5}$$

借款偿还期指标适用于那些计算最大偿还能力，尽快还款的项目，不适用于那些预先给定借款偿还期的项目。对于预先给定借款偿还期的项目，应采用利息备付率和偿债备付率指标分析项目的偿债能力。

评价准则：当借款偿还期 P_d 满足贷款机构的要求 P 时，即 $P_d \leqslant P$ 时则项目可以考虑可行；反之，则不可行。

（二）利息备付率

利息备付率也称已获利息倍数，指项目在借款偿还期内各年可用于支付利息的税息前利润与当期应付利息费用的比值。其计算公式为

$$\text{利息备付率} = \frac{\text{税息前利润}}{\text{当期应付利息费用}} \tag{5-6}$$

式中，税息前利润 = 利润总额 + 计入总成本费用的利息费用；当期应付利息指计入总成本费用的全部利息。

评价准则：通常利息备付率应当大于 2，否则，表示项目的付息能力保障程度不足。

（三）偿债备付率

偿债备付率指项目在借款偿还期内，各年可用于还本付息的资金与当期应还本付息金额的比值。其计算公式为

$$\text{偿债备付率} = \frac{\text{可用于还本付息资金}}{\text{当期应还本付息金额}} \tag{5-7}$$

式中，可用于还本付息资金包括可用于还款的折旧和摊销，成本中列支的利息费用，可用于还款的税后利润等；当期应还本付息金额包括当期应还贷款本金额及计入成本的利息。

评价准则：正常情况应当大于 1，且越高越好。当指标小于 1 时，表示当年资金来源不足以偿付当期债务，需要通过短期借款偿付已到期债务。

第二节　动态分析方法

动态分析方法运用动态经济评价指标进行评价，不仅计入了资金的时间价值，而且考察了项目在整个寿命期内收入与支出的全部经济数据。因而比静态分析更全面、更科学。

一、现值法

现值法是将投资项目在整个寿命周期内不同时量上发生的一切现金收入与支出均折算为现值，然后以现值为标准来评价项目的经济效益。它一般以项目的初始年份年初（即坐标中

零点时间）作为基准时间来计算现值。现值法有净现值、净现值比率法两种主要形式。

（一）净现值（Net Present Value，NPV）

净现值是指按设定的折现率或最低期望盈利率，将投资项目在整修寿命周期内发生的各年的净现金流量折现到基准率的现值之和，它是反映项目在建设和生产服务年限内获利能力的指标，其表达式为

$$NPV = \sum_{t=0}^{n} C_t(P/F,i,t) = \sum_{t=0}^{n} \frac{C_t}{(1+i)^n} \tag{5-8}$$

式中 C_t——第 t 年的净现金流量；

i——最低期望盈利率。

净现值可以通过现金流量表计算求得。

应用净现值指标评价单一项目时，其评价标准为：当 $NPV<0$ 时，方案不可行；当 $NPV>0$ 时，方案可行；当 $NPV=0$ 时，方案可行与否，视情况而定。若投资来源于借贷资金，计算净现值所用 i 等于借贷资金成本，则 $NPV=0$ 意味着归还本金与利息后无利可图，方案视为不可行；若投资来源于自有资金，i 等于机会成本，则 $NPV=0$ 意味着投资所得收益率与机会成本相同，方案应视为可行。某方案净现值曲线如图 5-2 所示。

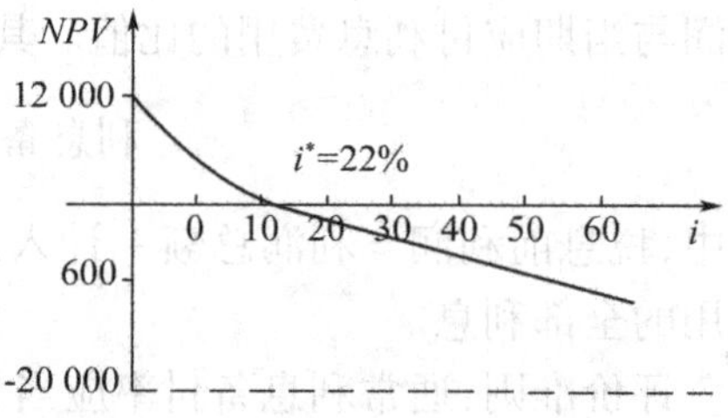

图 5-2 某方案净现值曲线

【例 5-3】某企业拟新建一条生产线，投资 500 万元，当年建成投产。第 1 年产品销售收入为 240 万元，经营成本 150 万元，以后每年产品销售收入可达 480 万元，年经营成本 300 万元，销售税金为销售收入的 10%，使用寿命为 10 年，设后期未残值为 50 万元，若最低期望盈利率为 12%，计算该方案的净现值，并判断该方案经济上是否可行。

该方案现金流入包括销售收入与设备残值回收；现金流出包括投资、经营成本和税金。

第 1 年的净现金流量（收入－税金－经营成本）为 $240-240\times0.1-150=66$（万元）。

第 2 年至第 9 年的净现金流量为 $480-480\times0.1-300=132$（万元）。

则该方案的净现金流量图如图 5-3 所示。

$$\begin{aligned} NPV &= \sum_{t=0}^{10} C_t(P/F,12\%,t) \\ &= -500+66(P/F,12\%,1)+132(P/A,12\%,8)(P/F,12\%,1)+ \\ &\quad 182(P/F,12\%,10) \\ &= 202.97（万元）>0 \end{aligned}$$

故该项目经济上可行。

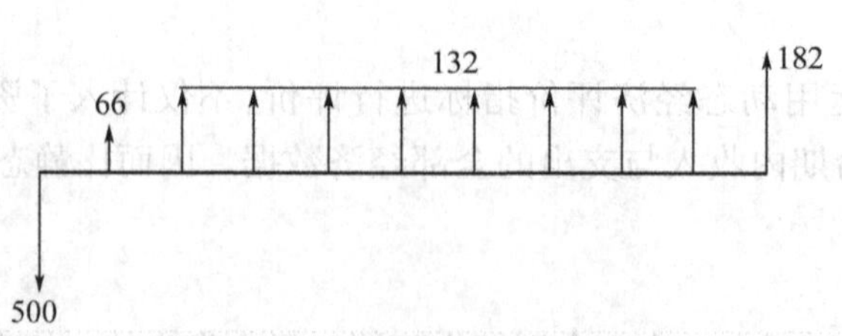

图 5-3 方案的现金流量图

【例 5－4】某项目各年净现金流量如表 5－1 所示，试用净现值评价项目的经济性。设 $i=8\%$，该项目是否可行？

表 5－1 项目各年的现金流量表

单位：万元

年份	支出	收入
0	40	
1	700	
2	150	
3	450	670
4	670	1 050
5	670	1 050
6	670	1 050
7	670	1 050
8	670	1 050
9	670	1 050
10	670	1 050

$$NPV = \sum_{i=0}^{n} \frac{(CI-CO)_t}{(1+i_0)^t}$$

$$= -40 - \frac{700}{1+0.08} - \frac{150}{(1+0.08)^2} + \frac{220}{(1+0.08)^3} +$$

$$380 \times \left[\frac{(1+0.08)^7-1}{0.08\,(1+0.08)^7}\right] \times \frac{1}{(1+0.08)^3}$$

$$= 928.43(\text{万元})$$

该项目的 $NPV=928.43>0$，故该项目可行。

由公式我们可以看到：NPV 是 i 的函数，即

$$NPV(i) = \sum_{t=0}^{n} \frac{C_t}{(1+i)^t} \tag{5-9}$$

显然，基准折现率对 NPV 有很大的影响，一般参照以下两个标准。

1. 行业财务基准收益率

项目财务评价时计算财务净现值的折现率。有时也可以现行投资贷款利率为参考，制订适宜的折现率。

2. 社会折现率

项目进行国民经济评价时计算经济净现值的折现率。反映了从国家角度对资金机会成本、资金时间价值以及对资金盈利能力的一种估量。目前我国一般将社会折现率取为 12%。

(二) 净现值比率法

净现值比率，又称净现值率或净现值指数。该指标反映的是项目净现值的相对水平，

即单位投资所获得的净现值，以反映单位资金的利用效率。当投资者注重单位投资的盈利能力，计算该指标很有必要。净现值比率是项目净现值与总投资现值之比，计算公式为

$$NPVR = \frac{NPV}{I_p} = \frac{NPV}{\sum_{i=0}^{n} \frac{I_t}{(1+i_0)^t}} = \frac{\text{净现值}}{\text{总投资现值}} \tag{5-10}$$

式中 I_p——项目的总投资现值；

I_t——项目第 t 年的投资。

该方法是在净现值指标基础上发展起来的，可以作为 NPV 的一种补充。当 $NPV>0$ 时，表明项目可以获得多于基准收益率的现值收益；而当 $NPV=0$ 时，表明项目的收益率刚好等于基准收益率；当 $NPV<0$ 时，表明项目的经济效益低于基准收益率，需要结合考察核算的对象、项目的投资目的等来考虑，一般认为不可取，但不等于不盈利。此外，还可以根据 $NPVR$ 的大小对项目的经济效益进行比较。

【例 5－5】仍用【例 5－3】的数据，求该方案的净现值比率。

$$NPVR = 202.97/500 = 0.406$$

二、年值法

（一）净年值法

净年值法是将项目在某寿命周期内不同时点上发生的现金支出和现金收入，按预定的最低期望盈利率折算成等额的年值，然后利用净年值指标来评价方案的优劣。其一般表达式为

$$NAV = NPV(A/P, i, n) \tag{5-11}$$

式中 NAV——净年值；

NPV——净现值；

$(A/P, i, n)$——资金回收系数。

净年值表示项目的预定最低期望盈利率收回投资后所能得到的年盈利额，因此，以此作为单一项目的评价标准为：当 $NPV<0$ 时，项目不可取；当 $NPV>0$ 时，项目可行；当 $NPV=0$时，视情况而行。

【例 5－6】某工程项目投资 10 000 元，5 年内每年收入为 5 000 元，年经营费用为2 200 元，5 年末残值为 2 000 元，设最低期望盈利率为 10%，试计算方案的年值，并判断该项目是否可行。

$$NAV = -1\,000(A/P, 10\%, 5) + 5\,000 - 2\,200 + 2\,000(A/P, 10\%, 5) = 489.6(\text{元})$$

因为 $NAV>0$，故项目可行。

（二）费用年值法

费用年值法，又称年费用比较法，是把在不同时点上发生的费用折算为等额分付序列年费用。常用于无法计算效益的情况，如教育、卫生保健、环境保护、国防等，对于这类项目，若各备选方案能够满足相同的需要，则只需比较它们的投资与经营费用。对于可以用货币计量但只有项目的费用发生，没有收益发生或仅有少量的现金流入发生，如建造图书馆、城市绿化等公益性非盈利项目，或者虽有较大的收益发生，但各方案逐年的收益相等或相近，此时可不考虑其收益，只计算其费用。

$$A_C = P_C(A/P, i_0, n) \times \sum_{i=0}^{n} \frac{CO_t}{(1+i_0)^t} \tag{5-12}$$

三、动态投资回收期

(一)动态投资回收期的概念和计算

动态投资回收期是在考虑资金时间价值的情况下,偿还全部投资所需的时间。下面我们利用完全回收公式来求解。无论是动态还是静态的投资回收期,计算一般以建设开始年份为起点,也可以从投产年或达产年为起点,但应注明。

$$\sum_{t=0}^{P'_t}(CI-CO)_t(1+t)^{-t}=0$$

或

$$\sum_{t=0}^{P'_t}Y_t(1+t)^{-t}=0 \tag{5-13}$$

式中 P'_t——以年表示的动态投资回收期;

Y_t——每年的净收益或净现金流量;

i——贷款利率或基准收益率。

动态投资回收期主要有两种算法:一种是从财务现金流量表计算动态投资回收期,其计算方法为

$$\text{动态投资回收期}(P'_t)=\text{累计净现金流量现值开始出现正值的年份数}-1+\frac{\text{上年累计净现金流量现值绝对值}}{\text{当年净现金流量现值}}$$

另一种是根据平均年净收益来计算,若投产后每年的净收益可以平均净收益 Y 来计算,即

$$(CI-CO)_t=Y$$

则有

$$\sum_{t=0}^{P'_t}Y_t(1+t)^{-t}=0\Rightarrow Y\left[\frac{(1+i)^{P'_t}-1}{i(1+i)^{P'_t}}\right]=0$$

则

$$P'_t=-\frac{\lg(1-\frac{I\cdot i}{Y})}{\lg(1+i)} \tag{5-14}$$

式中,Y 为平均年净收益;I 为总投资现值。

上述方法对数计算比较麻烦,通常实际操作中也可利用复利系数表倒查求得。由等额资金回收公式 $A=P(A/P,i,N)$,可知,当 A,P,i 已知时,计算 A/P 值,再从相应的复利系数表中查出相应的 N 值,即为所求的动态投资回收期。但当投资回收期不是整数时,该方法具有一定的局限性。

将得到的项目动态投资回收期与标准投资回收期或行业平均投资回收期比较,当 $P'_t<P_s$ 时,表示项目在经济上可以接受;反之,则认为项目不可取。

【例5-7】某建设项目投资总额为1 250万元,投产后年净收益为117.5万元,若 $i=3\%$。求动态回收期。

$$P'_t=-\frac{\lg(1-\frac{I\cdot i}{Y})}{\lg(1+i)}=\lg(1-1250\times0.03/117.5)/\lg(1.03)=13(\text{年})$$

实际上，$A/P = (A/P, i, N) = \frac{117.5}{1\ 250} = 0.094$，查表得当 $N = 13$ 时，$(A/P, 3\%, 13) = 0.094\ 03$，也可得出该项目动态回收期约为 13 年。

（二）动态投资回收期和静态投资回收期

考虑了时间因素后，动态投资回收期一般应大于静态投资回收期。与静态投资回收期相比，优点是体现了资金的时间价值，缺点是计算比较麻烦。在投资回收期较短或折现率不大的情况下，二者的差别不大。但在投资回收期很长的情况下，往往有必要进一步计算动态投资回收期。

【例 5－8】某项目基建总投资 1 000 万元，流动资金 500 万元，投产后预计年净收益为 215 万元，设年利率为 7.18%，标准投资回收期为 10 年，试计算投资回收期，并判断方案是否可行。

计算静态投资回收期：

$$P_t = 1\ 500/215 = 6.98(\text{年})$$

计算动态投资回收期：

$$P_t' = -\frac{\lg(1 - \frac{I \cdot i}{Y})}{\lg(1+i)} = -\lg(0.4991)/\lg(1.0718) = 10.13(\text{年})$$

结合标准投资回收期，若考虑静态投资回收期，则该基建项目可行；若考虑动态的投资回收期，则该项目不可行。通常这种情况下以动态投资回收期为准。

四、内部收益率

（一）内部收益率的概念

使用 NPV 和 NAV 指标评价投资项目的经济效益需要事先确定一个标准折现率，它反映了投资者的希望达到的单位投资年均收益水平，即最低期望盈利率，但这两个指标不能直接反映单位投资的实际均收益率水平。故有时用内部收益率指标来进行投资决策。

对于一个技术方案，其净现值随折现率的增加而减少。内部收益率又称内部报酬率，是指使得项目 $NPV = 0$ 时的折现率。内部收益率用 IRR 表示（Internal rate of return）。

其计算为求 i，使 $NPV = \sum_{i=0}^{n} \frac{(CI - CO)_t}{(1+i_0)^t} = \sum_{i=0}^{n} \frac{CF_t}{(1+i_0)^t} = 0$，解以上方程可得到 i。内部收益率法的经济含义是指项目在整个寿命期内，在抵偿了包括投资在内的全部成本后，每年还产生 IRR 的经济利率。由于内部收益率反映投资本身在整个寿命期内实际达到的收益水平（或盈利率），即它反映了投资项目本身对占用资金的一种恢复能力，所以 IRR 的值越高，其项目的经济性越好。

得到的内部收益率 IRR 大于 MARR 基准收益率，则认为方案可行。

（二）内部收益率的计算

1. 使 $NPV = \sum_{i=0}^{n} \frac{(CI - CO)_t}{(1+i_0)^t} = \sum_{i=0}^{n} \frac{CF_t}{(1+i_0)^t} = 0$，若投资现值为 I，投产后每年等年净收益为 CF，则内部收益率 IRR 的计算公式为

$$NPV = CF \cdot (P/A, i_0, n) - I = CF \cdot \frac{(1+i_0)^n - 1}{i_0(1+i_0)^n} - I = 0 \Rightarrow$$

$$CF \cdot \frac{(1+i_0)^n - 1}{i_0(1+i_0)^n} = I \qquad (5-15)$$

解方程得 i。

2. 试差法。由于 $NPV=\sum_{i=0}^{n}\frac{(CI-CO)_t}{(1+i_0)^t}=\sum_{i=0}^{n}\frac{CF_t}{(1+i_0)^t}=0$ 为一个高次方程，一般采用试差法进行求解。试差法有两种，一种是手算试差法；另一种是计算机迭代法。

①手算试差法的具体步骤如下。

第一步：估算第一次试算的 i 值。暂时不考虑货币的时间价值（或设 $i=0$）而将所有的支付值及收入值分别换算为单一总额。将支出及收入的总额按复利公式列为等式，并计算出复利系数的值。按照复利系数值查复利表找出对应此系数的近似 i 值。这个 i_1 值即可作为第一次尝试的 i 值。

第二步：试算。利用 i_1，i_2 及它们对应的净现值 NPV_1，NPV_2，用插入法算出使净现值为零的 i 值，此 i 值即为所求的内部报酬率。

第三步：插值获得 IRR。

$$IRR=i_1+\frac{|NPV_1|}{|NPV_1|+|NPV_2|}\times(i_2-i_1) \qquad (5-16)$$

②计算机迭代法，通常选择牛顿法迭代公式

$$X_{k+1}=X_k-\frac{F(X_k)}{F'(X_k)} \qquad (5-17)$$

迭代计算框图，如图 5－4 所示。

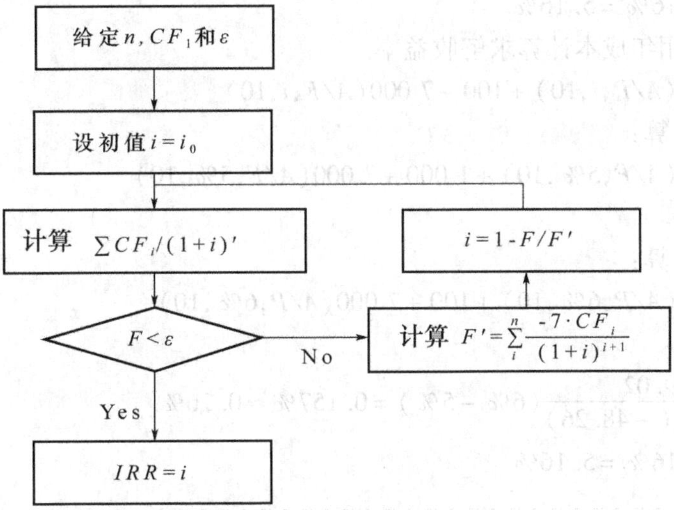

图 5－4 迭代计算框图

【例 5－9】现有投资 5 000 万元，在预期十年中每年可回收 100 万元，并在第 10 年可获得 7 000 万元，试计算内部报酬率。

方法一：首先画出现金流量图（如图 5－5 所示），并列出等式如下：

$0=-5\ 000+100(P/A,I,10)+7\ 000(P/F,I,10)$

将所有的收入换算到第 10 年的单项总额 F，并按一次性支付复利现值公式列出等式 $P=5\ 000$；$F=10\times100+7\ 000=8\ 000$；$n=10$ 则 $5\ 000=8\ 000(P/F,I,10)(P/F,I,10)=0.625$。

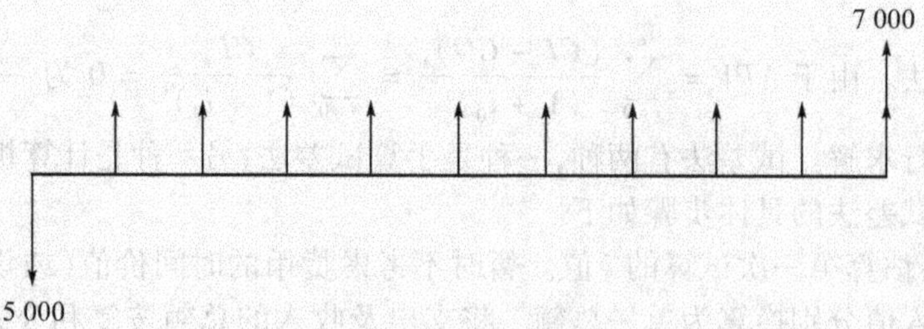

图 5－5　该方案现金流量图

查复利表得出利率表 4% 及 5% 之内，以 $i_1=5\%$ 试算：

$0=-5\,000+100(P/A,5\%,10)+7\,000(P/F,5\%,10)$

$\theta=69.46$

再以 $i=6\%$ 试算：

$\theta=-5\,000+100(P/A,6\%,10)+7\,000(P/F,6\%,10)$

$\theta=-335.19$

用插入法计算 i 值得

$$\Delta i=\frac{69.46-0}{69.46-(-375.19)}(6\%-5\%)=0.16\%$$

$i=5\%+0.16\%=5.16\%$

方法二：运用年成本计算求解收益率。

$0=-5\,000(A/P,i,10)+100+7\,000(A/F,i,10)$

用 $i=5\%$ 试算：

$\theta=-5\,000(A/P,5\%,10)+1\,000+7\,000(A/F,5\%,10)$

$\theta=+9.02$

用 $i=6\%$ 计算：

$\theta=-5\,000(A/P,6\%,10)+100+7\,000(A/P,6\%,10)$

$\theta=-48.26$

$$\Delta i=\frac{9.02}{9.02-(-48.26)}(6\%-5\%)=0.157\%\approx0.16\%$$

$i=5\%+0.16\%=5.16\%$

第三节　投资方案的类型及评价方法

一、方案的分类

一个企业或一个部门的技术工作可能有许多方案，这些方案之间有如下情况。

相互独立方案：在一系列方案中，接受某一方案并不影响其他方案的采纳，称为相互独立方案，或完全独立方案。如开发新产品，仓库管理现代化和购买一辆卡车等。这些方案各自解决不同的问题，它们之间不存在明显的关系，可以看做是相互独立的方案。

相关方案：各技术方案之间有明显的联系。一个方案的采纳会影响其他方案的采纳。

这一类方案统称为相关方案,有以下几种。

(一)互斥方案

为解决一个问题,达到某种目的,可有多个方案供选择。采纳其中一个,就会排斥所有其他方案的采纳,这些方案称为互相排斥的方案。如互斥方案的特点就是,有时选择其中一个方案时,另一个方案则处于可有可无的地位。例如河上建桥与摆渡,就是互斥方案。互称方案有完全互斥与非完全互斥之分。

互斥方案的决策特点存在3个特点:首先,两个方案应在相同的有效期内进行比较,当各比较方案的有效期(即寿命期)不同时,应按规定进行适当处理。其次,应有一个企业能接受的基准收益率(Minimum attractive rate of return,*MARR*)作为方案的取舍标准。最后,为选出最优秀方案,各方案除与"0"方案(*MARR*)进行比较外,各备选方案间还应进行横向比较,在方案内进行比较时,应采用相同的收益率进行贴现。若有 N 个互斥方案,则两两进行比较的可能性一共有 $N(N-1)/2$ 种。当然,这是一个理论上的数字,在实际比较时,因所选用的评价方法不同,比较的次数会有所减少。

(二)从属方案(互补方案)

有时某一个方案的采纳是以另一个方案的采纳为前提的。前者称前提方案,后者称辅助方案。例如,购买汽车与挂斗的方案,买挂斗是以购买汽车方案为前提的。应注意这种从属关系是单向的。从属方案也可以是完全从属方案(如为了回收废气中的二氧化硫必须改造炼炉,使废气中二氧化硫的浓度提高,和不完全从属方案,如买汽车和建车库)。

(三)财务相关方案

由于资金有限,在一组方案中,往往财务上有联系。无论是独立方案、互斥方案,还是从属方案,它们之间都会有财务上的联系。例如,某企业下半年度技术措施计划的拟定,有3个独立方案,分别需要资金2万元、3万元、8万元,现企业只有经费10万元。很明显若采用方案三,则要舍弃方案一、二。在此情况下,这三个方案也可叫作不完全独立方案。

二、独立型方案的评价与选择

(一)资金不受限制时的评价与选择

在资金不受限制的条件下,独立型方案的采纳与否,只取决于方案自身的经济效益如何。因此,只需通过净现值、净年值或内部收益率指标来评价。

【例5-11】现有A,B两个独立方案,现金流量如表5-3所示,*MARR* 为15%,用 *NPV* 和 *IRR* 法对这两个独立方案进行经济决策。

表5-3 A,B两方案的相关资料

方案	投资/万元	年现金流入/万元	寿命/年
A	200	38	10
B	200	32	20

用 *NPV*,*IRR* 两种方法进行决策。

(1)计算两个方案的 *NPV*,分析得出:

$NPV_A = -200 + 38(P/A;\ 15\%,10) = -9.3$ 万元,A方案不可行。

$NPV_B = -200 + 32(P/A;\ 15\%, 20) = 0.298$ 万元，B 方案可行。

(2)计算两个方案的 *IRR*，分析得出：

$-200 + 38(P/A, i_A, 10) = 0$，IRR = 13.8%；A 方案不可行。

$-200 + 32(P/A, i_B, 20) = 0$，IRR = 15.03%；B 方案可行。

【例 5－12】现有 A，B，C，D 这 4 个独立方案，具体数据如表 5－4 所示。若基准收益率为 20%，用 *NPV* 和 *NAV* 法对这 4 个独立方案进行决策。

表 5－4　各方案的相关数据

方案	A	B	C	D
投资/元	20 000	150 000	30 000	160 000
有效期/年	5	10	20	30
残值/元	4 000	－10 000	0	10 000
年净利/元	6 000	40	10 000	40 000

用 *NPV* 与 *NAV* 法进行决策的结果如表 5－5 所示。

表 5－5　用 *NPV* 与 *NAV* 法进行决策的结果

方案	*NPV*/元	*NAV*/元	决策
A	－448.8	－150	不可取
B	16 085	3 836.8	可取
C	18 696	3 836.2	可取
D	39 198	7 873	可取

$NPV_A = -20\,000 + 6\,000(P/A, 20\%, 5) + 4\,000(P/F, 20\%, 5) = -448.8$(元)

$NAV_A = -20\,000(A/P, 20\%, 5) + 6\,000 + 4\,000(A/F, 20\%, 5) = -150$(元)

分析结果如下：

(1)*NPV* 与 *NAV* 的值为正数，表示该方案除保证 20% 收益率时还有盈利，方案是可行的。可见，在无资金限制条件下，方案 B，C，D 均可取。

(2)独立方案是互不可比的。但如果仔细观察一下 B，C 两个方案时，会发现两者的投资相差 5 倍，而在保证 20% 的收益率下，两者一年净收益几乎相等。这种资金利用上的差别，从 *NPV* 和 *NAV* 指标中反映不出来。

(二)资金有限时的评价与选择

当总投资有限时，不一定能保证所有的项目都能被采纳，必须在其中做出选择。

根据净现值比率的大小，即单位投资产生净现值的大小进行排序。需注意：各项目的生命周期应相同，否则应采用净年值或折算为相同。

【例 5－13】有 5 个可供选择的独立方案，各方案的初始投资及年净收益如表 5－6 所示。总投资计划为 800 万元，试按照净现值比率法对方案进行选择($i_0 = 12\%$)。

表 5-6　各方案的初始投资及年净收益　　单位:万元

年份	方案 A	方案 B	方案 C	方案 D	方案 E
0	-210	-170	-250	-290	-230
1	36	32	48	55	46
2	36	32	48	55	46
3	36	32	48	55	46
4	36	32	48	55	46
5	36	32	48	55	46
6	36	32	48	55	46
7	36	32	48	55	46
8	36	32	48	55	46
9	36	32	48	55	46
10	36	32	48	55	46

用净现值比率法进行决策的结果如表 5-7 所示。

表 5-7　用净现值比率法进行决策的结果　　单位:万元

	方案 E	方案 C	方案 D	方案 B	方案 A
NPV	-230+46 (*P/A*,12%,10)	-250+48 (*P/A*,12%,10)	-290+55 (*P/A*,12%,10)	-170+32 (*P/A*,12%,10)	-210+36 (*P/A*,12%,10)
	29.91	21.21	20.76	10.81	-6.59
NPVI	29.91/230	21.21/250	20.76/290	10.81/170	-6.59/210
	13%	8.48%	7.16%	6.36%	-3.14
累计投资额	230	480	770	940>800	1 150>800

综上可知,应选方案 E,C,D。

【例 5-14】设有 3 个独立方案 A,B,C,其初始投资及年净收益如表 5-8 所示,基准收益率为 10%。投资限额为 650 万元,试进行方案选择。

表 5-8　各方案的初始投资及年净收益　　单位:万元

年份	方案 A	方案 B	方案 C
0	-450	-370	-150
1	87	74	33
2	87	74	33
3	87	74	33

表 5 -8(续) 单位:万元

年份	方案 A	方案 B	方案 C
4	87	74	33
5	87	74	33
6	87	74	33
7	87	74	33
8	87	74	33
9	87	74	33
10	87	74	33

用净现值比率法进行决策的结果如表 5 -9 所示。

表 5 -9　用净现值比率法进行决策的结果 单位:万元

	方案 A	方案 B	方案 C
NPV	－450 +87(*P/A*, 10%, 10)	－370 +74(*P/A*, 10%, 10)	－150 +33(*P/A*, 10%, 10)
	84.53	84.70	52.77
NPVI	84.58/450	84.7/370	52.77/150
	18.79%	22.89%	35.18%

将 3 个方案进行组合,其结果如表 5 -10 所示。

表 5 -10　各方案组合结果分析

选用方案			总投资/万元	总收益/万元
方案 A	方案 B	方案 C		
0	0	1	150	52.77
0	1	0	370	84.70
1	0	0	450	84.53
0	1	1	520	137.47(max)
1	0	1	600	137.35
1	1	0	820 >600	169.28
1	1	1	970 >600	222.05

综上可知,应选择方案 B,C。

习　　题

1. 为了更准确地控制和调节反应器的温度，提高生产率。有人建议采用一套自动控制调节设备。该套设备的购置及安装费用为 5 万元，使用寿命为 10 年，每年维修费为 2 000 元。采用此设备后，因生产率提高，每年增加净收入为 1 万元。设折现率为 10%，试计算此项投资方案的静态和动态投资回收期，以及内部收益率。

2. 购买某台设备需 8 000 元，若每年净收益为 1 260 元，忽略设备残值，试求：

(1)若使用 8 年后报废，其内部收益率为多少?

(2)若希望内部收益率为 10%，则该设备至少应使用多少年才值得购买?

3. 某工程项目设计方案的现金流量如表 5 - 11 所示。设基准收益率为 10%。

表 5 - 11　某工程项目设计方案的现金流量表　　单位:万元

年份	年收入	年支出
0	0	100
1	5	20
2	25	5
3	100	5
4	100	5
5	100	5

要求：

(1)画出现金流量图；

(2)计算该方案的净现值、净现值比率；

(3)计算该方案的内部收益率；

(4)若基准投资回收期为 4 年，试判断该方案是否可行。

4. 现有 A，B 两套方案，其现金流量如表 5 - 12 所示。设 $i_0 = 12\%$，基准投资回收期为 3 年。

表 5 - 12　各方案的现金流量表　　单位:万元

年份	方案 A	方案 B
0	- 10 000	- 1 000
1	5 000	100
2	5 000	200
3	5 000	300
4	5 000	400
5	5 000	500

试求 A,B 方案的如下内容：

(1)净现值；

(2)静态和动态投资回收期；

(3)内部投资收益率,并判断项目是否可行。

第六章　投资项目技术经济不确定性分析方法

作为投资决策依据的技术经济分析，是建立在分析人员对未来事件所做的预测与判断基础之上的。由于影响各种方案经济效果的政治、经济形势、资源条件、技术发展情况等因素未来的变化带有不确定性，加上预测方法和工作条件的局限性，对方案经济效果评价中使用的投资、成本、产量、价格等基础数据的估算与预测结果不可避免地会有误差。这使得方案经济效果的实际值可能偏离其预期值，从而给投资者和经营者带来风险。例如，投资超支、建设工期拖长、生产能力达不到设计要求、原材料价格上涨、劳务费用增加、产品售价波动、市场需求量变化、贷款利率变动等都可能使一个工业投资项目达不到预期的经济效果，甚至发生亏损。

为了尽量避免决策失误，我们需要了解各种外部条件发生变化时对投资方案经济效果的影响程度，需要了解投资方案对各种外部条件变化的承受能力以及对应于可能发生的外部条件的变化，投资方案经济效果的概率分布，需要掌握风险条件下正确的决策原则与决策方法。本章介绍的内容将有助于解决这些问题。

第一节　盈亏平衡分析

各种不确定因素（如投资、成本、销售量、产品价格、项目寿命期等）的变化都会影响投资方案的最终经济效果，当这些因素的变化达到某一临界值时，就会影响到方案的取舍。盈亏平衡分析的目的就是要找出这种临界值，判断投资方案对不确定因素变化的承受能力，为决策提供依据。

一、独立方案盈亏平衡分析

独立方案盈亏平衡分析的目的是通过分析产品产量、成本与方案盈利能力之间的关系找出投资方案盈利与亏损在产量、产品价格、单位产品成本等方面的界限，以判断在各种不确定因素的作用下方案的风险情况。

（一）销售收入、生产成本与产品产量的关系

投资项目的销售收入与产品销售量（如果按销售量组织生产，产品销售量等于产品产量）的关系有以下两种情况。

第一种情况，该项目的生产销售活动不会对市场供求状况产生明显的影响，假定其他市场条件不变，产品价格不会随该项目的销售量的变化而变化，可以看作是一个常数。销售收入与销售量呈线性关系，即

$$B = P \cdot Q \tag{6-1}$$

式中　B——销售收入；

P——单位产品价格；

Q——产品销售量。

第二种情况，该项目的生产销售活动会明显地影响市场供求状况，随着该项目产品销

售量的增加，产品价格有所下降，这时销售收入与销售量之间不再是线性关系，对应于销售量 Q_0，销售收入为

$$B = \int_0^{Q_0} P(Q)\mathrm{d}Q \tag{6-2}$$

项目投产后，其生产成本可以分为固定成本与变动成本两部分。固定成本指在一定的生产规模限度内不随产量的变动而变动的费用，变动成本指随产品产量的变动而变动的费用。变动成本总额中的大部分与产品产量成正比例关系。也有一部分变动成本与产品产量不成正比例关系，如与生产批量有关的某些消耗性材料费用、工夹模具费及运输费等，这部分变动成本随产量变动的规律一般是呈阶梯型曲线，通常称这部分变动成本为半变动成本。由于半变动成本通常在总成本中所占比例很小，在经济分析中一般可以近似地认为它也随产量成正比例变动。

产品的总成本是固定成本与变动成本之和，它与产品产量的关系也可以近似地认为是线性关系，即

$$C = C_f + C_v Q \tag{6-3}$$

式中 C——总成本费用；

C_f——固定成本；

C_v——单位产品变动成本。

（二）盈亏平衡点及其确定

将式(6-1)与式(6-3)在同一坐标图上表示出来，可以构成线性量-本-利分析图（如图6-1所示）。

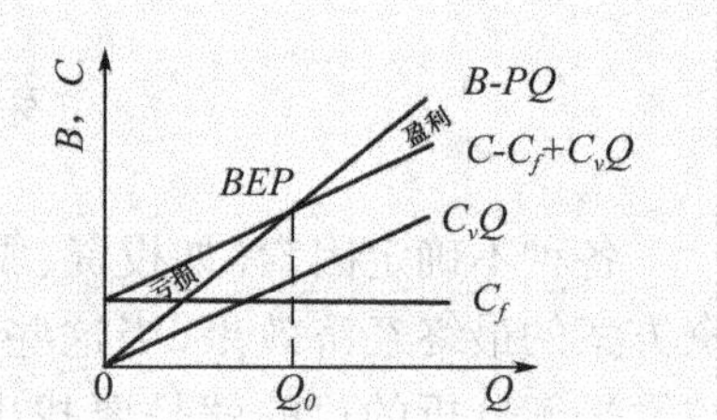

图6-1 线性量-本-利分析图

图6-1中纵坐标表示销售收入（B）与产品成本（C），横坐标表示产品产量（Q）。销售收入线（B）与总成本线（C）的交点称盈亏平衡点（Break-even Point，BEP），也就是项目盈利与亏损的临界点。在 *BEP* 的左边，总成本大于销售收入，项目亏损；在 *BEP* 的右边，销售收入大于总成本，项目盈利；在 *BEP* 点上，项目既无亏损也无盈利。

在销售收入及总成本都与产量呈线性关系的情况下，可以很方便地用解析方法求出以产品产量、生产能力利用率、产品销售价格、单位产品变动成本等表示的盈亏平衡点。

在盈亏平衡点，销售收入 B 等于总成本 C，设对应于盈亏平衡点的产量为 Q^*，则有

$$PQ^* = C_f + C_v Q^*$$

盈亏平衡产量为

$$Q^* = \frac{C_f}{P - C_v} \tag{6-4}$$

总项目设计生产能力为 Q_c，则盈亏平衡生产能力利用率为

$$E^* = \frac{Q^*}{Q_c} \times 100\% = \frac{C_f}{(P - C_v)Q_c} \times 100\% \tag{6-5}$$

若按设计能力进行生产和销售，则盈亏平衡销售价格为

$$P^* = \frac{B}{Q_c} = \frac{C}{Q_c} = C_v + \frac{C_f}{Q_c} \tag{6-6}$$

若按设计能力进行生产和销售，且销售价格已定，则盈亏平衡单位产品变动成本为

$$C_v^* = P - \frac{C_f}{Q_c} \tag{6-7}$$

【例6－1】某工业项目年设计生产能力为生产某种产品3万件，单位产品售价为3 000元，生产总成本为7 800万元，其中固定成本为3 000万元，总变动成本与产品产量成正比例关系，求以产量、生产能力利用率、销售价格、单位产品变动成本表示的盈亏平衡点。

单位产品变动成本为

$$C_v = \frac{(7\ 800 - 3\ 000) \times 10^4}{3 \times 10^4} = 1\ 600(\text{元}/\text{件})$$

盈亏平衡产量为

$$Q^* = \frac{3\ 000 \times 10^4}{3\ 000 - 1\ 600} \approx 21\ 429(\text{件})$$

盈亏平衡生产能力利用率为

$$E^* = \frac{3\ 000 \times 10^4}{(3\ 000 - 1\ 600) \times 3 \times 10^4} \times 100\% \approx 71.43\%$$

盈亏平衡销售价格为

$$P^* = 1\ 600 + \frac{3\ 000 \times 10^4}{3 \times 10^4} = 2\ 600(\text{元}/\text{件})$$

盈亏平衡单位产品变动成本为

$$C_v^* = 3\ 000 - \frac{3\ 000 \times 10^4}{3 \times 10^4} = 2\ 000(\text{元}/\text{件})$$

通过计算盈亏平衡点结合市场预测，可以对投资方案发生亏损的可能性做出大致判断。在【例6－1】中，如果未来的产品销售价格及生产成本与预期值相同，项目不发生亏损的条件是年销售量不低于21 429件，生产能力利用率不低于71.43%；如果按设计能力进行生产并能全部销售，生产成本与预期值相同，项目不发生亏损的条件是产品价格不低于2 600元/件；如果销售量、产品价格与预期值相同，项目不发生亏损的条件是单位产品变动成本不高于2 000元/件。

（三）成本结构与经营风险的关系

销售量、产品价格及单位产品变动成本等不确定因素发生变动所引起的项目盈利额的波动称为项目的经营风险（Business Risk）。由销售量及成本变动引起的经营风险的大小与项目固定成本占总成本的比例有关。

设对应于预期的年销售量 Q_c 和预期的年总成本 C_c，固定成本占总成本的比例为 S。固定成本为

$$C_f = C_c S$$

单位产品变动成本为

$$C_v = \frac{C_c(1-S)}{Q_c}$$

当产品价格为 P 时，盈亏平衡产量为

$$Q^* = \frac{C_c S}{P - \dfrac{C_c(1-S)}{Q_c}} = \frac{Q_c C_c}{\dfrac{1}{S}(PQ_c - C_c) + C_c} \tag{6-8}$$

盈亏平衡单位产品变动成本为

$$C_v^* = P - \frac{C_c S}{Q_c} \tag{6-9}$$

由式(6-8)及式(6-9)可以看出,固定成本占总成本的比例 S 越大,盈亏平衡产量越高,盈亏平衡单位产品变动成本越低。高的盈亏平衡产量和低的盈亏平衡单位产品变动成本会导致项目在面临不确定因素的变动时发生亏损的可能性增大。

设项目的年净收益为 NB,对应于预期的固定成本和单位产品变动成本,则有

$$NB = PQ - C_f - C_v Q = PQ - C_c S - \frac{C_c(1-S)}{Q_c}Q$$

$$\frac{\mathrm{d}(NB)}{\mathrm{d}Q} = P - \frac{C_c(1-S)}{Q_c} \tag{6-10}$$

显然,当销售量发生变动时,S 越大,年净收益的变化率越大。也就是说,固定成本的存在扩大了项目的经营风险,固定成本占总成本的比例越大,这种扩大作用越强。这种现象称为运营杠杆效应(Operating Leverage)。

固定成本占总成本的比例取决于产品生产的技术要求及工艺设备的选择。一般来说,资金密集型的项目固定成本占总成本的比例比较高,因而经营风险也比较大。

二、互斥方案盈亏平衡分析

在需要对若干个互斥方案进行比选的情况下,如果是某一个共有的不确定因素影响这些方案的取舍,可以采用下面介绍的盈亏平衡分析方法帮助决策。

设两个互斥方案的经济效果都受某种不确定因素 x 的影响,我们可以把 x 看作是一个变量,把两个方案的经济效果指标都表示为 x 的函数,则有

$$E_2 = f_2(x)$$

式中,E_1 和 E_2 分别为方案 1 与方案 2 的经济效果指标。

当两个方案的经济效果相同时,有

$$f_1(x) = f_2(x)$$

解出使这个方程式成立的 x 值,即为方案 1 与方案 2 的盈亏平衡点,也就是决定这两个方案孰优孰劣的临界点。结合对不确定因素 x 未来取值范围的预测,就可以做出相应的决策。

【例 6-2】生产某种产品有 3 种工艺方案。采用方案 1,年固定成本为 800 万元,单位产品变动成本为 10 元;采用方案 2,年固定成本为 500 万元,单位产品变动成本为 20 元;采用方案 3,年固定成本为 300 万元,单位产品变动成本为 30 元。分析各方案适用的生产规模。

各方案年总成本均可表示为产量 Q 的函数,则有

$$C_1 = C_{f1} + C_{v1}Q = 800 + 10Q$$

$$C_2 = C_{f2} + C_{v2}Q = 500 + 20Q$$

$$C_3 = C_{f3} + C_{v3}Q = 300 + 30Q$$

各方案的年总成本函数曲线如图 6-2 所示。

由图 6-2 可以看出,3 个方案的年总成本函数曲线两两相交于 L, M, N 三点,各个交点所对应的产量就是相应的两个方案的盈亏平衡点。在本例中,Q_m 是方案 2 与方案 3 的盈亏平衡点,Q_n 是方案 1 与方案 2 的盈亏平衡点。显然,当 $Q < Q_m$ 时,方案 3 的年总成本最低;当

$Q_m < Q < Q_n$时，方案 2 的年总成本最低；当 $Q > Q_n$时，方案 1 的年总成本最低。

当 $Q = Q_m$时，$C_2 = C_3$，即

$$C_{f2} + C_{v2}Q_m = C_{f3} + C_{v3}Q_m$$

得

$$Q_m = \frac{C_{f2} - C_{f3}}{C_{v3} - C_{v2}} = \frac{500 - 300}{30 - 20} = 20(\text{万件})$$

当 $Q = Q_n$时，$C_1 = C_2$，即

$$C_{f1} + C_{v1}Q_n = C_{f2} + C_{v2}Q_n$$

得

$$Q_n = \frac{C_{f1} - C_{f2}}{C_{v2} - C_{v1}} = \frac{800 - 500}{20 - 10} = 30(\text{万件})$$

由此可知，当预期产量低于 20 万件时，应采用方案 3；当预期产量在 20 万件至 30 万件之间时，应采用方案 2；当预期产量高于 30 万件时，应采用方案 1。

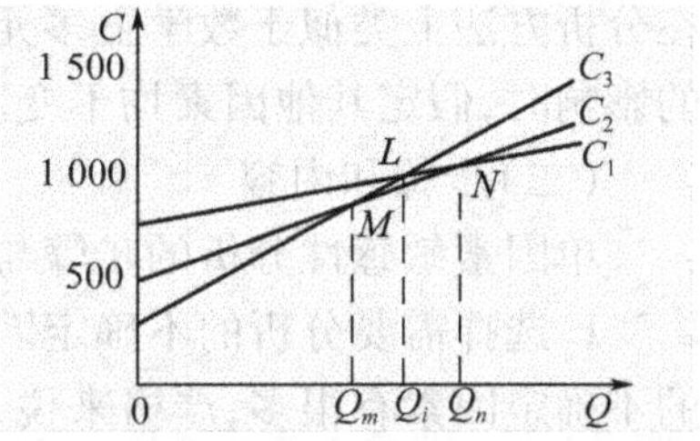

图 6－2　各方案的年总成本函数曲线

在【例 6－2】中，我们是用产量作为盈亏平衡分析的共有变量，根据年总成本的高低判断方案的优劣。在各种不同的情况下，根据实际需要，也可以用投资额、产品价格、经营成本、贷款利率、项目寿命期、期末固定资产残值等作为盈亏平衡分析的共有变量，用净现值、净年值、内部收益率等作为衡量方案经济效果的评价指标。

【例 6－3】生产某种产品有两种方案。方案 A 初始投资为 50 万元，预期年净收益为 15 万元；方案 B 初始投资为 150 万元，预期年净收益为 35 万元。该产品的市场寿命具有较大的不确定性，如果给定基准折现率为 15%，不考虑期末资产残值，试就项目寿命期分析这两个方案取舍的临界点。

设项目寿命期为 x，有

$$NPV_A = -50 + 15(P/A, 15\%, x)$$
$$NPV_B = -150 + 35(P/A, 15\%, x)$$

当 $NPV_A = NPV_B$ 时，有

$$-50 + 15(P/A, 15\%, x) = -150 + 35(P/A, 15\%, x)$$

得

$$(P/A, 15\%, x) = 5$$

即

$$\frac{(1 + 0.15)^x - 1}{0.15 \times (1 + 0.15)^x} = 5$$

解这个方程，可得

$$x \approx 10(\text{年})$$

这就是以项目寿命期为共有变量时方案 A 与方案 B 的盈亏平衡点。由于方案 B 年净收益比较高，项目寿命期延长对方案 B 有利。故可知：如果根据市场预测，项目寿命期少于 10 年，应采用方案 A；如果项目寿命期在 10 年以上，则应采用方案 B。

第二节 敏感性分析

所谓敏感性分析,是通过测定一个或多个不确定因素的变化所导致的决策评价指标的变化幅度,了解各种因素的变化对实现预期目标的影响程度,从而对外部条件发生不利变化时投资方案的承受能力做出判断。敏感性分析是经济决策中常用的一种不确定性分析方法。

一、单因素敏感性分析

(一)概念

单因素敏感性分析是就单个不确定因素的变动对方案经济效果的影响所做的分析。在分析方法上类似于数学上多元函数的偏微分,即在计算某个因素的变动对经济效果指标的影响时,假定其他因素均不变。

(二)步骤和内容

单因素敏感性分析的步骤与内容如下。

1. 选择需要分析的不确定因素,并设定这些因素的变动范围。影响投资方案经济效果的不确定因素有很多,严格来说,凡影响方案经济效果的因素都在某种程度上带有不确定性。但事实上没有必要对所有的不确定因素都进行敏感性分析,可以根据以下原则选择主要的不确定因素加以分析:第一,预计在可能的变动范围内,该因素的变动将会比较强烈地影响方案的经济效果指标;第二,对在确定性经济分析中采用的该因素数据的准确性把握不大。

对于一般的工业投资项目来说,要做敏感性分析的因素通常从下列因素中选定:

(1)投资额,包括固定资产投资与流动资金占用。根据需要还可将固定资产投资划分为设备费用、建筑安装费用等。

(2)项目建设期限、投产期限、投产时的产出能力以及达到设计能力所需的时间。

(3)产品产量及销售量。

(4)产品价格。

(5)经营成本,特别是其中的变动成本。

(6)项目寿命期。

(7)项目寿命期末的资产残值。

(8)折现率。

(9)外币汇率。

在选择需要分析的不确定因素的过程中,应根据实际情况设定这些因素可能的变动范围。

2. 确定分析指标。本书第二章讨论的各种经济效果评价指标,如净现值、净年值、内部收益率、投资回收期等,都可以作为敏感性分析的指标。由于敏感性分析是在确定性经济分析的基础上进行的,就一般情况而言,敏感性分析的指标应与确定性经济分析所使用的指标相一致,不应超出确定性分析所用指标的范围另立指标。当确定性经济分析中使用的指标比较多时,敏感性分析可围绕其中一个或若干个最重要的指标进行。

3. 计算各不确定因素在可能的变动范围内发生不同幅度变动所导致的方案经济效果

指标的变动结果,建立起一一对应的数量关系,并用图或表的形式表示出来。

4. 确定敏感因素,对方案的风险情况做出判断。所谓敏感因素,就是其数值变动能显著影响方案经济效果的因素。判别敏感因素的方法有两种:第一种是相对测定法,即设定要分析的因素均从确定性经济分析中所采用的数值开始变动,且各因素每次变动的幅度(增或减的百分数)相同,比较在同一变动幅度下各因素的变动对经济效果指标的影响,据此判断方案经济效果对各因素变动的敏感程度。第二种方法是绝对测定法,即设各因素均向对方案不利的方向变动,并取其有可能出现的对方案最不利的数值,据此计算方案的经济效果指标,看其是否可达到使方案无法被接受的程度。如果某因素可能出现的最不利数值能使方案变得不可接受,则表明该因素是方案的敏感因素。方案能否接受的判据是各经济效果指标能否达到临界值,例如,使用净现值指标要看净现值是否大于或等于零,使用内部收益率指标要看内部收益率是否达到基准折现率。绝对测定论的一个变通方式是先设定有关经济效果指标为其临界值,如令净现值等于零,令内部收益率等于基准折现率,然后求待分析因素的最大允许变动幅度,并与其可能出现的最大变动幅度相比较。如果某因素可能出现的变动幅度超过最大允许变动幅度,则表明该因素是方案的敏感因素。在实践中可以把确定敏感因素的两种方法结合起来使用。

【例6-4】有一个生产城市用小型电动汽车的投资方案,用于确定性经济分析的现金流量表(如表6-1所示),所采用的数据是根据对未来最可能出现的情况的预测估算的。由于对影响未来经济环境的某些因素把握不大,投资额、经营成本和产品价格均有可能在±20%的范围内变动。设基准折现率为10%,试分别就上述3个不确定因素做敏感性分析。

表6-1　小型电动汽车项目现金流量表　　单位:万元

年份	0	1	2~10	11
投资	15 000			
销售收入			19 800	19 800
经营成本			15 200	15 200
期末资产残值				2 000
净现金流量	-15 000	0	4 600	4 600+2 000

设投资额为K,年销售收入为B,年经营成本为C,期末资产残值为L。用净现值指标评价本方案的经济效果,计算公式为

$$NPV=-K+(B-C)(P/A,10\%,10)(P/F,10\%,1)+L(P/F,10\%,11)$$

将表6-1的数据代入上式得

$$NPV=-15\,000+4\,600\times6.144\times0.909\,1+2\,000\times0.350\,5=11\,394(\text{万元})$$

下面用净现值指标分别就投资额、产品价格和经营成本等3个不确定因素做敏感性分析。设投资额变动的百分比为x,分析投资额变动对方案净现值影响的计算公式为

$$NPV=-K(1+x)+(B-C)(P/A,10\%,10)(P/F,10\%,1)+L(P/F,10\%,11)$$

设经营成本变动的百分比为y,分析经营成本变动对方案净现值影响的计算公式为

$$NPV=-K+[B-C(1+y)](P/A,10\%,10)(P/F,10\%,1)+L(P/F,10\%,11)$$

设产品价格变动的百分比为z,产品价格的变动将导致销售收入和销售税金的变动,销

售收入和销售税金变动的比例与产品价格变动的比例相同,故分析产品价格变动对方案净现值影响的计算公式可写成

$$NPV = -K + [B(1+z) - C](P/A,10\%,10)(P/F,10\%,1) + L(P/F,10\%,11)$$

将表6-1的数据代入上述3个公式中,分别取不同的 x,y,z 值,可以计算出各个不确定因素在不同变动幅度下方案的净现值。计算结果如表6-2所示。根据表中数据可以绘制出敏感性分析图(如图6-3所示)。

表6-2 不确定因素的变动对净现值的影响

变动率/%	投资额/万元	经营成本/万元	产品价格/万元
-20	14 394	28 374	-10 725
-15	13 644	24 129	-5 195
-10	12 894	19 884	335
-5	12 144	15 639	5 864
0	11 394	11 394	11 394
+5	10 644	7 149	16 924
+10	9 894	2 904	22 453
+15	9 144	-1 341	27 983
+20	8 394	-5 586	33 513

由表6-2和图6-3可以看出,在同样的变动率下,产品价格的变动对方案净现值的影响最大,经营成本变动的影响次之,投资额变动的影响最小。

分别使用前面的3个公式,不难计算出,当 $NPV=0$ 时,$x=76.0\%$;$y=13.4\%$;$z=-10.3\%$。也就是说,如果投资额与产品价格不变,年经营成本高于预期值13.4%以上,或者投资额与经营成本不变,产品价格低于预期值10.3%以上,方案将变得不可接受。而如果经营成本与产品价格不变,投资额增加76.0%以上,才会使方案变得不可接受。

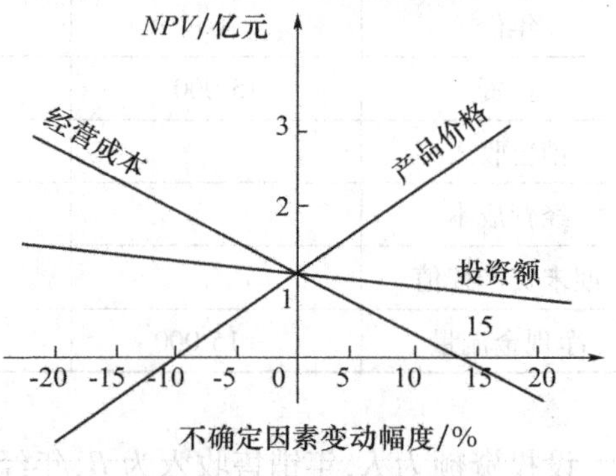

图6-3 敏感性分析图

根据上面的分析,对于本投资方案来说,产品价格与经营成本都是敏感因素。在做出是否采用本方案的决策之前,应该对未来的产品价格和经营成本及其可能变动的范围做出更精确的预测与估算。如果产品价格低于原预期值10.3%以上或经营成本高于原预期值13.4%以上的可能性较大,则意味着这笔投资有较大的风险。另外,经营成本的变动对方案经济效益有较大的影响,这一分析结果还提醒我们,如果实施这一方案,严格控制经营成本是提高项目经济效益的重要途径。至于投资额,显然不是本方案的敏感因素,即使增加20%甚至更多一些也不会影响决策结论。

二、多因素敏感性分析

在进行单因素敏感性分析的过程中，当计算某特定因素的变动对经济效果指标的影响时，假定其他因素均不变。实际上，许多因素的变动具有相关性，一个因素的变动往往也伴随着其他因素的变动。例如，对于【例6－4】中生产电动汽车这个方案，如果世界市场上石油价格上涨，电动汽车的市场需求量有可能增加，这将导致销售量和产品价格的上升，然而，石油价格上升还会引起其他生产资料价格的上涨，这将导致生产成本的增加。所以，单因素敏感性分析有其局限性。改进的方法是进行多因素敏感性分析，即考察多个因素同时变动对方案经济效果的影响，以判断方案的风险情况。

多因素敏感性分析要考虑可能发生的各种因素不同变动幅度的多种组合，计算起来要比单因素敏感性分析复杂得多。如果需要分析的不确定因素不超过三个，而且经济效果指标的计算比较简单，可以用解析法与作图法相结合的方法进行分析。

下面举例说明。

【例6－5】根据【例6－4】给出的数据进行多因素敏感性分析。

沿用【例6－4】中使用的符号，如果同时考虑投资额与经营成本的变动，分析这两个因素同时变动对方案净现值影响的计算公式为

$$NPV=-K(1+x)+[B-C(1+y)](P/A,10\%,10)(P/F,10\%,1)+L(P/F,10\%,11)$$

将表6－1中的数据代入上式，经过整理得

$$NPV=11\ 394-15\ 000x-84\ 900y$$

取 NPV 的临界值，即令 $NPV=0$，则有

$$NPV=11\ 394-15\ 000x-84\ 900y=0$$

$$y=-0.176\ 7x+0.134\ 2$$

这是一个直线方程。将其在坐标图上表示出来（如图6－4所示），即为 $NPV=0$ 的临界线。在临界线上，$NPV=0$；在临界线左下方的区域，$NPV>0$；在临界线右上方的区域，$NPV<0$。也就是说，如果投资额与经营成本同时变动，只要变动范围不超出临界线左下方的区域（包括临界线上的点），方案都是可以接受的。

如果同时考虑投资额、经营成本和产品价格这3个因素的变动，分析其对净现值影响的计算公式为

$$NPV=-K(1+x)+[B(1+z)-C(1+y)](P/A,10\%,10)(P/F,10\%,1)+L(P/F,10\%,11)$$

代入有关数据，经过整理得

$$NPV=11\ 394-15\ 000x-84\ 900y+110\ 593z$$

取不同的产品价格变动幅度代入上式，可以求出一组 $NPV=0$ 的临界线方程。

当 $z=+20\%$ 时，有 $y=-0.176\ 7x+0.394\ 7$

当 $z=+10\%$ 时，有 $y=-0.176\ 7x+0.264\ 5$

当 $z=-10\%$ 时，有 $y=-0.176\ 7x+0.003\ 9$

当 $z=-20\%$ 时，有 $y=-0.176\ 7x-0.126\ 3$

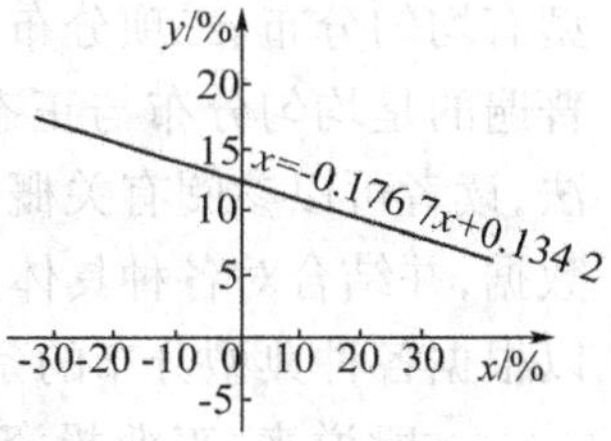

图6－4　双因素敏感性分析图

在坐标图上，这是一组平行线（如图6－5所示）。

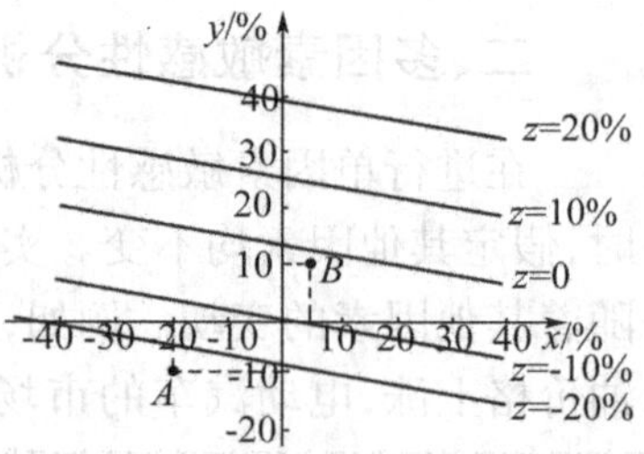

图 6－5　三因素敏感分析图

由图 6－5 可以看出，产品价格上升，临界线往右上方移动，产品价格下降，临界线往左下方移动。根据这种三因素敏感性分析，我们可以直观地了解投资额、经营成本和产品价格这 3 个因素同时变动对决策的影响。在本例中，如果产品价格下降 20%，同时投资额下降 20%，经营成本下降 10%，则投资额与经营成本变动的状态点 A 位于临界线 $z=-20\%$ 的左下方，方案仍具有满意的经济效果。而如果产品价格下降 10%，同时投资额上升 5%，经营成本上升 10%，则投资额与经营成本变动的状态点 B 位于临界线 $z=-10\%$ 的右上方，方案就变得不可接受了。

敏感性分析在一定程度上就各种不确定因素的变动对方案经济效果的影响做了定量描述。这有助于决策者了解方案的风险情况，有助于确定在决策过程中及方案实施过程中需要重点研究与控制的因素。但是，敏感性分析没有考虑各种不确定因素在未来发生变动的概率，这可能会影响分析结论的准确性。实际上，各种不确定因素在未来发生某一幅度变动的概率一般是有所不同的。可能有这样的情况，通过敏感性分析找出的某一种敏感因素未来发生不利变动的概率很小，因而实际上所带来的风险并不大，甚至可以忽略不计；而另一种不太敏感的因素未来发生不利变动的概率却很大，实际上所带来的风险比前述的敏感因素更大。这种问题是敏感性分析所无法解决的，必须借助于概率分析方法。

第三节　概 率 分 析

概率分析是通过研究各种不确定因素发生不同幅度变动的概率分布及其对方案经济效果的影响，对方案的净现金流量及经济效果指标做出某种概率描述，从而对方案的风险情况做出比较准确的判断。

一、随机现金流的概率描述

严格说来，影响方案经济效果的大多数因素（如投资额、成本、销售量、产品价格、项目寿命期等）都是随机变量。我们可以预测其未来可能的取值范围，估计各种取值或值域发生的概率，但不可能肯定地预知它们取什么值。投资方案的现金流量序列是由这些因素的取值所决定的，所以，实际上方案的现金流量序列也是随机变量。为了与确定性分析中使用的现金流量概念有所区别，我们称概率分析中的现金流量为随机现金流。

要完整地描述一个随机变量，需要确定其概率分布的类型和参数。常见的概率分布类型有均匀分布、二项分布、泊松分布、指数分布和正态分布等，在经济分析与决策中使用最普遍的是均匀分布与正态分布。关于这些概率分布类型的条件、特征及其参数的计算方法，读者可以参阅有关概率统计方面的文献。通常可以借鉴已经发生过的类似情况的实际数据，并结合对各种具体条件的判断，确定一个随机变量的概率分布。在某些情况下，也可以根据各种典型分布的条件，通过理论分析确定随机变量的概率分布类型。

一般说来，工业投资项目的随机现金流要受许多种已知或未知的不确定因素的影响，可以看成是多个独立的随机变量之和，在许多情况下近似地服从正态分布。

描述随机变量的主要参数是期望值与方差。期望值是在大量的重复事件中随机变量取值的平均值。换句话说，是随机变量所有可能取值的加权平均值，权重为各种可能取值出现的概率。方差是反映随机变量取值的离散程度的参数。

假定某方案的寿命期为 n 个周期（通常取 1 年为一个周期），净现金流序列为 y_0，$y_1,\cdots,y_n$。周期数 n 和各周期的净现金流 $y_t(t=0,1,\cdots,n)$ 都是随机变量。为便于分析，我们设 n 为常数。从理论上讲，某一特定周期的净现金流可能出现的数值 $y_t^{(1)},y_t^{(2)},\cdots,y_t^{(m)}$ 无限多个，我们将其简化为若干个离散数值。这些离散数值有的出现的概率要大一些，有的出现的概率要小一些，设与各离散数值对应的发生概率为 $P_1,P_2,\cdots,P_m$（$\sum_{j=1}^{m}P_j=1$），则第 t 周期净现金流 y_t 的期望值为

$$E(y_t)=\sum_{j=1}^{m}y_t^{(j)}P_j \tag{6-11}$$

第 t 周期净现金流的方差为

$$D(y_t)=\sum_{j=1}^{m}[y_t^{(j)}-E(y_t)]^2P_j \tag{6-12}$$

二、方案净现值的期望值与方差

我们以净现值为例讨论方案经济效果指标的概率描述。由于各个周期的净现金流都是随机变量，所以把各个周期的净现金流现值加总得到的方案净现值必然也是一个随机变量，我们称之为随机净现值。多数情况下，可以认为随机净现值近似地服从正态分布。设各周期的随机现金流为 $y_t(t=0,1,\cdots,n)$，随机净现值的计算公式为

$$NPV=\sum_{t=0}^{m}y_t(1+i_0)^{-t} \tag{6-13}$$

设方案寿命期的周期数 n 为一个常数，根据各周期随机现金流的期望值 $E(y_t)(t=0,1,\cdots,n)$，可以求出方案净现值的期望值为

$$E(NPV)=\sum_{t=0}^{n}E(y_t)(1+i_0)^{-t} \tag{6-14}$$

方案净现值的方差的大小与各周期随机现金流之间是否存在相关关系有关。如果方案寿命期内任意两个随机现金流之间不存在相关关系或者不考虑随机现金流之间的相关关系，方案净现值的方差的计算公式为

$$D(NPV)=\sum_{t=0}^{n}D(y_t)(1+i_0)^{-2t} \tag{6-15}$$

如果考虑随机现金流之间的相关关系，方案净现值的方差的计算式为

$$D(NPV)=\sum_{t=0}^{n}\frac{D(y_t)}{(1+i_0)^{2t}}+2\sum_{\tau=0}^{n-1}\sum_{\theta=1}^{n}\frac{\mathrm{Cov}(y_\tau y_\theta)}{(1+i_0)^{\tau+\theta}} \tag{6-16}$$

式中，$y_\tau,y_\theta(\tau\in t,\theta\in t,\tau<0)$ 分别是第 τ 周期和第 θ 周期的相关现金流量，$\mathrm{Cov}(y_\tau y_\theta)$ 是 y_τ 和 y_θ 这两个随机变量的协方差。式(6-16)也可以写成

$$D(NPV)=\sum_{t=0}^{n}\frac{\sigma_i^2}{(1+i_0)^{2t}}+2\sum_{\tau=0}^{n-1}\sum_{\theta=1}^{n}\frac{\rho_{\tau\theta}\sigma_\tau\sigma_\theta}{(1+i_0)^{\tau+\theta}} \tag{6-17}$$

式中，$\sigma_t,\sigma_\tau,\sigma_\theta$ 分别是第 t 周期、第 τ 周期、第 θ 周期随机现金流 y_t,y_τ,y_θ 的标准差，$\sigma_t=\sqrt{D(y_t)}$，$\sigma_\tau=\sqrt{D(y_\tau)}$，$\sigma_\theta=\sqrt{D(y_\theta)}$；$\rho_{\tau\theta}$ 是 y_τ 和 y_θ 的相关系数（$-1\leqslant\rho_{\tau\theta}\leqslant+1$），当 $\rho_{\tau\theta}=$

-1 或 +1 时，y_τ与 y_θ完全相关；当 $\rho_{\tau\theta}=0$ 时，y_τ与 y_θ相互独立；当 $-1<\rho_{\tau\theta}<+1$ 且 $\rho_{\tau\theta}\neq 0$ 时，y_τ与 y_θ部分相关。

在实际工作中，如果能通过统计分析或主观判断给出在方案寿命期内影响方案现金流量的不确定因素可能出现的各种状态及其发生概率，就可通过对各种因素的不同状态进行组合，求出所有可能出现的方案净现金流量序列及其发生概率。在此基础上，可以不必计算各年净现金流量的期望值与方差，而直接计算方案净现值的期望值与方差。

如果影响方案现金流量的不确定因素在方案寿命期内可能出现的各种状态均可视为独立事件，则由各因素的某种状态组合所决定的方案净现金流序列的发生概率应为各因素的相应状态发生概率的乘积。设有 A,B,C 3 个影响方案现金流量的不确定因素，它们分别有 p,q,r 种可能出现的状态，3 个因素可能的状态组合有 $p\times q\times r$ 种。每一种状态组合对应着一种可能出现的方案净现金流量序列。由 A 因素的第 i 种可能状态 θ_{Ai}，B 因素的第 j 种可能状态 θ_{Bj}，与 C 因素的第 k 种可能状态 θ_{Ck}的组合 $\theta_{Ai}\cap\theta_{Bj}\cap\theta_{Ck}$所决定的方案净现金流量序列的发生概率为

$$P = P_{Ai}\cdot P_{Bj}\cdot P_{Ck} \tag{6-18}$$

式中，P_{Ai},P_{Bj},P_{Ck}分别为 $\theta_{Ai},\theta_{Bj},\theta_{Ck}$的发生概率。

在需要考虑的不确定因素及其可能出现的状态不太多的情况下，可以对各种因素的不同状态进行组合并计算出各种状态组合所对应的方案净现金流序列的发生概率。在得知所有可能出现的方案现金流量状态及其发生概率的基础上，不难计算出方案净现值的期望值与方差。

设有 j 种可能出现的方案现金流量状态，各种状态所对应的现金流序列为 $\{y_t \mid t=0,1,\cdots,n\}^{(j)}$ $(j=1,2,\cdots,l)$，各种状态的发生概率为 P_j $(j=1,2,\cdots,l;\ \sum_{j=1}^{l}P_j=1)$，则在第 j 种状态下，方案的净现值为

$$NPV^{(j)} = \sum_{t=0}^{n} y_t^{(j)}(1+i_0)^{-t} \tag{6-19}$$

式中，$y_t^{(j)}$ 为在第 j 种状态下，第 t 周期的净现金流。

方案净现值的期望值为

$$E(NPV) = \sum_{j=1}^{l} NPV^{(j)}P_j \tag{6-20}$$

式(6-20)与式(6-14)等效。净现值方差的计算公式为

$$D(NPV) = \sum_{j=1}^{l}\left[NPV^{(j)} - E(NPV)\right]^2 P_j \tag{6-21}$$

式(6-21)考虑了不同周期现金流之间的相关性。

净现值的方差与净现值具有不同的量纲，为了便于分析，通常使用与净现值具有相同量纲的参数标准差来反映随机净现值取值的离散程度。方案净现值的标准差可由下式求得

$$\sigma(NPV) = \sqrt{D(NPV)}$$

【例 6-6】根据对未来经济技术环境的判断，【例 6-4】中生产城市用电动小汽车的方案在其寿命期内可能出现的五种状态的净现金流序列及其发生概率如表 6-3 所示。假定各年份净现金流之间互不相关，基准折现率为 10%，求方案净现值的期望值、方差与标准差。

表 6-3　不同状态的发生概率及净现金流序列　　单位:万元

年份 \ 状态	概率				
	$P_1=0.1$	$P_2=0.2$	$P_3=0.4$	$P_4=0.2$	$P_5=0.1$
	状态 θ_1	状态 θ_2	状态 θ_3	状态 θ_4	状态 θ_5
0	-15 000	-15 000	-15 000	-16 500	-18 000
1	0	0	0	0	0
2~10	1 630	2 620	4 600	5 060	5 290
11	3 630	4 620	6 600	7 060	7 290

对应于状态 θ_1 有

$$NPV^{(1)} = -15\ 000 + 1\ 630(P/A,10\%,9)(P/F,10\%,1) + 3\ 630(P/F,10\%,11) = -5\ 194(\text{万元})$$

对应于状态 θ_2 有

$$NPV^{(2)} = -15\ 000 + 2\ 620(P/A,10\%,9)(P/F,10\%,1) + 4\ 620(P/F,10\%,11) = 336(\text{万元})$$

对应于状态 θ_3 有

$$NPV^{(3)} = -15\ 000 + 4\ 600(P/A,10\%,9)(P/F,10\%,1) + 6\ 600(P/F,10\%,11) = 11\ 397(\text{万元})$$

对应于状态 θ_4 有

$$NPV^{(4)} = -15\ 000 + 5\ 060(P/A,10\%,9)(P/F,10\%,1) + 7\ 060(P/F,10\%,11) = 12\ 466(\text{万元})$$

对应于状态 θ_5 有

$$NPV^{(5)} = -15\ 000 + 5\ 290(P/A,10\%,9)(P/F,10\%,1) + 7\ 290(P/F,10\%,11) = 12\ 251(\text{万元})$$

方案净现值的期望值为

$$E(NPV) = \sum_{j=1}^{l} NPV^{(j)} P_j = 7\ 825(\text{万元})$$

方案净现值的方差为

$$D(NPV) = \sum_{j=1}^{l} [NPV^{(j)} - E(NPV)]^2 P_j = 39\ 536\ 857.7$$

方案净现值的标准差为

$$\sigma(NPV) = \sqrt{D(NPV)} = 6\ 287.8(\text{万元})$$

第四节　风 险 决 策

概率分析可以给出方案经济效果指标的期望值和标准差以及经济效果指标的实际值发生在某一区间的概率,这为人们在风险条件下决定方案取舍提供了依据。但是,概率分析并没有给出在风险条件下方案取舍的原则和多方案比选的方法。而这正是我们下面所要讨论的内容。

一、风险决策的条件

风险决策包括以下5个条件。

(1)决策人希望达到的目标(如收益最大或损失最小)。

(2)有两个或两个以上的方案可供选择。

(3)有两个或两个以上不以决策者的主观意志为转移的自然状态(如不同的市场条件或其他经营条件)。

(4)可以计算出不同方案在不同自然状态下的损益值(损益值指对损失或收益的度量结果,在经济决策中即为经济效果指标)。

(5)在可能出现的不同自然状态中,决策者不能肯定未来将出现哪种状态,但能确定每种状态出现的概率。

【例6-7】某企业拟开发一种新产品取代将要滞销的老产品,新产品的性能优于老产品,但生产成本要比老产品高,投入市场后可能面临4种前景:

(1)很受欢迎,能以较高的价格在市场上畅销(我们称之为状态1,记作θ_1);

(2)销路一般,能以适当的价格销售出去(θ_2);

(3)销路不太好(θ_3);

(4)没有销路(θ_4)。

经过周密的市场研究,销售部门做出判断:

状态1出现的概率$P(\theta_1)=0.3$;

状态2出现的概率$P(\theta_2)=0.4$;

状态3出现的概率$P(\theta_3)=0.2$;

状态4出现的概率$P(\theta_4)=0.1$。

技术部门提出3种方案:

A_1方案:立即停止老产品的生产,改造原生产线生产新产品,这一方案投资比较少但有停产损失,而且生产规模有限;

A_2方案:改造原生产线生产新产品,并把部分零部件委托其他厂生产,以扩大生产规模;

A_3方案:暂时维持老产品生产,新建一条高效率的生产线生产新产品,这一方案投资较大。这3个方案在不同的状态下具有不同的经济效果,在一定计算期内,各方案在不同状态下的净现值如表6-5所示。

表6-5 各方案在不同状态下的净现值

方案	θ_1	θ_2	θ_3	θ_4
	$P(\theta_1)=0.3$	$P(\theta_2)=0.4$	$P(\theta_3)=0.2$	$P(\theta_4)=0.1$
A_1	140	100	10	-80
A_2	210	150	50	-200
A_3	240	180	-50	-500

这个例子是一个典型的风险决策问题。企业的目标是取得最好的经济效果,决策者面

临3个备选方案和4种可能状态并且已了解各种方案在不同状态下的经济效果指标及各种状态发生的概率，决策者要解决的问题是确定应选择哪个方案。

二、风险决策的原则

要解决风险决策问题，首先要确定风险决策的原则，通常采用的风险决策原则有5种。

（一）优势原则

在A与B两个备选方案中，如果不论在什么状态下A总是优于B方案，则可以认定A相对于B是优势方案，或者说B相对于A是劣势方案。劣势方案一旦认定，就应从备选方案中剔除，这就是风险决策的优势原则。在有两个以上备选方案的情况下，应用优势原则一般不能决定最佳方案，但能减少备选方案的数目，缩小决策范围。在采用其他决策原则进行方案比选之前，应首先运用优势原则剔除劣势方案。

（二）期望值原则

期望值原则是指根据各备选方案损益值的期望值大小进行决策，如果损益值用费用表示，应选择期望值最小的方案，如果损益值用收益表示，则应选择期望值最大的方案。

在【例6－7】中，设方案A_1，A_2，A_3的净现值的期望值为$E(NPV)_1$，$E(NPV)_2$，$E(NPV)_3$，根据表6－5中的数据由式(6－14)可求出

$$E(NPV)_1 = 76(\text{万元})$$
$$E(NPV)_2 = 113(\text{万元})$$
$$E(NPV)_3 = 84(\text{万元})$$

按照期望值原则应当选择方案A_2。

（三）最小方差原则

由于方差越大，实际发生的方案损益值偏离其期望值的可能性越大，从而方案的风险也越大，所以有时人们倾向于选择损益值方差较小的方案，这就是最小方差原则。在备选方案期望值相同或收益期望值大（费用期望值小）的方案损益值方差小的情况下，期望值原则与最小方差原则没有矛盾，最小方差原则无疑是一种有效的决策原则。但是，在许多情况下，期望值原则与最小方差原则并不具有一致性。

在【例6－7】中，设方案A_1，A_2，A_3的净现值的方差为$D(NPV)_1$，$D(NPV)_2$，$D(NPV)_3$，由式(6－15)可计算得出

$$D(NPV)_1 = 4\,764(\text{万元})$$
$$D(NPV)_2 = 13\,961(\text{万元})$$
$$D(NPV)_3 = 48\,684(\text{万元})$$

按照最小方差原则，应当选择方案A_1，这显然与按照期望值原则选择的结论不一致。对于在按照期望值原则与最小方差原则选择结论不一致的情况下如何权衡的问题，目前还没有找到广泛接受的解决办法，这是因为不同的投资者对于风险大小的判断是不一样的。投资者对风险的判断及态度，一方面取决于决策者本人的胆略与冒险精神，另一方面取决于投资主体对风险的承受能力。一般说来，风险承受能力较强的投资者倾向于按期望值原则进行决策，而风险承受能力较弱的投资者则宁可按最小方差原则选择期望收益不太高但更安全的方案。

（四）最大可能原则

在风险决策中，如果一种状态发生的概率显著大于其他状态，那么就把这种状态视作肯定状态，根据这种状态下各方案损益值的大小进行决策，而置其余状态于不顾，这就是最

大可能原则。按照最大可能原则进行风险决策实际上是把风险决策问题化为确定性决策问题求解。

值得指出的是，只有当某一状态发生的概率大大高于其他状态发生的概率，并且各方案在不同状态下的损益值差别不很悬殊时，最大可能原则才是适用的。在【例6-7】中，状态θ_2发生的概率最大，如果按最大可能原则决策，应选择在θ_2下净现值最大的方案A_3。但是，必须注意到，θ_2发生的概率$P(\theta_2)=0.4$，与其他状态发生的概率差别不大，而且方案A_3在不同状态下净现值相差较大，所以，在【例6-7】中用最大可能原则进行决策是不太合适的。

（五）满意原则

对于比较复杂的风险决策问题，人们往往难以发现最佳方案，因而采用一种比较现实的决策原则——满意原则，即定出一个足够满意的目标值，将各备选方案在不同状态下的损益值与此目标值相比较，损益值优于或等于此满意目标值的概率最大的方案即为当选方案。

在【例6-7】中，假定满意目标是净现值不小于30，各方案达到此目标的概率分别为

方案A_1：$P(NPV\geqslant 30)=P(\theta_1)+P(\theta_2)=0.7$；

方案A_2：$P(NPV\geqslant 30)=P(\theta_1)+P(\theta_2)+P(\theta_3)=0.9$；

方案A_3：$P(NPV\geqslant 30)=P(\theta_1)+P(\theta_2)=0.7$。

方案A_2达到满意目标的可能性最大，故按满意原则应选择方案A_2。

习　题

1. 某工厂生产一种化工原料，设计生产能力为月产6 000吨，产品售价为1 300元/吨。每月的固定成本为145万元。单位产品变动成本为930元/吨，试分别画出月固定成本、月变动成本、单位产品固定成本、单位产品变动成本与月产量的关系曲线，并求出以月产量、生产能力利用率、销售价格、单位产品变动成本表示的盈亏平衡点。

2. 加工某种产品有两种备选设备，若选用设备A需初始投资20万元，加工每件产品的费用为8元；若选用设备B需初始投资30万元，加工每件产品的费用为6元。假定任何一年的设备残值均为零，试回答下列问题：

（1）若设备使用年限为8年，基准折现率为多少时选用设备A比较有利？

（2）若设备使用年限为8年，年产量13 000件，基准折现率在什么范围内选用设备A较为有利？

（3）若年产量15 000件，基准折现率为12%，设备使用年限多长时选用设备A比较有利？

3. 某工厂拟安装一种自动装置，据估计每台装置的初始投资为1 000元，该装置安装后可使用10年，每年可节省生产费用300元，设基准折现率为10%，试做如下分析：

（1）分别就初始投资和生产费用节省额变动±5%，±10%，±15%，±20%及使用年限变动±10%，±20%对该方案的净现值和内部收益率做单因素敏感性分析，画出敏感性分析图，指出敏感因素。

（2）就初始投资与生产费用节省额两个变量对方案净现值做双因素敏感性分析，指出方案的可行区域。

（3）试就初始投资、生产费用节省额以及使用年限3个变量对方案净现值做三因素敏感性分析。

第七章 投资项目的可行性研究

第一节 投资项目可行性研究概述

一、可行性研究的含义

投资项目可行性研究是对项目在投资决策前进行技术经济论证的一门综合性技术。它是保证投资项目以最小的投入取得一定经济效益的科学手段,也是对拟建项目在技术上是否可能、在经济上是否有利、在建设上是否可行进行综合分析和全面论证的技术经济研究活动。

可行性研究的核心是经济问题。可行虽然包含了可以做到,但是可以做到的事不一定都是可行的。因此,可行性研究应该同时考虑必要性、可能性、有效性和合理性。在项目投资分析与决策过程中,可行性研究具体是指在项目投资决策之前,调查、研究与拟建项目有关的自然、社会、经济、技术资料,分析、比较可能的投资建设方案,预测、评价项目建成后的社会经济效益,并在此基础上,综合论证项目投资建设的必要性,财务上的盈利性和经济上的合理性,技术上的先进性、适用性以及建设条件上的可能性和可行性,由此得到项目是否投资和如何投资,或就此终止投资,还是继续投资使之进入项目开发建设和下一阶段等结论性意见,从而为投资决策提供科学依据的工作。因此,一个完整的可行性研究报告至少应包括3个方面的内容:一是分析论证投资项目建设的必要性,这主要是通过市场预测工作来完成的;二是项目投资建设的可行性,这主要是通过技术分析和生产工艺论证来完成的;三是项目投资建设的合理性,这主要是通过项目的效益分析来完成的。其中,项目投资建设的合理性是可行性研究中最核心的问题。

可行性研究的目的是为了避免和减少项目决策失误,提高投资的综合效果。随着社会经济和科技的不断发展,技术更新速度加快、拟建项目增多和市场竞争加剧,项目规模越来越大,投资金额越来越多,项目可行性研究日益受到社会各部门、各行业的重视并得到广泛应用。

二、可行性研究的发展阶段

项目的可行性研究从20世纪初诞生以来到现在,大致经历了3个发展阶段。

第一阶段是从20世纪初到20世纪50年代初期。在这一阶段,项目的可行性研究主要采用财务分析方法,即从企业角度出发,通过对项目的收入与支出的比较来判断项目的优劣。

第二阶段是从20世纪50年代初期到20世纪60年代末期。在这一阶段,可行性研究从侧重于财务分析发展到同时从微观和宏观角度评价项目的经济效益,费用-效益分析作为一种项目选择的方法被普遍接受。在这个时期,1950年,美国发表了《内河流域项目经济分析的实用方法》,规定了测算费用效益比率的原则性程序。1958年,荷兰计量经济学家首次提出了在经济分析中使用影子价格的主张。在这以后,世界银行和联合国工业发展组织都在其贷款项目的评价中同时采用了财务分析和经济分析两种方法。

第三阶段是从20世纪60年代末期到现在。在这一阶段,可行性研究的分析方法中产生了社会分析方法，即把增长目标和公平目标结合在一起作为选择项目的标准。

我国自1979年开始，在总结建国40年来经济建设经验教训的基础上，引进了可行性研究，并将其用于项目建设前期的技术经济分析。1981年，国家计委正式发布文件，明确规定："把可行性研究作为建设前期工作中一个重要技术经济论证阶段，纳入基本建设程序。"1983年，国家计委又下达了《关于建设项目进行可行性研究的试行管理办法》，重申"建设项目的决策和实施必须严格遵守国家规定的基本建设程序"，"可行性研究是建设前期工作的重要内容，是基本建设程序中的组成部分"。同时，国家计委于1987年、1993年颁发了《建设项目经济评价方法与参数》第一版、第二版，并于2002年颁发了《投资项目可行性研究指南(试用版)》，为正确进行可行性研究，科学决策项目投资提供了指导原则。

三、可行性研究的对象

由于可行性研究是在投资决策前，决定项目在技术上、经济上是否可行所必须进行技术经济分析论证的一种方法，是一门管理技术。因此，可行性研究的对象一般包括新建、改建、扩建的工业项目、科研项目、地区开发、技术措施的应用与技术政策的制定等。本章主要介绍工业项目的可行性研究。

四、可行性研究的作用

可行性研究之所以如此受到重视，是因为它是多年建设经验的科学总结，是行之有效的一种科学方法，也是提高项目经济效益的首要环节。可行性研究的作用表现在以下几个方面。

(一)作为项目投资决策的依据

可行性研究对拟建项目所做出的经济评价，将用以鉴定该项目是否可行，从而为决策提供可靠依据。该决策主要包括两个方面：一是作为投资者或企业本身决定该项目是否应该兴建的依据；二是作为投资管理部门审批该项目是否可行的依据。

(二)作为向银行等金融机构及组织申请贷款、筹集资金的依据

世界银行等国际金融组织都把可行性研究作为申请项目贷款的先决条件。我国国内的专业银行、商业银行在接受贷款申请时，也首先对贷款项目进行全面、细致的分析评估，确定项目具有偿还贷款能力、不承担过大风险时，才会同意贷款。

(三)作为向当地政府及环保部门申请建设和施工的依据

在可行性研究报告确认并经投资部门和计划部门审批以后，要进行项目的建设工作，在此之前还必须经地方规划部门及环保部门的审查，其审查的依据即为可行性报告中关于环境保护、三废治理以及选址对城市、区域规划布局的影响，判断分析报告中所拟订的以上因素的方案是否符合市政或区域规划及当地环保要求，只有全部符合其要求，才颁发建设许可证书。

(四)作为全面设计和进行建设工作的依据

在可行性研究报告中，对项目的建设方案、产品方案、建设规模、厂址、工艺流程、主要设备以及总图布置等做了较为详细的说明，因此，在项目的可行性研究得到审批后，即可以作为项目编制全面设计和进行建设工作的依据。

(五)作为向有关部门签订各项协议或合同的依据

根据可行性研究所拟订的诸因素的方案，投资企业或部门就可以与有关部门签订下面各阶段的协议与合同，如项目建设期和生产所需的设计以及原材料、协作件、配套件、燃料、水电、运输、通信甚至产品销售等诸多方面的协议和合同，以确保项目建设及投产后的正常

运转。所以,项目可行性研究是项目投资者与其他单位进行谈判、签订承包合同、设备订货合同、原材料供应合同、销售合同等各项协议与合同的重要依据。

(六)作为项目企业组织管理、劳动定员的依据

企业在进行组织管理时,应依据可行性研究中对工艺技术的设计、组织机构安排人员,进行技术培训,尽可能地做到"人尽其才,物尽其用"。

(七)作为项目进行后评价的依据

要对投资项目进行投资建设活动全过程的事后评价,就必须有项目的可行性研究作为参照物,作为项目后评价的对照标准。尤其是项目可行性研究中有关效益分析的指标,无疑是项目后评价的重要依据。

五、可行性研究的要求

(一)可行性研究应具有科学性和严肃性

可行性研究是一项政策性、技术性和经济性很强的综合性研究工作。为保证它的科学性、客观性和严肃性,必须坚持实事求是的原则,在调查研究的基础上,进行项目方案分析和比较,按客观情况进行论证评价。为保证可行性研究的质量,编制单位应保持独立性和公正性的客观立场。

(二)可行性研究的深度应达到标准要求

虽然对于不同行业和不同项目的可行性研究内容和深度各有侧重,但研究的深度都应达到国家规定的标准,按照国家有关部门颁发的国家标准和国家规范的要求编制可行性研究报告。

(三)编制可行性研究报告的承担单位应具备一定的条件

承担单位应既有丰富的实践经验和雄厚的技术力量,又有一定的装备和技术手段等的专门单位。目前,可委托国家正式颁发证书的设计单位或工程咨询公司等承担,一般采取双方签订合同的方式进行。

(四)可行性研究报告应经过审批

可行性研究报告编制完成后,由建设投资部门正式上报审批。按照国家规定,大、中型建设项目,由各主管部门,各省、自治区或全国专业公司负责预审,报国家计委审批,或由国家计委委托有关单位审批;重大项目和特殊项目由国家计委会同有关部门预审,报国务院审批;小型项目按隶属关系由主管部门,各省、市、自治区或全省性专业公司审批。国家规定,大、中型项目没有附可行性研究报告及其审批意见的,不得审批该项目的设计计划书。

可行性研究报告应有编制单位的行政、技术、经济负责人的签字,对报告质量负责;预审主持单位,对预审结论负责;审批单位,对审批意见负责。若发现弄虚作假现象,要追究有关人员的法律责任。

六、项目可行性研究与项目评估的区别

项目可行性研究与项目评估同属于项目前期工作的两项重要内容,虽然两者均是为项目投资决策提供依据,有着较为密切的关系,存在着较多的共同点,比如:两者同处于项目投资的前期,都应以市场的需要作为出发点,考察的内容与方法是相同的,同时原则与要求也存在相似性。但由于项目可行性研究与项目评估是作为两个相互独立的工作阶段而存在的,故两者之间也有着明显的区别。它们的区别主要体现在以下几个方面。

（一）两者的承担主体不同

在我国，项目的可行性研究通常是由项目的投资者或项目的主管部门来主持的。项目的投资者既可以自行进行项目的可行性研究工作，也可以将其委托给专业的设计单位或咨询机构进行，受托的单位只对项目的投资者负责。而项目评估一般由项目投资的决策机构（如国家主管投资计划的部门）或项目贷款的决策机构（如贷款银行）主持和负责。当然，在有必要时，项目投资决策者也可开展项目评估工作。主持评估的机构既可以自行组织评估团队进行项目的审查与评价，也可以把这项工作委托给专门的咨询机构进行。由不同的机构分担可行性研究与项目评估工作，可以保证项目决策前的调查研究和审查评价活动的质量与深度。

（二）两者进行项目评价的视角和着重点不同

由于项目的可行性研究与项目评估的主体不同，所以两者进行项目评价的视角和重点不同。可行性研究先要从企业角度去考虑项目的盈利能力，决定项目的取舍，因此必须着重于讲求投资项目的微观效益；而国家投资决策部门主持项目评估，讲究的是要从国民经济和全社会利益着眼去评价项目的社会经济效益，自然要侧重于项目的宏观效益。另外，贷款银行对项目进行项目评估，应是十分重视从借款企业微观角度去估价项目的财务效益及偿还能力。这是因为贷款的风险机制和银行的企业化经营，使银行必然讲求投资项目效益之中的自身收益，即投资贷款的安全性及其本息的返还问题。

（三）两者在项目投资决策过程中的目的和任务不同

可行性研究除了对项目的合理性、可行性、必要性进行分析、论证以外，还必须为建设项目规划多种方案，并从工程、技术经济方面对这些方案进行比较和选择，从中选出最佳方案作为投资决策方案。因此，它是一项较为复杂的技术经济工作，完成这一任务需要较多的专业人员参加和经历较长时间。而项目评估一般则可借助于项目可行性研究的成果，也不必再为项目规划投资实施方案，其任务主要是对项目可行性研究报告的全部内容，进行系统的审查、核实，并作出评价和提出合理建议。

（四）两者在投资决策过程中所处的时序与作用不同

可行性研究与项目评估虽然同属于投资项目建设程序的两个不同的程序，一前一后地为项目的投资决策提供必要的依据，但它们的作用是不同的。可行性研究是项目投资决策活动中十分重要的步骤，为投资决策提供必要的基础，从而成为项目评估的重要前提，但不能为项目投资决策提供最终依据。而项目评估则是项目投资决策的必备条件。它虽然可以充分利用可行性研究的成果，但却能更为客观地对项目及其实施方案进行评审和估价，独立地提出决策性建议。因而，它在项目决策中所处的地位，是为决策者提供直接的、最终的依据，比可行性研究更具有权威性。它的作用是可行性研究所不能代替的。

总之，项目可行性研究与项目评估是项目投资决策过程中的两个基本步骤。二者在决策过程中的关系是：可行性研究为项目评估提供工作基础，项目评估则是对可行性研究做进一步的分析和论证，是可行性研究的延续和再研究。

第二节　可行性研究的类型

一、项目建设的工作阶段划分

任何一个项目，从提出到完成都必须经过若干个工作阶段。这些阶段是相互联系并按照一定的程序进行的,这样按一定的工作程序每循环一次,就构成了一个项目发展周期。联合国工业发展组织编写的《可行性研究编制手册》中将项目的建设周期划分为3个阶段,即投资前时期(又称建设前期)、投资时期(又称建设时期)和生产时期(又称投产时期)。我国项目建设周期与国外划分大体一致,但每一时期具体划分略有不同。这里主要介绍我国项目建设周期的具体划分情况。

(一)投资前时期

投资前时期包括项目设想、项目初选、项目拟订和项目评价与决策4个阶段。它与投资时期以投资决策为分界线。这一时期,国外的机会研究相当于我国的项目建议书;初步可行性研究及可行性研究则相当于我国的可行性研究,但其深度已超过了我国的可行性研究,大致相当于我国初步设计的深度;评价报告则相当于我国的评审。可行性研究是投资前时期的重要内容,投资前时期的工作是投资时期和生产时期的基础,可以说是决定投资项目命运的关键时期。一项投资活动的最终成败主要取决于投资前时期研究和分析是否正确、适当。

(二)投资时期

投资时期是项目的执行时期,一般分为5个阶段,即谈判与签订合同、工程项目设计、施工安装、职工培训和试车投产。它与生产时期以交工验收为分界线,这个时期工作重点是控制建设周期和投资费用。缩短建设周期和防止投资总额突破,都是为了提高项目的投资经济效益,尽快发挥投资效果。

(三)生产时期

生产时期重点是保证企业在整个寿命周期内达到预期的经济效果和社会效果。它不仅反映了投资前期可行性研究工作质量和投资时期的工作质量,而且也受到生产时期管理水平的影响。因此,这一时期既有生产技术的应用和设备正常运转等技术问题,也有产品销售、生产成本、投资回收及税收利润等经济问题。

二、可行性研究的类型

依据上述项目建设周期中投资前时期的具体阶段的划分,可以将可行性研究分为不同的阶段,也可以说是不同类型的可行性研究。由于国外与我国具体阶段的划分标准不尽相同,所以可行性研究的分类也不同。

(一)国外可行性研究的划分

国外可行性研究工作可分为机会研究、初步可行性研究、可行性研究和项目评估决策4个主要阶段。这4个阶段的研究性质、目标、要求及作用、时间与费用各不相同。一般说来,各阶段的研究内容由浅入深,项目投资和成本估算的精度由粗到细,研究工作量由小到大,研究的目标和作用逐步提高,研究工作的时间和费用逐渐增加。在任何一个阶段只要得出不可行的结论,就不必继续进行;如认为可行时,则转入下一阶段的研究。对于小型和工艺技术成熟或不复杂的项目,可直接做详细的可行性研究;对于有些项目经过初步可行性研究后认为有把握,就可以据此做出投资决策。

由于基础资料的占有程度、研究深度及可靠程度要求不同,可行性研究各阶段的工作性质、工作内容、投资成本估算精度、工作时间与费用各不相同。它们之间的关系如表7-1所示。

表7-1 项目可行性研究的阶段划分及内容比较

工作阶段	机会研究	初步可行性研究	可行性研究	项目评估
工作性质	项目设想	项目初选	项目拟定	项目评估与决策
工作内容	鉴别投资方向,寻找投资机会,提出项目投资建议	对项目作专题辅助研究,广泛分析、筛选方案,确定项目的初步可行性	对项目进行深入细致的技术经济论证,重点分析财务效益和经济效益评价,多个方案做比较,提出结论性建议,确定项目投资的可行性	综合分析各种效益,对可行性研究报告进行评估和审核,分析项目可行性研究的可靠性和真实性,对项目做出最终决策
工作成果及费用	提出项目建议,作为编制项目建议书的基础,为初步选择投资项目提供依据	编制初步可行性研究报告,确定是否有必要进行下一步的详细可行性研究,进一步说明建设项目的生命力	编制可行性研究报告,作为项目投资决策的基础和重要依据	提出项目评估报告,为投资决策提供最后的决策依据,决定项目取舍和选择最佳投资方案
估算精度/(%)	±30	±20	±10	±10
费用占总投资的百分比/(%)	0.2~1.0	0.25~1.25	大中型项目0.8~1.0 小项目1.0~3.0	—
需要时间/月	1~3	4~6	大中型项目12~24 小项目6~12	—

1. 机会研究

机会研究也称为投资机会鉴定。这一阶段的主要任务是提出项目投资方向的建议,即在一个确定的地区或部门,根据对自然资源的了解和对市场需求的调查及预测、国内相关政策及国际贸易联系等情况,选择项目,寻找最有利的投资机会。

机会研究主要通过以下几个方面的研究来寻找投资机会:

(1)自然资源情况;

(2)农业、工业生产布局和生产情况;

(3)人口增长或购买力增长对消费品需求的潜力;

(4)产品进口情况,取代进口的可能性,产品出口的可能性;

(5)现有企业扩建的可能性、多种经营的可能性、将现有小型企业扩建到经济规模的可能性;

(6)其他国家发展工业成功的经验。

机会研究是进行项目可行性研究前的预备性调查研究,研究比较粗略。主要工作是提供一个可能进行的投资项目,要求时间短、花钱少。一旦证明项目投资设想可行,就可以转入下一步研究。对于机会研究,所需时间大致为1~3个月,投资估算的精度为±30%,研究费用占总投资的0.2%~1.0%。

2. 初步可行性研究

许多项目在机会研究后,还不能决定取舍,就需要进行初步可行性研究,以进一步判断生命力。初步可行性研究是机会研究和可行性研究之间的一个阶段,是在机会研究的基础上进一步弄清拟建项目的规模、厂址、工艺设备、资源、组织结构和建设进度等情况,以判断是否有可能和有必要进行下一步的可行性研究工作。其研究内容与可行性研究基本相同,只是深度和广度略低。

初步可行性研究的主要任务是:分析投资机会研究的结论;对关键问题进行专题的辅助性研究;论证项目的初步可行性,判定有无必要继续进行研究;编制初步可行性报告。

初步可行性研究与机会研究的区别主要在于所获资料的详细程度不同。如果机会研究有足够的资料数据,也可以越过初步可行性研究,直接进入可行性研究;如果机会研究对项目有关资料不足,获利情况不明显,就要进行初步可行性研究来判断项目是否值得投资。初步可行性研究的时间一般需要4~6个月;投资估算的精度为±20%;研究费用占总投资的0.25%~1.25%。在提出项目初步可行性研究报告时,需提出项目的总投资。

3. 可行性研究

可行性研究也称为详细可行性研究。它是对项目进行详细深入的技术经济论证的阶段,是项目决策研究的关键环节。一般工业项目的详细可行性研究包括以下几方面的内容:扼要说明研究的结论和建议;项目的背景和历史说明;市场预测的各项数据,生产成本、价格、销售收入和年利润的估算;原材料投入;项目实施的地点或厂址;项目设计,包括生产工艺的选择、工厂的总体设计、建筑物的布置、建筑材料和劳动力的需求量、建筑物和工程设施的投资;管理费用的估算;项目相关人员的编制;项目建设期限及建设进度安排说明;项目的财务评价和国民经济评价;项目风险估计。

可行性研究的投资估算精度为±10%;对于小型项目研究时间一般为0.5~1年,研究费用占总投资的1.0%~3.0%;对于大中型项目研究时间一般为1~2年,研究费用占总投资的0.8%~1.0%。可行性研究根据项目的性质、规模和复杂程度不同,研究内容也不尽相同。

4. 项目评估

项目评估是由投资决策部门组织或授权建设银行、投资银行、工程咨询公司或有关专家,代表国家对上报项目的可行性研究报告进行全面审核和再评价。其主要任务是对拟建项目的可行性研究报告提出评价意见,最终决策该项目是否可行,确定最佳投资方案。

(二)我国可行性研究的划分

我国可行性研究工作主要分为两个阶段进行。第一阶段是项目建议书阶段,它基本上相当于国外的初步可行性研究阶段,需要说明的是,如果项目是使用国有资金投资的,则需编制项目建议书,且特别重要的项目还需在项目建议书批准之后,方可进行初步可行性研究,而如果项目是使用非国有资金投资的,则不一定要编制项目建议书,但可视项目的具体情况,确定是否需要进行初步可行性研究。第二阶段是可行性研究报告阶段,即详细可行性研究。在我国,通常所说的项目可行性研究就是指可行性研究报告阶段的详细可行性研究。

第三节 可行性研究的内容和程序

一、可行性研究的内容

西方国家对可行性研究的内容并无统一规定,许多大公司都有自己的方法和研究范围。联合国工业发展组织编写的《工业可行性研究手册》中规定的内容,基本上代表了西方国家的情况。根据2000年我国颁布的《项目可行性研究指南》规定,我国可行性研究的内容,与联合国工业发展组织所规定的内容相似。虽然可行性研究涉及的面很广,按拟建项目规模的大小和性质的不同有所侧重,但其基本内容是相近的,一般应包括以下几个方面。

(一)项目兴建的理由

项目兴建理由与目标的研究,是根据已经确定的初步可行性研究报告(或项目建议书),从总体上进一步论证项目提出的依据、背景、理由和预期目标,即进行项目建设必要性分析;与此同时,分析论证项目建设和生产运营必备的基本条件及其获得的可能性,即进行项目建设可能性分析。对于确实必要并有可能建设的项目,继续进行可行性研究,开展技术、工程、经济、环境等方案的论证、比选和优化工作。

拟建项目都有其特定的背景、依据和原因。项目兴建一般有以下理由:新建或者扩大企业生产能力,提供产品或服务,满足社会需求,获取经济利益的需要;进行基础设施建设,改善交通运输条件,促进地区经济和社会发展的需要;合理开发利用资源,增加社会财富,实施可持续发展的需要;发展文化、教育、卫生等公益事业,满足人民不断增长的物质文化生活的需要;增强国防和社会安全能力的需要。

可行性研究阶段应对项目建设的上述主要理由进行分析论证。这种分析,一般应从项目本身和国民经济两个层次进行。项目本身分析,应侧重项目产品和投资效益角度论证兴建理由是否充分合理。有些项目兴建的理由从项目层次看是合理的、可行的,但从国民经济全局看就不一定合理、可行。因此,对那些受宏观经济条件制约较大的项目,应进行国民经济层次分析。例如,分析拟建项目是否符合合理配置和有效利用资源的要求;是否符合区域规划、行业发展规划、城市规划、水利流域开发规划、交通路网规划的要求;是否符合国家技术政策的要求;是否符合保护环境、可持续发展的要求等。

(二)项目预期目标及项目建设的基本条件

根据项目兴建的理由,对初步可行性研究报告提出的拟建项目的轮廓和预期达到的目标进行总体分析论证。分析论证的内容主要有:项目建设内容和建设规模;技术装备水平;产品性能和档次;成本、收益等经济目标;项目建成后在国内外同行业中所处的位置或者在经济和社会发展中的作用等。通过分析论证,判别项目预期目标与项目兴建理由是否吻合,预期目标是否具有合理性与现实性。对于确实需要建设且目标合理的项目,应分析论证其是否具备建设的条件。一般应分析市场条件、资源条件、技术条件、资金条件、环境条件、社会条件、施工条件、法律条件,以及外部协作配套条件等对拟建项目支持和满足的程度,考察项目建设和运营的可能性。

(三)市场预测

投资项目的可行性研究工作,一般都是从调查和预测市场需求和供应情况来分析项目建设的必要性开始的。项目的投资建设必须建立在产品有市场需求的基础之上。为此,对项目进行可行性研究时,就首先要做产品的市场调查和预测工作,它是可行性研究的前提和重要组成部分,它的结果为项目建设规模与产品方案提供依据。市场预测的主要内容包括以下几个方面。

1. 市场现状调查

市场现状调查是进行市场预测的基础。市场现状调查主要是调查拟建项目同类产品的市场容量、价格以及市场竞争力现状。

2. 产品供需预测

产品供需预测是利用市场调查所获得的信息资料,对项目产品未来市场供应和需求的数量、品种、质量、服务进行定性与定量分析。

3. 价格预测

项目产品价格是测算项目投产后的销售收入、生产成本和经济效益的基础,也是考察项目产品竞争力的重要方面。预测价格时，应对影响价格形成与导致价格变化的各种因素进行分析，初步设定项目产品的销售价格和投入品的采购价格。

4. 竞争力分析

竞争力分析是研究拟建项目在国内外市场竞争中获胜的可能性和获胜能力。进行竞争力分析，既要研究项目自身竞争力，也要研究竞争对手的竞争力，并进行对比。进一步优化项目的技术经济方案，发挥竞争优势。

5. 市场风险分析

在可行性研究中，市场风险分析是在产品供需、价格变动趋势和竞争能力等常规分析达到一定深度的情况下，对未来国内外市场某些重大不确定因素发生的可能性，及其可能对项目造成的损失程度进行分析。市场风险分析可以定性描述，估计风险程度；也可以定量计算风险发生概率，分析对项目的影响程度。

（四）拟建规模

市场是可行性研究中要考察的第一个因素，也可以说是最重要的研究内容，因为其后工作都是在市场研究的前提下展开的。市场需求虽然是决定生产规模的一个主要因素，但生产规模还受到以下其他因素的制约和影响。

1. 技术和生产上的可行性

这是对生产规模起决定作用的因素。因为技术水平决定着主要设备的技术经济指标。对于不同生产部门，一般是按其特定的生产能力，使生产技术和设备标准化、系列化。因此，确定生产规模时，必须考虑到相应的生产技术和设备，否则达不到规定的生产效率。

2. 原材料、能源供应及其他生产建设条件

原材料、能源等来源和供应条件，对确定生产规模有很大影响。如果供应不足或不稳定，生产规模就要相应缩小，即使市场需求量大也应如此。

3. 自然资源及资金的可供量

这是规模的制约因素。对于以自然资源为对象的部门（如农业、矿业），规模受这些自然资源制约。资金一般是有限的，所以生产规模的安排不能突破资金规模。

4. 社会因素和政策因素

社会因素指政治形势、民族关系、意识形态、国防等。政策因素指产业政策、投资政策、技术经济政策等。这些因素对生产规模的确定也有一定程度的影响。

5. 规模经济问题

根据规模经济理论，生产规模的大小对经济效益有很大的影响。因此确定生产规模时应使其达到或靠近该部门或行业的规模经济生产能力，使得项目的投资效益较高。

（五）资源条件及公用设施情况

在可行性研究阶段还要根据项目拟订的产品方案和生产规模，研究分析项目在建设过程和投资后的生产运行过程中所需的资源、原材料、燃料和动力的品种、规格、成分、数量、价格、来源及供应方式，项目所在地的交通运输、水、电、气等基础设施等协作配套条件，是否能保证项目的顺利建设和投产后的正常运行。对资源开发和利用的可能性、合理性和资源的可靠性进行研究和评价，以确保项目建成后正常生产运营；为计算生产运营成本提供依据，并为确定项目开发方案和建设规模提供依据。

（六）场址选择

可行性研究阶段的场址选择，是在初步可行性研究（或者项目建议书）规划选址已确定

的建设地区和地点范围内，进行具体坐落位置选择，习惯上称为工程选址。场址选择是工程项目可行性研究中极为重要的一环。场址选择合理与否，不仅影响建设施工，而且还影响到项目建成后的生产、经营能否正常进行。选择场址，一定要考虑建厂条件，如果选择不当，如场地平整土石方量很大，搬迁工作量大，工程地质复杂，距水源、电源较远，运输条件差等，会使建设投资和生产经营费用增加，难以取得好的经济效益。

以选择建厂的厂址为例，选择厂址的基本要求大致有4个方面：一是要符合合理工业布局的总体要求，服从城市、区域总体规划及其功能分工的要求；二是满足拟建项目建设和生产的技术、工程和经济等方面的要求；三是要满足工厂职工物质和文化生活的要求；四是要满足环境保护和国防安全等方面的要求。除考虑以上基本要求外，还要考虑一般要求，如针对工程用地面积、地形、工程地质、水文气象、水源、电源、运输、三废排放以及生产协作等方面提出的技术经济要求。

（七）技术设计方案

项目的建设规模与产品方案确定后，应进行技术设计方案的具体研究论证工作。技术设计方案分析主要包括生产工艺技术方案、设备选型方案和工程设计方案的分析评价工作。技术、设备与工程方案构成项目的主体，体现项目的技术和工艺水平，也是决定项目是否经济合理的重要基础。所以，技术设计方案的制定是可行性研究的重要内容，它对项目的投资、投产后的生产成本、近远期经济和社会效益，以及项目的生存和竞争能力等起决定性作用。在可行性研究中对项目的经济分析和评价，必须建立在技术可行的基础上。如果一个投资项目技术不可行，如设备不适用、设计不合理，项目在财务上和经济上的评价结论就会失真。因此，对项目的技术设计方案进行分析论证，是项目可行性研究的基础。项目在技术上的可行性，是财务和经济上可行性的必要前提。

1. 生产工艺技术方案分析

生产工艺技术方案的分析评价，就是对项目所采用的工艺技术的先进性、适用性及经济合理性进行综合论证分析和评价。生产工艺是根据项目生产的特点、生产性质和功能来确定的。不同的部门，它们的生产工艺各不相同。应结合产品质量、生产成本、各种消耗等要求，进行广泛调查研究，在多个方案做比较的基础上，选取最佳工艺流程和主要技术参数。在选择时应遵循下列原则：第一，所选技术是成熟的，即经过试验鉴定或实际应用验证可行的；第二，所选技术是先进适用的，技术的先进性必须与本地区、本部门的技术水平和管理水平相适应；第三，技术方案选择要考虑资源因素，先进的技术工艺往往对原材料要求过高，国内资源无法满足，为此选择时要适应我国的实际情况。

2. 设备选型方案

设备选择时，必须与工艺技术的选择联系起来，遵照工艺技术的决定，在工厂生产能力和选定的工艺技术基础上加以选择。设备选型时应根据生产规模和已定的技术方案，在多个方案之间选择技术上先进、适用的设备，同时要注意设备的标准化、通用化和系列化。

3. 工程设计方案

工程设计方案的分析，主要包括总平面设计、空间平面设计和结构方案设计3个主要方面，必须遵循“坚固耐用、技术先进、经济合理”的原则。

（八）环境影响评价

建设项目一般会引起项目所在地自然环境、社会环境和生态环境的变化，对环境状况、环境质量产生不同程度的影响。环境影响评价是在研究确定场址方案和技术方案中，调查研究环境条件,识别和分析拟建项目影响环境的因素,研究提出治理和保护环境的措施,比选和优化环境保护方案。

(九)组织机构与人力资源配置

合理、科学地确定项目组织机构与人力资源配置是保证项目建设和生产运营顺利进行,提高劳动效率的重要条件。在可行性研究阶段,应对项目的组织机构设置、人力资源配置、员工培训等内容进行研究,比选和优化方案。

1. 组织机构设置及其适应性分析

根据拟建项目的特点和生产运营的需要,应研究提出组织机构的设置方案,并对其适应性进行分析。项目建设规模和生产运营方式不同,机构设置的模式和运转方式也不相同。应根据拟建项目出资者的特点,研究确定相适应的组织机构模式;根据拟建项目的规模大小,研究确定项目的管理层次;根据建设和生产运营特点和需要,设置相应的管理职能部门。

经过比选提出的推荐方案,还应进行适应性分析,主要分析项目法人的组建方案是否符合《公司法》和国家有关规定的要求;项目执行机构是否具备指挥能力、管理能力和组织协调能力;组织机构的层次和运作方式是否能够满足建设和生产运营管理的要求;项目法人代表及主要经营管理人员的素质能否适应项目建设和生产运营管理的要求,能否承担项目筹资建设、生产运营、偿还债务等责任。

2. 人力资源配置

在组织机构设置方案确定后,应研究确定各类人员(包括生产人员和其他人员)的数量和配置方案,满足项目建设和生产运营的需要,为提高劳动生产率创造条件。

人力资源配置要以国家有关劳动法律、法规及规章及项目相关情况,如:项目建设规模、生产运营复杂程度与自动化水平、人员素质与劳动生产率要求、组织机构设置与生产管理制度等为依据,研究确定合理的工作制度,提出工作时间和工作班次方案。其内容具体包括:根据精简、高效的原则和劳动定额,提出配备各职能部门、各工作岗位所需人员数量;研究提出员工选聘方案,特别是高层管理人员和技术人员的来源和选聘方案;研究测算职工工资和福利费用;研究测算劳动生产率;研究确定各类人员应具备的劳动技能和文化素质。

不同行业、不同岗位人力资源配置的方法不同,具体来说主要有:按劳动效率计算定员,按设备计算定员,按劳动定额计算定员,按岗位计算定员,按比例计算定员,按组织机构职责范围、业务分工计算管理人员的人数这几种方法,可以根据具体情况进行选择。

3. 员工培训

可行性研究阶段应提出员工培训计划,包括培训岗位、人数、培训内容、目标、方法、地点和培训费用等。另外,为保证项目建成后顺利投入生产运营,应重点培训生产线关键岗位的操作运行人员和管理人员。

对培训人员的培训时间应与项目的建设进度相衔接,如设备操作人员,应在设备安装调试前完成培训工作,以便各种人员参加设备安装、调试过程,熟悉设备性能,掌握处理事故技能等,保证项目顺利投产。

(十)实施进度

项目工程建设方案确定后,应研究提出项目的建设工期和实施进度安排,科学组织建设过程中各阶段的工作,按工程进度安排建设资金,保证项目按期建成投产,发挥投资项目的经济效益。

1. 建设工期

建设工期一般是指从拟建项目工程开工之日,到项目全部建成投产或交付使用所需要的时间。建设工期主要包括土建施工、设备采购与安装、生产准备、设备调试、联合试运转、交付使用等阶段。

项目建设工期可参考有关部门或专门机构制定的建设项目工期定额和单位工程工期定额(例如一般土建工程工期定额、设备安装工期定额、隧道开凿工程工期定额等),结合项目建设内容、工程量大小、建设难易程度以及施工条件等具体情况综合研究确定。

2. 实施进度安排

项目建设工期确定后,应根据工程实施各阶段工作量和所需时间,对时序做出大体安排,并使各阶段工作相互衔接。一般项目都应编制项目实施进度表,尤其是大型建设项目,还应根据项目总工期要求,制订主体工程和主要辅助工程的建设起止时间及时序表。

(十一)投资估算

项目的总投资是指工程项目建设上所花费的全部物化劳动和活劳动的总和。它是由固定资产和流动资金投资两大部分构成。固定资产投资是指用于购置和建造固定资产的投资,一般包括建筑工程投资、设备投资、其他投资和不可预见费。流动资金投资是指用于购买生产所需原材料、半成品、燃料动力、支付工资及其他有关生产经营费用等的投资。

投资估算即是在对项目的建设规模、技术方案、设备方案、工程方案及项目实施进度等进行研究并基本确定的基础上,估算项目投入总资金(包括固定资产投资和流动资金投资),并测算建设期内分年资金需要量。投资估算是进一步制订融资方案,进行经济评价,以及编制初步设计概算的依据。

(十二)资金筹措

资金筹措也称资金规划,它包括资金筹集、资金使用和贷款偿还3个方面。

1. 资金筹集

资金筹集主要解决资金来源和选择问题。资金按来源范围可分为国内资金和国外资金。国内资金包括银行贷款、企业自筹资金和国内集资。国外资金包括国际金融机构贷款、政府间贷款、出口信贷及补偿贸易、合资经营、商业贷款等。对于上述资金来源的选择,一般应进行筹资结构、筹资成本、利率和汇率风险的分析,通过分析来决定筹资方式。

2. 资金使用

贷款数额是否恰当,用款计划是否合理,直接影响投资经济效益。因此,在资金筹措方案确定后,应结合项目实施进度计划,编制资金使用计划表,目的是保证在完成项目实施任务前提下更合理、有效地利用资金。

3. 贷款偿还

合理选择偿还方式,尽量降低企业负担。对国内贷款,可用项目投产后取得的利润和回收折旧来偿还,外汇贷款则根据双方商定的方式偿还。

(十三)经济效果及社会效果评价

可行性研究的核心就是项目的经济评价,它贯穿整个工作的始终,并以此作为最终决策的依据。具体评价内容包括3个方面。

1. 财务评价

财务评价也称为微观财务评价,是从企业财务角度出发,在国家现行财税制度和市场价格体系下,分析预测项目的财务效益与费用,计算财务评价指标,考察拟建项目的盈利能力、偿债能力,据以判断项目的财务可行性。

2. 国民经济评价

国民经济评价也称为宏观的国民经济评价，它是从国家和社会的角度，按合理配置资源的原则，采用影子价格等国民经济评价参数，从国民经济的角度考察投资项目所耗费的社会资源和对社会的贡献，评价投资项目的经济合理性。

3. 社会效果评价

社会评价是分析拟建项目对当地社会的影响和当地社会条件对项目的适应性和可接受程度，评价项目的社会可行性。如政治、国防、社会、生产环境、资源利用等方面的评价。

工程项目的经济评价一般先进行财务评价，然后对某些数据和参数进行调整后再进行国民经济评价。原则上以国民经济评价作为决策的主要依据。两种评价结论会出现4种不同组合，根据不同情况应做不同处理。

（十四）风险分析

投资项目风险分析是在市场预测、技术方案、工程方案、融资方案和社会评价论证中已进行的初步风险分析的基础上，进一步综合分析识别拟定项目在建设和运营中潜在的主要风险因素，揭示风险来源，判别风险程度，提出规避风险对策，降低风险损失。

（十五）研究结论与建议

在前述各项研究论证的基础上，归纳总结，择优提出推荐方案，并对推荐方案进行总体论证。在肯定拟推荐方案优点的同时，还应指出可能存在的问题和可能遇到的主要风险，并做出项目和方案是否可行的明确结论，为决策者提供清晰的建议。

通过对推荐方案的详细分析论证，明确提出项目和方案是否可行的结论意见，并对下一步工作提出建议。建议主要包括两方面的内容：第一，对项目下一步工作的重要意见和建议。例如，在技术谈判、初步设计、建设实施中需要引起重视的问题和工作安排的意见、建议。第二，项目实施中需要协调解决的问题和相应的意见、建议。

综上所述，可行性研究的主要内容，不仅综合了项目建设的技术因素与经济预设计的全部内容，同时又对项目建成后的效益及费用进行了客观的分析，据此即可对拟建项目可行与否做出最终结论。

二、可行性研究的程序

可行性研究的上述内容可概括为环境、技术和经济3个方面。环境研究是可行性研究的前提；技术上可行是可行性研究的基础；经济上合理是可行性研究评价与决策的主要依据。对于一般工业项目来说，可行性研究要回答：为什么要开展这个项目，市场条件如何，在哪个地方建厂，规模多大，采用什么工艺技术和设备，需要哪些基础条件，如何实施才能取得最佳效果，推荐的方案预期投资效果和成功的可能性有多大等。为了回答这些问题，一般可行性研究的工作程序可划分为以下7个阶段。

（一）明确目标及达到目标的限制条件

明确研究目标是可行性研究的首要问题，它不仅可以避免迷失方向，而且还是衡量研究成败的主要标准。同时，达到目标总受到资金、环境、社会、人文等资源的限制，因此，明确达到目标的限制条件，可以帮助研究有的放矢。

（二）资料的收集与整理

信息资料质量决定可行性研究的质量。对信息资料的收集要力求及时、可靠、准确和全面，可行性研究不仅要掌握历史和现在的信息资料，更重要的是以此推断未来。同时，掌握信息资料的科学处理方法，从浩如烟海的信息资料获取养分，避免信息资料相互干扰而造成判断失误的重要手段。

(三)因素分析与专题研究

根据项目的性质，对影响项目的主要因素进行分析，如一般工业项目的市场需求、产品定位、产品定价、竞争态势、原材料来源和厂址选择等。对于一些具有特殊意义的因素，可进行专题研究。

(四)方案设计

方案设计实际上就是形成策略，它是可行性研究的关键。因此项目组成员要会同聘请的专家智囊，根据他们的知识、经验以及项目的目标、信息资料，设计出达到目标的几个不同的技术经济方案。

(五)方案评价

可行性研究的中心内容，就是从技术和经济两个方面对方案进行全面系统的论证。本阶段的工作是对所设计的各个方案进行技术经济评价、科学论证。技术评价要求明确被研究项目的技术目的，把握被研究技术的要点，寻找作为对比的现有技术，拟订各种替代的技术方案，估计技术带来的影响，分析对比，筛选和确定技术方案，评估结论。经济评价主要是估计项目的投资获利能力，常用方法有投资收益率法、投资回收期法、净现值法和内部收益率法等。有些项目还需进行社会效益分析。

(六)方案优选

设计的方案，通过评价阶段可以从技术、经济和社会效益的综合角度对方案进行优化和选择，最后提出两个或两个以上的方案供决策者选择。对于较为复杂的项目，还需作盈亏平衡分析和敏感性分析，使决策者能更好地了解未来不确定因素对方案可能产生的影响，做到心中有数。

(七)编写可行性研究报告

可行性研究报告是项目投资决策和实施的重要依据，其结构和内容常常有特定的要求，由承担可行性研究的咨询或设计单位来进行，并在最后提出可行性研究报告和有关文件。

第四节　投资项目的财务评价

投资一个项目的目的就在于通过项目去获得一定的效益，而项目效益主要是通过对项目的经济评价来认识的，所以项目的经济评价是项目评价的一个重要内容。按我国现行规定，项目经济评价包括项目财务评价和项目国民经济评价两个方面。从企业的角度出发对项目的经济效益进行评价被称为项目财务评价。国民经济评价则是从国家和社会的角度，分析和计算项目对国民经济的贡献和效益。一般项目评价是先做项目财务评价，然后进行项目国民经济评价。无论对一般项目还是重大项目，项目财务评价都是必不可少的，因为其结果将对项目的决策、实施和运行产生重大的影响。

一、项目财务评价概述

(一)项目财务评价的概念

项目的运作过程是一定的物流、信息流及资金流的运动和转化过程。从物质形态上看，项目运行表现为各种实物要素的投入和产出。从货币形态上看，项目运行表现为一定量的资金流动，从资金的垫付到最后资金的回收和增值。对一个项目进行经济评估，其出发点是项目运行中货币流动的成本和收益情况的评估。因此项目财务活动必须是在国家现行财税制度和价格体系下，从企业的立场出发去研究项目运行的财务情况，评估项目各阶段的投资、生产和回收过程中的成本及收益情况。项目财务评价通过计算项目直接发生的财务效益和费用，考察项目的盈利能力、偿还能力及外汇平衡能力等财物状况，并最终给出项目的财务可行性结论。

（二）项目财务评价的目的

项目财务评价最主要的目的是，从企业或项目角度出发，评价投资效果，判断企业投资所获得的实际利益。其次项目财务评价还能够为协调企业利益和国家利益提供依据，当项目的财务效果和国民经济效果发生矛盾时，国家需要用经济手段予以调节。财务评价可以通过考察有关经济参数（如价格、税率、利率等）变动对评价结果的影响，寻找经济调节的方式和幅度，使企业利益和国家利益趋于一致。进行项目财务评价还有助于企业制定资金规划。资金规划包括资金的筹集和运用。合理的筹集使用资金是提高经济效益的途径之一。财务评价可以通过不同筹资方式、使用、偿还方案的比较，帮助企业选择好的资金规划方案；同时，资金的安排必须是可行的，这样才能保证项目的顺利进展。

（三）判断项目经济上可行的主要标志

1. 盈利水平

对一个经济收益的项目是否值得投资，首先要看它建成投产后是否有盈利与盈利的大小。所以，财务评价首先就是要评价出项目的盈利水平。投资者最关心的是项目的获利能力，税后利润才是他们的所得和经营成果。

通常，对于盈利水平的衡量采用税后财务收益率比较的方法，税后财务收益率是按市场价格计算的项目纳税后的投资利润率。一定的税后财务收益率，表明项目具有社会平均水平的净利润。达到社会平均利润水平对投资者具有较大的吸引力，便于项目筹集资金。

2. 借款偿还能力

借款偿还能力的强弱也是判断项目经济上可行的重要标志之一。项目建设要投资，也要有效益，用效益补偿投资是经济建设的客观要求。财务评价可以揭示各年度偿债需要和还款能力。项目投资的回收情况，实际上反映着项目的盈利水平。效益大，盈利多，清偿能力就大，投资回收就快。

3. 风险承受能力

项目的财务预测是建立在对未来情况的估计上，而未来的情况中总有许多不确定的因素，即风险。需要考核项目承受各种客观因素变动的能力。通常，承受风险能力越强，项目盈利把握性越大。

（四）项目财务评价的方法和步骤

1. 项目财务评价的方法

项目财务评价是一个定性分析和定量分析相结合的过程，以定量分析为主。其主要是通过对于项目财务费用和效益的识别，然后结合一定的预测方法，对识别出的项目财务费用和效益进行预测和分析，进一步得出中肯的项目财务成本和收益的数据，然后结合项目财务报表的编制和项目财务评价指标的计算，以及对于这些数据的整理和分析，找出项目的可行性。

2. 项目财务评价的步骤

这一过程具体包括以下几个步骤。

(1)项目财务数据的收集

根据项目财务评价的需要,收集相关的各种数据和参数,包括国家有关的财务和税收规定,项目的造价和运营与维护等方面的成本数据。

(2)项目财务数据预测

项目财务评价作为一种事前评价,项目基本财务数据多数是预测性的,人们必须预测项目的市场前景和项目的收益与成本方面的数据,包括:固定资产投资估算、流动资金投资预算;项目产品产量和销量的预测;项目产品销售价格和销售收入的预测;项目产品生产成本及税金的预测等。

(3)编制项目财务评价用报表

收集到的及预测的财务数据需要通过项目财务评价用报表的形式进行全面的汇总和整理,使这些数据之间形成内在联系。项目财务评价用报表主要包括现金流量表、损益表、资金来源与运用表和资产负债表。

(4)财务评价指标的计算与评价

利用财务基本计算报表,对其所综合的基础数据,按某种评价方法及相应要求的评价指标进行计算,具体可得出项目的各项财务盈利能力、清偿能力等一系列可决定项目可行与否或可供决策的数据,经分析或与标准参数相比较后,即可做出评价的结论。

二、费用、收益的识别

识别费用和收益是编制财务报表的前提。在财务评价时,对费用和收益识别的基本原则是,要求站在企业的角度进行分析。具体说来,凡是从项目中流出的财务款项,又称现金流出,应被视为费用;反之,凡是流入项目的财务款项,又称现金流入,则均被看作是收益。只有正确识别了项目的费用和收益,对每一个投资项目的费用、收益进行具体分析,同时合理处理好与此有关的各种问题后,才能对项目做出正确的评价。这里对工业投资项目常见的费用和收益做以下分析。

(一)收益

企业收益主要由以下几个部分组成。

1. 销售收入

销售收入是企业获得收入的主要形式,由销售量和价格两个要素决定。需要注意的是,项目计算期内每年价格理论上应按预测计算期内可能变化的市场价格为依据。实际应用时,为了便于计算,一般各年均使用同一价格,即现行价格。

2. 资产回收

固定资产在项目计算期末的残留价值,在项目期末年应作为项目收益予以回收而计入报表中。同理,项目期初投入的作为周转用的流动资金,在期末年即当项目不再继续生产时,亦应回收而列为项目期末年的收益。

3. 补贴

国家为鼓励和扶持某项目的开发所给予的补贴应视为收入,在价格、汇率和税收上的优惠已体现在收入的增加和支出的减少上,不再另计。

(二)费用

1. 投资

投资包括固定资产投资、技术软件购买、研究与发展费用、可行性研究、人员培训支出、试验生产费用以及流动资产投资等。

2. 税金

税金包括产品销售税金及附加、所得税等。税金按照国家税制及有关财税制度的规定,其在财务评价利用计算报表进行计算时,需按税金的不同性质来处理。

3. 经营成本

经营成本是生产、经营过程中的支出。它和总成本费用的关系如下:

$$经营成本 = 总成本费用 - 折旧费 - 摊销费 - 利息支出$$

折旧是固定资产转移到产品中的,是成本的组成部分,应作为费用。但由于设备和原材料不同,不是一次随产品出售而消失,而是随产品一次次销售而将其补偿储存起来,到折旧期满,原投资得到回收。可见,折旧并没有从项目系统中流出,而是保留在系统内。我们已经将投资当作支出,如果再把折旧作为支出,就重复计算了费用。在项目寿命内如果初期投入的固定资产需要更新,其费用应由折旧基金支出,但一般说来,更新投资与折旧额并不相等,仍需将投资和折旧分开处理。总之,折旧不作为费用。另外,与折旧相似的还有技术转让费。

三、项目盈利能力分析

项目财务评价的任务就是考核项目的盈利能力、清偿能力和外汇平衡能力等财务状况,据以判别项目的财务可行性。因此,财务效果评价的指标通常包括盈利性分析指标,清偿能力分析指标。在进行投资项目财务评价时所采用的基本报表有现金流量表、损益表、资金来源与运用表和资产负债表,对于大量使用外汇和创汇的项目,还要编制外汇平衡表。

项目盈利能力分析主要考察项目投资的盈利水平。为此目的,需根据全部投资现金流量表、自有资金现金流量表和损益表3个基本财务报表,计算财务内部收益率、投资回收期等主要指标。根据项目的特点及实际需要,亦可计算财务净现值、投资利润率、投资利税率、资本金利润率等指标。盈利能力分析相关报表及指标,如表7-2所示。

表7-2　盈利能力分析相关报表及指标

评价内容	基本报表	财务评价指标	
		静态指标	动态指标
盈利能力分析	全部投资现金流量表	全部投资回收期	财务内部收益率、财务净现值
	自有资金现金流量表		财务内部收益率、财务净现值
	损益表	投资利润率 投资利税率 资本金利润率	

下面结合基本报表的编制来说明各评价指标的计算与分析。

(一)现金流量表概述

在项目财务评价中,为了计算各种项目财务评价指标,就需要把各年发生的现金流入、流出量及净现金流量计算出来,这可以通过编制现金流量表或绘制现金流量图的形式进行。所以在财务分析中需要编制现金流量表,其中最主要的是项目全部投资现金流量表和自有资金现金流量表。

1. 全部投资现金流量表

该表从全部投资角度出发，不考虑资金来源，以全部投资作为计算基础，用以计算全部投资所得税前及税后财务内部收益率、财务净现值及投资回收期等评价指标，以考察项目全部投资的盈利能力。为各投资方案进行比较建立共同基础。

2. 自有资金现金流量表

该表以项目投资主体的角度考察项目的现金流入、流出情况，以投资者的出资数额为计算基础，把借款本金偿还和利息支出作为现金流出，用以计算自有资金财务内部收益率、财务净现值等评价指标，来考察项目自有资金的盈利能力。

（二）现金流量分析

1. 全部投资现金流量分析

（1）全部投资现金流量计算

以全部投资现金流量表为基础，计算现金流入及现金流出。现金流入为产品销售（营业）收入、回收固定资产余值、回收流动资金三项之和。其中，产品销售（营业）收入的各年数据取自产品销售（营业）收入和销售税金及附加估算表。固定资产余值和流动资金均在计算期最后一年回收，固定资产余值回收额为固定资产折旧费估算表中固定资产期末净值合计，流动资金回收额为项目全部流动资金。

现金流出由投资、成本及税金等分项组成。固定资产投资和流动资金的数额取自投资计划与资金筹措表中总投资项下的有关分项。经营成本取自总成本费用估算表。销售税金及附加取自产品销售（营业）收入和销售税金及附加估算表。所得税及特种基金的数据则来自于损益表。

这样就可以根据各年现金流入量减去各年现金流出量计算各年的净现金流量。各年累计净现金流量为本年及以前各年净流量之和。所得税前净现金流量为上述净现金流量加所得税和特种基金两项，亦即在现金流出中不计入所得税和特种基金时的净现金流量。同样也可以计算出所得税前累计净现金流量。

（2）指标的计算与评价

由以上得到的相关数据可以计算全部投资所得税前及所得税后财务内部收益率、财务净现值及投资回收期等评价指标（具体公式参见第五章），考察项目全部投资的盈利能力，为各个投资方案进行比较建立共同基础。

①财务内部收益率（*FIRR*）。将求出的财务内部收益率（*FIRR*）与行业的基准收益率或设定的折现率（i_0）进行比较，当 $FIRR \geqslant i_0$ 时，即认为从全部投资的角度看，项目的盈利能力已满足最低要求，在财务上值得进一步研究。

②投资回收期（P_t）。将求出的投资回收期（P_t）与行业的基准投资回收期（P_0）比较，当 $P_t \leqslant P_0$ 时，表明项目投资能在规定的时间内收回，具有财务可行性。

③财务净现值（*FNPV*）。如果项目的财务净现值大于等于零，则认为从全部投资的角度看，项目盈利能力已满足最低要求，在财务上值得进一步研究。

2. 自有投资现金流量分析

（1）自有投资现金流量计算

从项目投资主体的角度看，建设项目投资借款是现金流入，但同时将借款用于项目投资，则构成同一时点、相同数额的现金流出。两者相抵对净现金流量的计算无实际影响，但应将借款本金的偿还及利息的支付计入现金流出。

以自有投资现金流量表为基础，计算现金流入及现金流出时，现金流入各项和数据来源与全部投资现金流量表相同。现金流出项中自有资金数额取自投资计划与资金筹措表中资金筹措项下的自有资金分项。借款本金偿还由两部分组成，一部分为借款还本付息计算表中本年还款额，另一部分为流动资金借款本金偿还。借款利息支付数额来自总成本费用估算表中的利息支出项。其他各项与全部投资现金流量表中相同。

（2）指标的计算与评价

由自有资金现金流量表，可以计算自有资金财务内部收益率、财务净现值等评价指标，考察项目自有资金的盈利能力。

①财务内部收益率（*FIRR*）。将计算得出的财务内部收益率（*FIRR*）与行业的基准收益率或设定的折现率（i_0）进行比较，当 $FIRR \geqslant i_0$ 时，即认为项目的盈利能力已满足最低要求。

②财务净现值（*FNPV*）。如果项目的财务净现值大于等于零，则项目盈利能力已满足最低要求，在财务上值得进一步研究。

（三）以损益表为基础的评价指标分析

以上两个问题是以现金流量表为基础进行的项目盈利能力的分析，除了上述指标外，还有一些指标的计算是以损益表为基础的，同样能够反映项目的盈利能力。损益表反映项目计算期内各年的利润总额、所得税及税后利润的分配情况，用以计算投资利润率、投资利税率和资本金利润率等指标。

1. 投资利润率

投资利润率 = 年利润总额或年平均利润总额／项目总投资 × 100%　　（7 – 1）

投资利润率是项目生产经营期内年平均利润总额与项目总投资的百分比，它反映项目单位投资的盈利能力。在财务评价中，将投资利润率与行业平均投资利润率相比，来判断项目单位投资盈利能力是否达到本行业的平均水平。

2. 投资利税率

投资利税率是指项目达到设计生产能力后的一个正常年份的年利税总额或项目生产期内的年平均利税总额与项目总投资的比率。

投资利税率 = 年利税总额或年平均利税总额／项目总投资 × 100%　　（7 – 2）

式中

年利税总额 = 年产品销售（营业）收入 – 年总成本费用

= 年利润总额 + 年营业税金及附加

在财务评价中，我们同样是将投资利税率与行业平均投资利税率相对比，以判断项目单位投资对国家积累的贡献水平是否达到本行业的平均水平。

3. 资本金利润率

资本金利润率 = 年利润总额或年平均利润总额／资本金 × 100%　　（7 – 3）

资本金利润率是指项目达到设计生产能力后的一个正常年份的利润总额或项目生产期内的年平均利润总额与资本金的比率，它反映投资项目的资本金的盈利能力。

四、项目清偿能力分析

清偿能力通过资金来源与运用表和资产负债表两个报表及借款偿还期、资产负债率、流动比率、速动比率等指标反映项目偿还债务的能力，如表 7 – 3 所示。进行财务清偿能力分析时，计算期内各年采用的预测价格，除考虑相对价格的变化外，还要考虑物价总水平的上涨因素。

表 7－3　清偿能力分析相关报表及指标

评价内容	基本报表	财务评价指标	
		静态指标	动态指标
清偿能力分析	资金来源与运用表	借款偿还期	
	资产负债表	资产负债率 流动比率 速动比率	

（一）以资金来源与运用表为基础的评价指标分析

资金来源与运用表，能够反映项目计算期内资金活动的全貌，如资金来源、资金运用、盈余资金和累计盈余资金等，并表明资金盈余或短缺情况，用于选择资金筹措方案，制订适宜的借款及还款计划，为编制资产负债表提供依据。编制该表时首先要计算项目计算期内各年的资金来源与资金应用，然后通过资金来源与运用的差额反映项目各年的资金平衡情况。这种平衡并不是指年年都需要平衡，而是要求项目的资金筹措及还款计划应能使累计盈余资金始终不小于零，以保证资金使用计划顺利进行。

根据资金来源与运用表选择和制定的资金筹措方案、借款及偿还计划，可以计算的项目财务评价指标是固定资产投资国内借款偿还期，简称借款偿还期。借款偿还期是指在国家财政规定及项目具体财务条件下，以项目投产后可用于还款的资金偿还固定资产投资国内借款本金和建设期利息所需要的时间。即

$$借款偿还期 = 借款偿还后开始的年份 - 1 + 当年应偿还的借款额 / 当年可用于还款的收益额 \quad (7-4)$$

借款偿还期这一评价指标对金融机构尤为重要，是贷款决策的先决条件，借款偿还期满足贷款机构的要求期限时，即认为项目是有清偿能力的。

（二）以资产负债表为基础的评价指标分析

资产负债表列出了项目计算期内的资产、负债及所有者权益，反映了项目计算期内各年末资产负债和所有者权益的增减变化及对应关系，以考察项目资产、负债、所有者权益的结构是否合理。

由资产负债表可计算项目各年的资产负债率、流动比率及速动比率。

1. 资产负债率

$$资产负债率 = 负债总额 / 资产总额 \times 100\% \quad (7-5)$$

资产负债率是负债总额与资产总额之比，反映项目各年所面临的财务风险程度及偿债能力的指标。对于企业管理者来说，要权衡负债经营的报酬和风险之间的关系，把握好负债与自有资金的比例，以求获得最大的经济效益。

2. 流动比率

$$流动比率 = 流动资产总额 / 流动负债总额 \times 100\% \quad (7-6)$$

流动比率是流动资产总额与流动负债总额之比，反映项目各年偿付流动负债能力的指标，是衡量企业短期偿债能力的重要指标。这一比率越高，说明项目偿还流动负债能力越强。但流动比率过高也不好，说明企业没有充分利用负债经营或滞留在流动资产上的资金太多，这些都会影响企业的经济效益。

3. 速动比率

$$速动比率 = (流动资产总额 - 存货) / 流动负债总额 \times 100\% \quad (7-7)$$

速动比率是速动资产总额与流动负债总额的比率，反映企业迅速偿付流动负债的能力。

五、项目外汇平衡分析

项目外汇平衡分析主要是考察涉及外汇收支的项目在计算期内各年的外汇余缺程度，需编制的基本财务报表是财务外汇平衡表。由表中“外汇余缺”项可直接反映项目计算期内各年外汇余缺程度，进行外汇平衡分析。对外汇不能平衡的项目，即“外汇余缺”出现负值的项目应根据其外汇短缺程度，提出切实可行的具体解决方案。

六、项目财务评价案例分析

项目基本情况介绍：一个新建化工项目，拟生产目前国内外市场均较紧俏的产品，项目投产后能以此产品代替进口品。项目生产规模为年产量2.3万吨，建设期为3年，投产后两年达到设计能力，寿命期为从项目建设开始起18年。

（一）项目财务数据的收集与分析

1. 资金规划

本项目固定资产投资用概算指标估算法估算，估算额为53 786万元，其中外汇为3 454万美元（具体报表略）。基本预备费按工程费用和其他费用按合计的10%计算，涨价预备费的计算仅考虑国内配套投资的涨价因素。本项目固定资产投资方向调节税为5%，据此估算的项目固定资产投资方向调节税为2 689万元。建设期利息估算值为5 013万元。

本项目流动资金按分项详细估算法进行估算，估算总额为7 266万元（具体报表略）。这样计算出项目总投资为68 754万元，其中外汇为3 924万美元。项目投资所需各项投资额以及资金来源如表7－4所示。

表7－4　投资使用计划与资金筹措表

序号		1	1.1	1.2	1.3	2	2.1	2.2	2.2.1	2.2.2	2.2.3
项目		总投资	固定资产投资	建设期利息	流动资金	资金筹措	自有资金	借款	长期借款	流动资金借款	其他
合计		68 754	53 786	5 013	7 266	68 754	22 000	46 754	41 888	4 866	
1	外币/万美元	722	691	31		722		722	722		
	人民币/万元	5 037	4 462	51		5 037	3 920	1 117	1 117		
	合计	11 317	10 472	321		11 317	3 920	7 397	7 397		
2	外币/万美元	2 050	1 900	150		2 050		2 050	2 050		
	人民币/万元	14 769	13 007	285		14 769	10 780	3 989	3 989		
	合计	32 605	29 534	1 590		32 605	10 780	21 825	21 825		
3	外币/万美元	1 152	864	288		1 152		1 152	1 152		
	人民币/万元	7 545	6 267	589		7 545	4 900	2 645	2 645		
	合计	17 566	13 799	3 097		17 566	4 900	12 666	12 666		

表 7－4(续)

序号		1	1.1	1.2	1.3	2	2.1	2.2	2.2.1	2.2.2	2.2.3
项目		总投资	固定资产投资	建设期利息	流动资金	资金筹措	自有资金	借款	长期借款	流动资金借款	其他
合计		68 754	53 786	5 013	7 266	68 754	22 000	46 754	41 888	4 866	
4	外币/万美元										
	人民币/万元	5 086			5 086	5 086	2 400	2 686		2 686	
	合计	5 086			5 086	5 086	2 400	2 686		2 686	
5	外币/万美元										
	人民币/万元	1 453			1 453	1 453		1 453		1 453	
	合计	1 453			1 453	1 453		1 453		1 453	
6	外币/万美元										
	人民币/万元	727		1 594	727	727		727		727	
	合计	727		1 594	727	727		727		727	

投资使用按项目实施进度规划，项目建设期为 3 年，3 年的投资分年使用比例为第 1 年 20%，第 2 年 55%，第 3 年 25%。流动资金从投产第 1 年起按生产负荷安排使用。本项目第 4 年投产，当年生产负荷为设计能力的 70%，第 5 年为 90%，第 6 年达到 100%。

2. 成本费用估算

所有原材料、辅助材料及燃料动力价格均以近几年国内市场已实现的价格为基础，预测生产期初的价格。工资及福利费按全厂定员和人均月工资及福利费估算。全厂定员为 410 人，人均月工资为 712 元，福利费按工资额的 14% 计提，则年工资及福利费总额为399 万元。固定资产折旧按直线法计算，折旧年限为 15 年，净残值率为4%，则折旧率为(1－4%)/15＝6.4%。本项目计入固定资产原值的费用包括：固定资产投资中的工程费用、土地费用和预备费、投资方向调节税、建设期利息。计算出固定资产原值为 58 282 万元，则年折旧额为 58 282 × 6.4%＝3 730 万元。本项目无形资产为 2 476 万元，按 10 年摊销，年摊销费为 248 万元；递延资产 730 万元，按 5 年摊销，年摊销费 146 万元。修理费按折旧额的 50% 提取，每年为 1 865 万元。财务费用包括长期借款利息和流动资金借款利息。长期借款利息估算要使用借款还本付息表；流动资金借款利息按当年及以前年份流动资金借款合计乘以流动资金借款年有效利率计算，正常生产年应计利息为 420 万元。其他费用包括在制造费用、销售费用、管理费用中扣除工资及福利费、折旧费、摊销费、修理费后的费用和土地使用税，共计每年 1 068 万元。将以上数据汇总可以得到单位产品生产成本估算及总成本费用估算表，如表 7－5 和表 7－6 所示。

表 7－5　单位产品生产成本估算表

序号	项目	消耗定额/吨	单价/(元/吨)	金额/元
1	原材料			7 185
	A	1.027	5 350	5 494

表 7－5(续)

序号	项目	消耗定额/吨	单价/(元/吨)	金额/元
	B	0.590	1 680	991
	C	0.790	240	190
	D	0.140	2 520	353
	E	0.011	1 470	16
	F	0.870	162	141
2	燃料及动力			893
	水	175	0.60	105
	电	2 755	0.17	468
	煤	1.83	175	320
3	工资及福利费			121
4	制造费用			3 067
5	副产品回收			0
6	生产成本 (1＋2＋3＋4－5)			11 267

表 7－6　总成本费用估算表

序号	项目	投产期		达到设计生产能力期								
		4	5	6	7	8	9	10	11	12	13	14～18
	生产负荷/%	70	90	100	100	100	100	100	100	100	100	100
1	外购原材料/万元	11 568	14 873	16 526	16 526	16 526	16 526	16 526	16 526	16 526	16 526	16 526
2	外购燃料/万元	1 438	1 849	2 054	2 054	2 054	2 054	2 054	2 054	2 054	2 054	2 054
3	工资及福利费/万元	399	399	399	399	399	399	399	399	399	399	399
4	修理费/万元	1 865	1 865	1 865	1 865	1 865	1 865	1 865	1 865	1 865	1 865	1 865
5	折旧费/万元	3 730	3 730	3 730	3 730	3 730	3 730	3 730	3 730	3 730	3 730	3 730
6	摊销费/万元	394	394	394	394	394	248	248	248	248	248	0
7	财务费用/元	4 084	3 785	3 224	2 475	1 956	1 572	1 188	804	420	420	420
7.1	长期借款利息/元	3 816	3 427	2 804	2 037	1 536	1 152	768	384	0	0	0
7.2	流动资金 借款利息/元	232	358	420	420	420	420	420	420	420	420	420
8	其他费用/元	1 068	1 068	1 068	1 068	1 068	1 068	1 068	1 068	1 068	1 068	1 068
	其中： 土地使用税/元	70	70	70	70	70	70	70	70	70	70	70
9	总成本费用/元	24 509	27 962	29 260	28 492	27 992	27 461	27 077	26 693	26 309	26 309	26 062

表 7－6(续)

序号	项目	投产期		达到设计生产能力期								
		4	5	6	7	8	9	10	11	12	13	14～18
	其中:											
	固定成本/元	11 504	11 240	10 680	9 912	9 412	8 882	8 498	8 114	7 730	7 730	7 482
	可变成本/元	13 006	16 722	18 580	18 580	18 580	18 580	18 580	18 580	18 580	18 580	18 580
10	经营成本/元	16 337	20 053	21 911	21 911	21 911	21 911	21 911	21 911	21 911	21 911	21 911

3. 销售收入及利润估算

本项目产品属于较紧俏产品,在一段时间内应呈供不应求状态,以近几年国内市场价格为基础,预测到生产初期的市场价格为每吨 16 800 元,正常生产年份的年销售收入估算值为 16 800×2.3＝38 640(万元)(含税销售收入)。可根据生产负荷达到设计生产能力的百分比计算出第 4 年及第 5 年的销售收入分别为 27 048 万元和 34 776 万元。

销售税金及附加税按国家规定计取。增值税率为 17%,城市维护建设税按增值税额的 7%计取,教育费附加按增值税额的 3%计取,正常生产年份的年销售税金及附加估算值为 3 206万元。具体销售收入和销售税金及附加估算如表 7－7 所示。

表 7－7　销售收入和营业税金及附加估算表

序号		1	2	2.1	2.2	2.3
项目		产品销售收入	营业税金及附加	增值税	城市维护建设税	教育费附加
生产负荷 70%(第 4 年)	销量/t	16 100				
	金额/万元	27 048	2 244	2 040	143	61
生产负荷 90%(第 5 年)	销量/t	20 700				
	金额/万元	34 766	2 886	2 623	184	79
生产负荷 100%(第 6～18 年)	销量/t	23 000				
	金额/万元	38 640	3 206	2 915	204	87

所得税按利润总额的 33%计取,不计特种基金。

用可供分配利润支付长期借款还本后无余额的年份,可供分配利润全部计入未分配利润用于支付长期借款还本,不计提盈余公积金。其余年份先按分配利润的 10%计提盈余公积金,然后要视需要留出用于支付长期借款还本的金额计入未分配利润,最后将剩余部分作为应付利润分配给项目投资主体。

(二)主要财务报表

基准折现率取 12%,根据上面的数据估算,可以汇总出以下主要的财务报表:全投资现金流量表,如表 7－8 所示;自有资金现金流量表,如表 7－9 所示;损益表如表 7－10 所示;资金来源与运用表,如表 7－11 所示;资产负债表,如表 7－12 所示。

表 7-8 全投资现金流量表

单位:万元

序号	项目	建设期			投产期		达到设计生产能力期												
		1	2	3	4	5	6	7	8	9	10	11	12	13	14	15	16	17	18
	生产负荷(%)				70	90	100	100	100	100	100	100	100	100	100	100	100	100	100
1	现金流入/万元				27 048	34 776	38 640	38 640	38 640	38 640	38 640	38 640	38 640	38 640	38 640	38 640	38 640	38 640	48 237
1.1	产品销售收入				27 048	34 776	38 640	38 640	38 640	38 640	38 640	38 640	38 640	38 640	38 640	38 640	38 640	38 640	38 640
1.2	回收固定资产余值																		2 331
1.3	回收流动资金																		7 266
2	现金流出	10 996	31 011	14 486	23 764	25 688	27 881	27 408	27 573	27 748	27 875	28 001	28 128	28 128	28 210	28 210	28 210	28 210	28 210
2.1	固定资产投资	10 996	31 011	14 486															
2.2	流动资金				5 086	1 453	727	0	0	0	0	0	0	0	0	0	0	0	0
2.3	经营成本				16 337	20 053	21 911	21 911	21 911	21 911	21 911	21 911	21 911	21 911	21 911	21 911	21 911	21 911	21 911
2.4	营业税金及附加				2 244	2 886	3 206	3 206	3 206	3 206	3 206	3 206	3 206	3 206	3 206	3 206	3 206	3 206	3 206
2.5	所得税				97	1 296	2 037	2 291	2 456	2 631	2 758	2 884	3 011	3 011	3 093	3 093	3 093	3 093	3 093
2.6	特种基金																		
3	净现金流量(1-2)	-10 996	-31 011	-14 486	3 283	9 087	10 758	11 232	11 067	10 897	10 765	10 683	10 511	10 511	10 430	10 430	10 430	10 430	20 027

表 7-8(续)

序号	项目	建设期		投产期		达到设计生产能力期													
		1	2	3	4	5	6	7	8	9	10	11	12	13	14	15	16	17	18
4	累计净现金流量	-10 996	-42 007	-56 475	-53 192	-44 104	-33 346	-22 114	-11 048	-156	10 609	21 247	31 759	42 270	52 700	63 129	73 559	83 989	104 016
5	所得税前净现金流量	-10 996	-31 011	-14 486	3 380	10 384	12 796	13 522	13 522	13 522	13 522	13 522	13 522	13 522	13 522	13 522	13 522	13 522	23 120
6	所得税前累计净现金流量	-10 996	-42 007	-56 475	-53 095	-42 711	-29 915	-16 392	-2 870	10 653	24 175	37 698	51 220	64 743	78 265	91 788	105 310	118 833	141 952

表 7－9　自有资金现金流量表

单位：万元

序号	项目	建设期			投产期		达到设计生产能力期												
		1	2	3	4	5	6	7	8	9	10	11	12	13	14	15	16	17	18
	生产负荷(%)				70	90	100	100	100	100	100	100	100	100	100	100	100	100	100
1	现金流入				27 048	34 776	38 640	38 640	38 640	38 640	38 640	38 640	38 640	38 640	38 640	38 640	38 640	38 640	48 237
1.1	产品销售收入				27 048	34 776	38 640	38 640	38 640	38 640	38 640	38 640	38 640	38 640	38 640	38 640	38 640	38 640	38 640
1.2	回收固定资产余值																		2 331
1.3	回收流动资金																		7 266
2	现金流出	3 920	10 780	4 900	29 447	34 776	38 639	35 347	33 797	33 588	33 331	33 072	28 548	28 548	28 630	28 630	28 630	28 630	33 496
2.1	自有资金	3 920	10 780	4 900	2 400														
2.2	借款本金偿还				4 321	6 756	8 260	5 482	4 267	4 267	4 267	4 267	0	0	0	0	0	0	4 866
2.3	借款利息支付				4 048	3 785	3 225	2 457	1 957	1 573	1 189	804	420	420	420	420	420	420	420
2.4	经营成本				16 337	20 053	21 911	21 911	21 911	21 911	21 911	21 911	21 911	21 911	21 911	21 911	21 911	21 911	21 911
2.5	营业税金及附加				2 244	2 886	3 206	3 206	3 206	3 206	3 206	3 206	3 206	3 206	3 206	3 206	3 206	3 206	3 206
2.6	所得税				97	1 296	2 037	2 291	2 456	2 631	2 758	2 884	3 011	3 011	3 093	3 093	3 093	3 093	3 093
2.7	特种基金																		
3	净现金流量(1—2)	－3 920	－10 780	－4 900	－2 399	0	1	3 293	4 843	5 052	5 309	5 568	10 092	10 092	10 010	10 010	10 010	10 010	5 144

表 7-10　损益表

单位：万元

序号	项目	建设期			投产期		达到设计生产能力期												
		1	2	3	4	5	6	7	8	9	10	11	12	13	14	15	16	17	18
	生产负荷(%)	70	90	100	100	100	100	100	100	100	100	100	100	100	100	100	100	100	100
1	销售收入	27 048	34 776	38 640	38 640	38 640	38 640	38 640	38 640	38 640	38 640	38 640	38 640	38 640	38 640	38 640	38 640	38 640	38 640
2	营业税金及附加	2 244	2 886	3 206	3 206	3 206	3 206	3 206	3 206	3 206	3 206	3 206	3 206	3 206	3 206	3 206	3 206	3 206	3 206
3	总成本费用	24 509	27 962	29 260	28 492	27 992	27 461	27 077	26 693	26 309	26 309	26 062	26 062	26 062	26 062	26 062	26 062	26 062	26 062
4	利润总额(1-2-3)	294	3 929	6 174	6 942	7 442	7 972	8 356	8 740	9 124	9 124	9 372	9 372	9 372	9 372	9 372	9 372	9 372	9 372
5	所得税	97	1 296	2 037	2 291	2 456	2 631	2 758	2 884	3 011	3 011	3 093	3 093	3 093	3 093	3 093	3 093	3 093	3 093
6	税后利润	197	2 633	4 137	4 651	4 986	5 341	5 598	5 856	6 113	6 113	6 279	6 279	6 279	6 279	6 279	6 279	6 279	6 279
7	特种基金																		
8	可供分配利润(6-7)			4 137	4 651	4 986	5 341	5 598	5 856	6 113	6 113	6 279	6 279	6 279	6 279	6 279	6 279	6 279	6 279
8.1	盈余公积金				465	499	534	560	586	611	611	628	628	628	628	628	628	628	628
8.2	应付利润				2 827	4 344	4 518	4 749	4 981	5 502	5 502	5 651	5 651	5 651	5 651	5 651	5 651	5 651	5 651
8.3	未分配利润	197	2 633	4 137	1 359	143	289	289	289	0	0	0	0	0	0	0	0	0	0
9	累计未分配利润	197	2 829	6 966	8 324	8 468	8 758	9 047	9 337	9 337	9 337	9 337	9 337	9 337	9 337	9 337	9 337	9 337	9 337

表7-11　资金来源与运用表

单位:万元

序号	项目	建设期			投产期		达到设计生产能力期												
		1	2	3	4	5	6	7	8	9	10	11	12	13	14	15	16	17	18
	生产负荷(%)				70	90	100	100	100	100	100	100	100	100	100	100	100	100	100
1	资金来源	11 299	32 605	17 566	9 504	9 506	11 025	11 066	11 566	11 950	12 334	12 718	13 102	13 102	13 102	13 102	13 102	13 102	22 699
1.1	利润总额				294	3 929	6 174	6 942	7 442	7 972	8 356	8 740	9 124	9 124	9 372	9 372	9 372	9 372	9 372
1.2	折旧费				3 730	3 730	3 730	3 730	3 730	3 730	3 730	3 730	3 730	3 730	3 730	3 730	3 730	3 730	3 730
1.3	摊销费				394	394	394	394	394	248	248	248	248	248	0	0	0	0	0
1.4	长期借款	7 379	21 825	12 666															
1.5	流动资金借款				1 686	1 453	727												
1.6	其他短期款																		
1.7	自有资金	3 920	10 780	4 900	2 400														
1.8	其他																		
1.9	回收固定资产余值																		2 331
1.10	回收流动资金																		7 266
2	资金运用	11 318	32 605	17 565	9 504	9 505	11 024	10 600	11 067	11 416	11 764	12 132	8 513	8 513	8 744	8 744	8 744	8 744	13 610
2.1	固定资产投资	10 996	31 011	14 468															
2.2	建设利息	322	1 594	3 097															

表 7-11(续)

单位:万元

序号	项目	建设期			投产期		达到设计生产能力期												
		1	2	3	4	5	6	7	8	9	10	11	12	13	14	15	16	17	18
2.3	流动资金				5 086	1 453	727												
2.4	所得税				97	1 296	2 037	2 291	2 456	2 631	2 758	2 884	3 011	3 011	3 093	3 093	3 093	3 093	3 093
2.5	特种基金																		
2.6	应付利润				0	0	0	2 827	4 344	4 518	4 749	4 981	5 502	5 502	5 651	5 651	5 651	5 651	5 651
2.7	长期借款还本				4 321	6 756	8 260	5 482	4 267	4 267	4 267	4 267	0	0	0	0	0	0	0
2.8	流动资金借款还本																		4 866
2.9	其他短期借款还本																		
3	盈余资金							465	499	534	560	586	4 589	4 589	4 358	4 358	4 358	4 358	9 089
4	累计盈余资金							465	964	1 498	2 058	2 643	7 232	11 821	16 179	20 537	24 895	29 253	38 324

表 7－12 资产负债表

单位:万元

序号	项目	建设期			投产期		达到设计生产能力期												
		1	2	3	4	5	6	7	8	9	10	11	12	13	14	15	16	17	18
1	资产	11 317	43 922	61 488	63 634	61 173	57 931	54 273	50 648	47 204	43 786	40 394	41 006	41 617	42 245	42 873	43 501	44 129	44 757
1.1	流动资产总额				6 170	7 932	8 814	9 279	9 778	10 312	10 872	11 457	16 046	20 635	24 993	29 351	33 709	38 067	42 475
1.1.1	应付账款				1 278	1 643	1 826	1 826	1 826	1 826	1 826	1 826	1 826	1 826	1 826	1 826	1 826	1 826	1 826
1.1.2	存货				4 851	6 237	6 930	6 930	6 930	6 930	6 930	6 930	6 930	6 930	6 930	6 930	6 930	6 930	6 930
1.1.3	现金				41	52	58	58	58	58	58	58	58	58	58	58	58	58	58
1.1.4	累计盈余资金				0	0	0	465	964	1 498	2 058	2 643	7 232	11 821	16 179	20 537	24 895	29 253	38 324
1.2	在建工程	11 317	43 922	61 488															
1.3	固定资产净值				54 552	50 822	47 092	43 362	39 632	35 902	32 172	28 442	24 712	20 982	17 252	13 521	9 791	6 061	2 331
1.4	无形及递延资产净值				2 821	2 419	2 025	1 631	1 238	990	743	495	248	0	0	0	0	0	0
2	负债及所有者权益	11 317	43 922	61 488	63 534	61 172	57 931	54 273	50 648	47 204	43 786	40 394	41 006	41 617	42 245	42 873	43 501	44 129	44 757
2.1	流动负债总额				3 770	5 532	6 414	6 414	6 414	6 414	6 414	6 414	6 414	6 414	6 414	6 414	6 414	6 414	6 414
2.1.1	应付账款				1 084	1 393	1 548	1 548	1 548	1 548	1 548	1 548	1 548	1 548	1 548	1 548	1 548	1 548	1 548
2.1.2	流动资金借款				2 686	4 139	4 866	4 866	4 866	4 866	4 866	4 866	4 866	4 866	4 866	4 866	4 866	4 866	4 866

表 7－12(续)

单位:万元

序号	项目	建设期			投产期		达到设计生产能力期												
		1	2	3	4	5	6	7	8	9	10	11	12	13	14	15	16	17	18
2.1.3	其他短期借款																		
2.2	长期借款	7 397	29 222	41 888	37 567	30 811	22 551	17 069	12 802	8 534	4 267	0	0	0	0	0	0	0	0
	负债小计	7 397	29 222	41 888	41 337	36 344	28 965	23 483	19 216	14 949	10 681	6 414	6 414	6 414	6 414	6 414	6 414	6 414	6 414
2.3	所有者权益	3 920	14 700	19 600	22 197	24 829	28 966	30 789	31 432	32 256	33 105	33 980	34 592	35 203	35 831	36 459	37 087	37 715	38 343
2.3.1	资本金	3 920	14 700	19 600	22 000	22 000	22 000	22 000	22 000	22 000	22 000	22 000	22 000	22 000	22 000	22 000	22 000	22 000	22 000
2.3.2	资本公积金																		
2.3.3	累计盈余公积金	0	0	0	0	0	0	465	964	1 498	2 058	2 643	3 255	3 866	4 494	5 122	5 750	6 378	7 006
2.3.4	累计未分配利润	0	0	0	197	2 829	6 966	8 324	8 468	8 758	9 047	9 337	9 337	9 337	9 337	9 337	9 337	9 337	9 337

(三)财务评价

根据主要的基本报表,就可以对项目的财务盈利能力及清偿能力进行分析和评价。

1. 财务盈利能力分析

(1)由项目全部投资现金流量表的相关数据可以计算如下指标。

①全部投资回收期。行业基准投资回收期为10.3年,本项目所得税后及税前全部投资回收期分别为9.01年和8.21年,均小于行业基准回收期。表明项目投资能够在规定时间内回收。

②财务净现值。本项目所得税后及税前财务净现值分别为2 829万元及13 371万元,均大于零。表明项目经济效果可行。

③财务内部收益率。本项目所得税后及税前财务内部收益率分别为12.90%及15.92%,均大于行业基准收益率12%,也大于贷款利率,从全投资角度看,项目盈利能力满足行业最低要求。

(2)由项目自有资金现金流量表的相关数据可以计算如下指标。

①财务净现值为5 257万元,大于零,表明项目经济效果可行。

③财务内部收益率为14.98%,大于行业基准收益率12%,表明该项目在财务上可以考虑接受。

(3)由项目损益表的相关数据及项目投资的估算数据,可以计算如下指标。

①投资利润率。投资利润率 = 年平均利润总额/项目总投资 × 100% = 7 664/68 754 × 100% = 11.15%。可知本项目的投资利润率大于行业平均利润率,表明项目单位投资盈利能力超过行业平均水平。

②投资利税率。投资利税率 = 年平均利税总额/项目总投资 × 100% = 10 784/68 754 × 100% = 15.68%。可知本项目的投资利税率大于行业平均利税率,表明项目单位投资对国家积累的贡献水平达到了行业平均水平。

③资本金利润率。资本金利润率 = 平均利润总额/资本金 × 100% = 7 664/22 000 × 100% = 38.84%。可知单位资本金平均年创利润约0.39元,效益比较好。

2. 清偿能力分析

(1)由资金来源与运用表可以看出各年的累计盈余资金均大于或等于零,说明项目筹措资金和项目净收益足以支付各项支出,满足资金运行条件。还可以推算出项目固定资产投资国内借款偿还期为6.27年,能够满足贷款机构要求的期限,项目具有清偿能力。

(2)由资产负债表可以计算出资产负债率、流动比率及速动比率,如表7-13所示。

表7-13 项目计算期内各年清偿能力指标

指标	建设期			投产期		达到设计生产能力期												
	1	2	3	4	5	6	7	8	9	10	11	12	13	14	15	16	17	18
资产负载率/%	65	67	68	65	59	50	43	38	32	24	16	16	15	15	15	15	15	14
流动比率/%				164	143	137	145	152	161	169	179	250	322	390	458	526	593	661
速动比率/%				35	31	29	37	44	53	61	71	142	214	282	350	418	485	553

通过表7-13可知,项目建成后,资产负债率为68%,偿债期间除个别年份外,资产负

债率均在50%以下,随着达产时间的延长,项目单位资产的负债进一步下降,说明总体偿债能力不断增强。项目投产后流动比率最低为137%,达产后不断增长,说明项目偿还短期负债的能力也在不断增加。项目投产后的速动比率较高,特别在项目达到设计生产能力一定年限后超过100%,说明项目在很短时间内偿还短期负债的能力也是较强的。

对于外汇平衡能力的评价,由于本项目除支付外汇借款本息外无其他直接外汇支出,也无直接外汇收入,因此这里不再编制外汇平衡表加以分析。

(四)结论

由上述各指标的计算和分析结果可以说明,本项目的盈利能力很强,均优于行业基准水平;项目面临的财务风险不大,偿债能力较强,因此,从财务角度评价,项目可以接受。

第五节　投资项目的国民经济评价

在生产实践中,经济收益的获取是以资源消耗为代价的。由于企业、国家是不同的利益主体,收益与费用的识别是有差异的。如长江上游地区的企业,木材加工等项目给相关企业带来好的经济收益,甚至构成地方经济的主要来源,但是伐木带来的生态环境破坏所导致的洪水灾害却使国民经济付出了沉重的代价。所以,仅就财务评价结论,不能充分评定项目本身的局部利益的增加给国民经济带来的是整体经济的增长还是降低,对社会总资源的配置是有效利用还是浪费,还需进行国民经济合理性分析,以促进有限的资源通过项目真正创造出国民经济增长,实现资源优化配置。

一、国民经济评价概述

(一)国民经济评价的含义和作用

国民经济评价是站在国家整体角度上考核项目的总费用和总效益的同时,使用宏观评价的影子价格体系、影子汇率、影子工资、贸易费用率和社会折现率等通用参数,分析计算投资项目为国民经济带来的贡献,从而评价投资项目在经济上的合理性,为投资决策提供宏观上的决策依据。

按照我国目前制定的对建设项目进行经济评价的标准,既要做财务评价,又要做国民经济评价。在某些项目中,国民经济评价的结论作为主要的决策依据,而财务评价只起辅助作用,这说明国民经济评价起到十分重要的作用。

1. 综合作用

国民经济评价能够客观地估算出投资项目为社会做出的贡献和社会为其付出的代价。这是因为在国民经济评价中,其效益、费用无论最终归谁支配,也无论由谁负担,只要发生了,就按其项目真正的投入产出值加以计算。不仅仅计算其盈利大小,资金回收多少,对各类财政收入的增加、充分就业、环境保护与生态平衡、资源充分利用与合理分配都作为考虑的因素和内容。所以相对于财务评价,国民经济评价更客观、层次更高。

2. 导向作用

运用国民经济评价方法对投资项目进行评价能够对资源和投资的合理流动起到导向作用。在国民经济评价中采用了影子价格和社会折现率。影子价格不仅能起市场信号反馈的作用,而且是在资源最优分配状态下的边际产出的价值,因此能够对资源合理分配加以引导,达到宏观调控的目的。不管哪一行业,都采用统一的社会折现率,可以使投资最终流向投资效率高、资金回收比率大的行业或生产部门，无疑也会促进资源高效利用，使社会整体效益提高。

3. 标准作用

国民经济评价可以达到统一标准的目的。由于国民经济评价不仅统一采用评价价格体系即影子价格，而且采用统一的评价参数即通用参数，这样，就使不同地区、不同行业的投资项目，在经济评价中都站在同一"起跑线"上，使相互之间在效益和费用上具有可比性。这种横向可比对于宏观上选择最优投资方向是十分有益的。

（二）国民经济评价的步骤

国民经济评价可以在财务评价基础上进行，也可以直接进行。

1. 在财务评价基础上进行国民经济评价的步骤

（1）对基础数据项进行调整，包括基础数据项的剔除与补充。如剔除财务评价中已计算为收益或费用的转移支付；增加财务评价中未反映的间接收益和间接费用等。

（2）调整价格体系，用影子价格、影子工资、影子汇率和土地影子费用等代替财务价格及费用，对销售收入、固定资产投资、流动资金、经营成本等进行调整。

（3）编制有关报表，计算项目的国民经济评价指标。

2. 直接进行国民经济评价的步骤

（1）识别和计算项目的直接收益与费用、间接收益与费用。

（2）价格体系调整，以货物影子价格、影子工资、影子汇率和土地影子费用等计算项目固定资产投资、流动资金、经营费用、销售收入。

（3）编制有关报表，计算项目国民经济评价指标。

二、国民经济评价的收益与费用

项目的国民经济收益是指项目对国民经济所做的贡献，即项目的投资建设和投产为国民经济提供的所有经济效益，它一般包括直接收益和间接收益。

（一）直接收益和间接收益

直接收益是指由项目产出物产生或直接生成，并在项目范围内用影子价格计算得出的经济效益。一般表现在：增加该产出物或者服务的数量以满足国市场内需求的效益，如产品数量的增加、品种的增加等；替代效益较低的相同或类似企业的产出物或者服务，减少被替代产品的产量，收益表现为被替代产品减少所节约的资源价值；增加出口或减少进口从而增加或者节支的外汇等。

间接收益是指由项目引起而在直接收益中未得到反映的那部分收益，是由于项目的投资兴建、经营，使配套项目和相关部门因增加产量和劳务量而获得的效益。如改善环境、培养人才、促进上下游产业发展等。例如，在建设一个钢铁厂的同时，又修建了一套厂外运输系统，这套运输系统除为钢铁厂服务外，还会使当地的工农业生产和人民生活得益。

（二）直接费用和间接费用

项目的费用是指国民经济为项目所付出的代价，它分为直接费用和间接费用。

直接费用是指项目使用投入物所产生的并在项目范围内用影子价格计算的经济费用。一般有：其他部门为供应本项目投入物而扩大生产规模所耗用的资源费用；减少对其他项目（或最终消费者）投入物的供应而放弃的效益；增加进口或减少出口所耗用或减收的外汇等。

间接费用是指由项目引起而在直接费用中未得到反映的那部分费用。如项目产生的环境污染及造成的生态平衡破坏所需治理的费用。

（三）项目外部效果的计算

1. 项目外部效果的分类

项目的间接收益和间接费用统称为项目的外部效果。项目外部效果的范围十分广泛，一般可以从下面几个角度进行分类。

（1）按其对社会总生产和总消费是否有影响分类，其可分为项目技术性外部效果和价格性外部效果。项目技术性外部效果是那些能够真正引起项目之外的生产和消费发生变化的收益和费用。如，造纸厂的排废会使附近区域的鱼类生产下降属于项目技术性间接费用，水电站的建设会产生的防洪和灌溉效益从而使受益土地的粮食产量增加属于项目技术性间接收益。项目的价格性外部效果是指那些不会影响项目之外的生产和消费总量而只是引起某些商品和劳务的相对价格发生变化所产生的间接费用和间接收益。如，由于棉纺织项目的投产导致棉布供应量增加，从而棉布价格下跌导致其他棉纺织厂的利润下降就是项目价格性间接费用；同时由此引起的衣厂的受益就属于项目价格性间接收益。

（2）按其是否能用货币来计算分类，其可分为项目有形外部效果和无形外部效果。项目有形外部效果是指那些能够以货币计量的项目间接收益和间接费用。如，水电站建设项目引起的粮食增产的效益和为项目服务配套所需的投资支出和其他费用等都属于有形的外部收益或费用。项目无形外部效果是指那些不能用货币计量的项目间接收益和间接费用。如技术扩散效益、城市犯罪率变化等都属于无形外部效果。

（3）按其联系范围分类，其可分为项目的相邻外部效果和乘数外部效果。项目的相邻外部效果包括“正向”相邻效果和“逆向”相邻效果。“正向”相邻效果是指那些生产初级产品的项目对以其产出物为原料的其他经济部门和行业所产生的间接效果。“逆向”相邻效果是指由于项目的建立而对那些为它提供原材料或半成品的其他产业所产生的间接效果。项目的乘数外部效果是指项目的投入可以使原来闲置的社会资源能够利用起来从而产生的一种连续性外部效果。

2. 项目外部效果的处理原则

财务评价只考虑项目自身的利益效果，因而外部效果是国民经济评价所特有的费用或收益项，其识别和计算都是比较困难的，极易造成遗漏和重复计算。为减少计量上的困难，首先应力求明确项目范围的边界。一般情况下，是扩大项目的范围，把一些相互关联的项目合在一起进行评价。另外，采用影子价格计算收益和费用，在很大程度上使项目的外部效果在项目内得到体现。这样处理时应遵循以下几个原则。

（1）主要相关效果原则。在理论上，项目外部效果应在全社会范围内全面辨识，但这在实践中是不可能的，也是不必要的。因此，在项目外部效果的分析中应当选择主要的相关部门进行项目外部效果的辨识。

（2）范围一致性原则。项目的间接收益和间接费用的考察范围应当一致，否则就会过高估计其中某项，影响评价的准确性。

（3）不计价格性外部效果原则。项目的价格性外部效果的作用非常复杂，往往会出现正负共存而相互抵消的情况，且在项目分析实践中难以识别和计量，因而一般可以不予考虑。

（4）技术性外部效果的双重原则。有形的项目技术性外部效果以货币度量计算，而无形的项目技术性外部效果一般只做定性度量的说明。

（5）乘数外部效果的时移量摊原则。由于项目的寿命期往往较长，随着时间的推移，原来具有剩余生产能力的部门和企业，即使在没有该项目的情况下，它们的设备利用率也会有所变化，所以，对项目寿命期内这种外部效果可能发生的变化要有足够的估计。另外还要考虑其他拟建项目是否也会产生同样的效果。如果是它们共同作用致使相同部门的剩余生产能力得到利用，这些外部效益应在各拟建项目中分摊，不能完全归于某一项目上去。

(6)外部效果内部化原则。相互关联的多个项目会互有外部效果，如果可以将这些项目作为一个综合项目来考虑，则各项目的许多外部效果就会变成内部效果，这就消除许多项目外部效果识别与计量上的困难，而只需考虑综合项目的间接费用和收益。

(四)转移支付

在项目的财务评价中，某些财务费用和收益并不真正反映资源投入和产出的变化，因而不影响社会最终产品的增减，即不反映国民收入的变化，而只是表现为资源的使用权利的转移。这种转移，仅仅是货币在项目和国家之间的转移，并未同时伴随相应的资源流动。项目与国家之间的这种并不伴随资源增减的纯粹货币性的转移，称为项目的转移支付。在做国民经济评价时，要以财务评价为基础并对其做出调整，调整的一个内容就是要对原财务评价收益、费用项中的内部转移支付项进行剔除。

1. 税金

项目在投资建设和生产经营过程中需缴纳一系列的税金，它是企业的支出，计入财务分析的费用，但从国家角度，税金并没有增加国民收入，也未减少国民收入，只是将资源支配权由企业转移给了国家。因此在进行项目的国民经济评估时，它们都不是项目的经济费用，可以不予计算。

2. 工资

项目为雇佣劳动力需要支付工资及其附加费，但这只是项目将一定资源的支配权转移给了项目职工，所以也属于转移支付的范畴，在国民经济评价中不应列入费用中。在国民经济评价中应列为费用的是劳动力的机会成本以及为安排劳动力而使国家付出的其他代价，也就是影子工资。

3. 国内借款利息

项目在使用国内贷款时所支付的利息是企业将这些资源的支配权转移给了金融机构，所以同样属于转移支付。因此，在计算时，也不应作为项目的费用。但项目使用国外借款支付的利息则不属于国内转移支付，应作为国民经济的代价，作为项目的费用。

4. 土地费用

项目建设为征购土地所作的实际资金支付，只是将这部分资源的支配权转移给土地所有者，故在项目的国民经济评价中不应被列为费用。在项目的国民经济评价中被列为费用的是土地的机会成本和新增的资源消耗，即土地的影子价格。

5. 补贴

补贴是国家为了鼓励使用某些资源或扶植某项建设投资，给予的价格补贴。它使项目的财务支出减少了，企业获得了一定的财务收益，资源的使用权从国家转移到企业，但没有增加或减少国民收入，整个社会资源也没有耗费，因此补贴也不计入国民经济评价中的收益或费用。

三、国民经济评价的通用参数

国民经济评价参数是国民经济评价的基础。正确理解和使用评价参数，对正确计算项目的收益、费用和评价指标,以及比选优化方案具有重要作用。国民经济评价参数体系主要可分为两大类:一类是通用参数,如影子汇率、社会折现率等,这些参数由有关专门机构组织测算和发布;另一类是货物影子价格等一般参数,由行业或者项目评价人员测定。需要说明的是这些参数仅仅供投资项目评价及决策使用,并不在任何意义上暗示现行价格、汇率及利率的变动趋势,也不作为国家分配投资、企业间商品交换的依据。这里先介绍国民经济评价的通用参数。

(一)社会折现率

社会折现率(Social discount rate)表示社会对资金机会成本和资金时间价值的估量,它从社会的观点反映出最佳的资源分配,表示社会可接受的最低投资收益率的限度,可作为衡量项目国民经济效益的尺度。在国民经济评价中,它被用作计算经济净现值的折现率,并作为经济内部收益率的基准值,是投资项目或方案经济可行性的主要判别依据。关于社会折现率的确定,有多种理论和方法,主要包括以下几个方面。

1. 以银行利率作为社会折现率

根据"若项目的经济内部收益率低于银行利率就不如把资金存入银行生息"的假设,银行利率应该是任何项目的最低社会折现率,因为项目资金最少可以有存入银行生息的机会,所以银行利息应该是项目的机会成本之一。

2. 以资本的边际生产力作为社会折现率

该方法来自凯恩斯的资本边际效益递减理论,具体方法的实施是将所有可供选择的投资项目按照各自的内部收益率的大小排队,从收益率最大的项目起依次累计它们的投资额之和,直到总投资额达到预计可能筹集的投资总额为止,此时最后一个项目的内部收益率就可以作为社会折现率。

3. 以加权平均的部门投资收益率作为社会折现率

这是按照全部行业或部门的投资收益率来确定社会折现率的方法,其计算公式为

$$I_s = a_1 r_1 + a_2 r_2 + a_3 r_3 + \cdots + a_n r_n \tag{7-8}$$

式中 I_s——社会折现率;

a_n——第 n 部门的权重;

r_n——第 n 部门的投资收益率。

总之,社会折现率的确定应考虑一定时期的投资收益水平、资金的机会成本、资金的供求状况、投资规模及国民经济评价的实际情况。根据上述要求,我国在现阶段的社会折现率的取值为12%,这可以作为人们确定社会折现率的一种参照。

(二)影子汇率

汇率是用一个国家的货币折算成另一个国家的货币的比率,它是以一国货币表示的另一国货币的"价格"。通常汇率指官方汇率,是由财政部、中央银行或经制定的外汇专业银行规定的汇率;而影子汇率(Shadow exchange rate)是经过调整后的国外货币与国内货币购买力的真实比率,实际上就是外汇的影子价格。在国民经济评价中要测定影子汇率的原因是,在国家实行外汇管制和外贸管制的情况下,官方汇率往往低估了外汇的真实价值。所以影子汇率体现从国家角度对外汇价值的估量,在投资项目国民经济评价中用于外汇与人民币之间的换算。同时它又是经济换汇成本及节汇成本的判断依据。影子汇率取值的高低,直接影响项目方案比选中的进出口抉择。

影子汇率换算系数是影子汇率与国家外汇牌价的比值系数。在项目评价中,用国家外

汇牌价乘以影子汇率换算系数即可得到影子汇率。即

$$影子汇率 = 官方汇率 \times 影子汇率换算系数 \tag{7-9}$$

影子汇率换算系数由国家统一测定发布。根据我国现阶段的外汇供求情况、进出口结构、换汇成本，影子汇率换算系数为 1.08。如某项目在进行国民经济评价时的官方汇率为 8.00，则其影子汇率为 8.64。

（三）贸易费用率

在国民经济评价中，贸易费用主要是指物资部门、各级批发站、外贸公司等商贸部门，花费在货物流通过程中除长途运输费用以外的费用，包括货物的储存、再包装、装卸、保险、检验等所有流通环节上的费用支出，还包括流通过程中的损耗，以及按照社会折现率计算的资金回收费用。贸易费用率是反映这部分费用相对于影子价格的一个综合比率。

一般贸易费用率取值为6%，对于少数价格高、体积与质量相对较小的货物，可适当降低贸易费用率。以贸易费用率计算货物的贸易费用时，可以使用如下公式，即

$$进口货物的贸易费用 = 到岸价 \times 影子汇率 \times 贸易费用率 \tag{7-10}$$

$$出口货物的贸易费用 =（离岸价 \times 影子汇率 - 国内长途运）\div（1 + 贸易费用率）\times 贸易费用率 \tag{7-11}$$

$$非外贸货物的贸易费用 = 出厂影子价格 \times 贸易费用率 \tag{7-12}$$

另外需要注意的是，不经商贸部门流转而由生产厂家直接提供的货物，不计算贸易费用。

四、国民经济评价的其他参数

在财务评价中，采用市场价格体系计算项目的收益与费用，价格反映的是产品的市场价值。而在国民经济评价中，应该采用影子价格体系计算项目的收益与费用，以便反映资源的经济价值。因为我们的市场经济未达到完全竞争状态，产品或服务的市场价格往往不能客观地反映产品与资源的社会成本、供求关系和资源利用情况，使得产品的市场价格与产品的真实价值发生较大幅度的偏离。因此国民经济评价中，需要调整市场价格体系为影子价格体系，使之客观地反映产品或服务的真实价值与稀缺性，实现资源优化配置与有效利用。

（一）影子价格的含义

影子价格最早来源于运筹学中的线性规划理论，又称为最优计划价格。在国民经济评价中，影子价格是为了实现一定的经济发展目标而人为确定的比市场交换价格更为合理的一种理论价格。它反映最优计划下单位资源产生的收益增量。它的特点之一是考虑资源的供求关系，反映社会平均劳动量的消耗和资源的稀缺程度。如某种资源稀缺，相应的影子价格上升；如某种资源不断增长，它的机会成本不断下降，影子价格会不断下降；对于数量无限的资源，影子价格为零。其特点之二是强调资源的边际性，即反映增加单位资源产生的国民收入。

精确地确定影子价格是极其困难的，有时甚至是不可能的。在实际操作中，通常对于已统一测定的影子价格及换算系数的货物，在国民经济评价中结合项目的具体条件直接使用；对于未统一测定影子价格的货物，根据项目的具体条件参照以下方法计算。

（二）影子价格的计算

进行国民经济评价时，项目消耗的社会资源投入物（成本）和增加的社会资源产出物

(收益)的价格原则上都应采用影子价格。为了更好地确定投入物和产出物的影子价格,首先将其分为特殊投入物、外贸货物和非外贸货物3种类型。

1. 特殊投入物

特殊投入物是指项目建设过程中消耗的劳动力和土地等生产要素。

(1)影子工资

影子工资是指国家和社会为建设和运营项目使用劳动力而付出的代价,实质上就是劳动力的影子价格。在财务评价中,名义工资(职工工资和提取的福利费之和)是作为费用计入成本的,而在国民经济评价中,需要按影子工资进行调整。国家计委和建设部共同颁发的《建设项目经济评价方法与参数(第二版)》认为,影子工资由劳动力的边际产出和劳动力就业或转移而引起的社会资源消耗两部分组成。劳动力的边际产出指建设项目占用的劳动力,导致别处被迫放弃的原有净收益;而社会资源消耗指劳动力转移和就业增加的社会资源消耗,如交通运输费用、搬迁费、城市管理费等,这些资源消耗并没有提高职工的生活水平。所以劳动力的影子工资应能反映劳动力用于拟建项目而使社会为此放弃的收益,以及社会为此而增加的资源消耗。影子工资的计算公式为

$$影子工资 = 财务评价中的工资与福利费 \times 影子工资换算系数 \tag{7-13}$$

式中的影子工资换算系数是项目的国民经济评价参数,一般由国家统一测定发布。根据我国劳动力状况、机构以及就业水平,一般建设项目的影子工资换算系数为1。在建设期内使用大量民工的项目,如水利、公路项目,其民工的影子工资换算系数为0.5。对于就业压力大的地区占用大量非熟练劳动力的项目,影子工资换算系数可小于1;对于占用大量短缺的专业技术人员的项目,影子工资换算系数可大于1。

(2)土地影子价格

土地也是项目的一种特殊投入物。土地的影子价格亦称土地的经济成本,由土地的机会成本和因土地转变用途而发生的新增加的社会资源消耗两部分组成,如拆迁费用、剩余农业劳动力安置费等。土地影子价格按农用土地和城镇土地分别计算。

①农用土地的影子价格。农用土地的影子价格同样也由两部分组成,土地的机会成本和占用该土地而引起的新增资源消耗两部分构成。农用土地的影子价格可以从这两部分分别计算,也可以在财务评价中土地费用的基础上调整计算。对于后一种方法的具体做法是,属于机会成本性质的费用,如土地补偿费、青苗补偿费等,按机会成本的计算方法调整计算;属于新增资源消耗费用,如拆迁费用、剩余劳动力安置费用、养老金保险费用等,按影子价格调整计算;属于转移支付的,如粮食开发基金、耕地占用税等,应予以剔除。

土地机会成本按照拟建项目占用土地而使国民经济为此放弃的该土地"最好可行替代用途"的净效益测算,原则上应根据具体投资项目的情况,由评估人员自行测算。其具体计算公式为

$$OC = \sum_{t=1}^{n} NB_0 (1+g)^t (1+i_s)^{-t} \tag{7-14}$$

式中 OC——土地的机会成本;

n——项目占用土地的期限,一般为项目的计算期;

NB_0——基年土地的最好可行替代用途的单位面积年净效益;

g——土地最好可行替代用途的年平均净效益增长率;

i_s——社会折现率。

②城镇土地的影子价格。城镇土地影子价格应以项目以外的其他单位愿意支付的最高财务价格为依据,如果无法获得这些数据,可以参考类似地区的土地财务价格确定,主要包括土地出让金、征地费、拆迁安置补偿费等。

2. 外贸货物的影子价格

一种货物的投入或产出,如果主要影响国家的进出口水平,则该货物为外贸货物;如果主要影响国内的供求关系,则该货物为非外贸货物。区分外贸货物和非外贸货物应遵循的原则是:直接进出口的货物为外贸货物;国内生产的货物,原来确有出口机会,由于拟建项目的使用,减少了出口,则该货物为外贸货物;拟建项目的产出或投入物,引起进出口货物的增加或减少的为外贸货物;国内运输项目、大部分电力项目、国内电信项目等基础设施所提供的产品或服务为非外贸货物;由于国内运费过高,不能进行对外贸易的货物为非外贸货物;受国内国际贸易政策的限制,不能进行对外贸易的货物为非外贸货物。

外贸货物的影子价格的计算以实际可能发生的口岸价格为基础确定,具体确定方法如下。

第一,产出物,这包括项目生产的直接出口产品、间接出口产品和替代进口产品,一般要求在离岸价(Free on Board)的基础上调整为出厂价格。

(1)直接出口产品的影子价格(SP_1)为离岸价格(FOB)乘以影子汇率(SER),减去国内运输费用(T_1)和贸易费用(D_1)。其计算公式为

$$SP_1 = FOB \times SER - (T_1 + D_1) \tag{7-15}$$

(2)间接出口产品(内销产品,替代其他货物而使其他货物增加出口)的影子价格(SP_2)为离岸价格(FOB)乘以影子汇率(SER),减去从原供应厂到口岸的运输费用(T_2)及贸易费用(D_2),加上原供应厂到用户的运输费用(T_3)及贸易费用(D_3),再减去拟建项目到用户的运输费用(T_4)和贸易费用(D_4)。其计算公式为

$$SP_2 = FOB \times SER - (T_2 + D_2) + (T_3 + D_3) - (T_4 + D_4) \tag{7-16}$$

原供应厂和用户难以确定时,可按直接出口考虑。

(3)替代进口产品(内销产品,以产顶进,减少进口)的影子价格(SP_3)为原进口货物的到岸价格(CIF)乘以影子汇率(SER),加上口岸到用户的运输费用(T_5)及贸易费用(D_5),再减去拟建项目到用户的运输费用(T_4)和贸易费用(D_4)。其计算公式为

$$SP_3 = CIF \times SER + (T_5 + D_5) - (T_4 + D_4) \tag{7-17}$$

具体用户难以确定时,可按到岸价格计算。

产出外贸货物影子价格计算如图 7-1 所示。

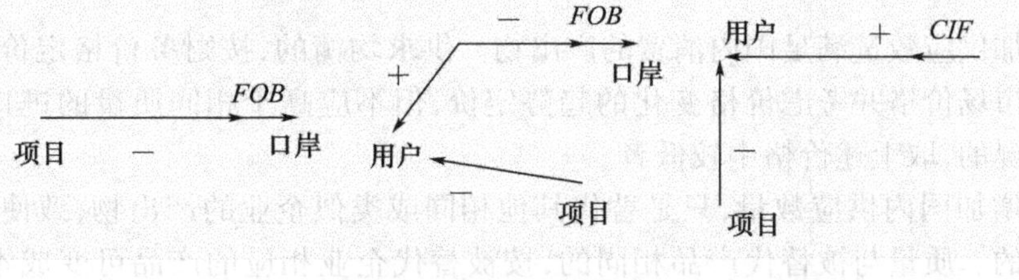

图 7-1　产出外贸货物影子价格计算示意图

第二,投入物,这包括项目投入的直接进口产品、间接进口产品和减少出口产品等,一般要求在到岸价基础上调整为到项目所在地的价格。

(1)直接进口产品(国外产品)的影子价格(SP_4)为到岸价格(CIF)乘以影子汇率(SER),加上国内运输费用(T_1)和贸易费用(D_1)。其计算公式为

$$SP_4 = CIF \times SER + (T_1 + D_1) \quad (7-18)$$

(2)间接进口产品(国内产品,以前进口过,现在也大量进口,且由于本项目建设增加了该货物的需要量,而使其他原有用户需进口来满足需求)的影子价格(SP_5)为到岸价格(CIF)乘以影子汇率(SER),加上口岸到用户的运输费用(T_5)及贸易费用(D_5),减去供应厂到用户的运输费用(T_3)及贸易费用(D_3),再加上供应厂到拟建项目的运输费用(T_6)和贸易费用(D_6)。其计算公式为

$$SP_5 = CIF \times SER + (T_5 + D_5) - (T_3 + D_3) + (T_6 + D_6) \quad (7-19)$$

原供应厂和用户难以确定时,可按直接进口考虑。

(3)减少出口产品(国内产品,以前出口过,现在也能出口)的影子价格(SP_6)为离岸价格(FOB)乘以影子汇率(SER),减去从供应厂到口岸的运输费用(T_2)及贸易费用(D_2),加上从供应厂到拟建项目的运输费用(T_6)和贸易费用(D_6)。其计算公式为

$$SP_6 = FOB \times SER - (T_2 + D_2) + (T_6 + D_6) \quad (7-20)$$

上述影子价格计算公式中,外贸货物的到岸价和离岸价可根据有关海关统计资料,在分析某些重要货物的国际市场价格走势并剔除倾销、暂时紧缺及短期波动等因素影响的基础上,按货物的质量差价予以确定。

投入外贸货物影子价格计算如图 7-2 所示。

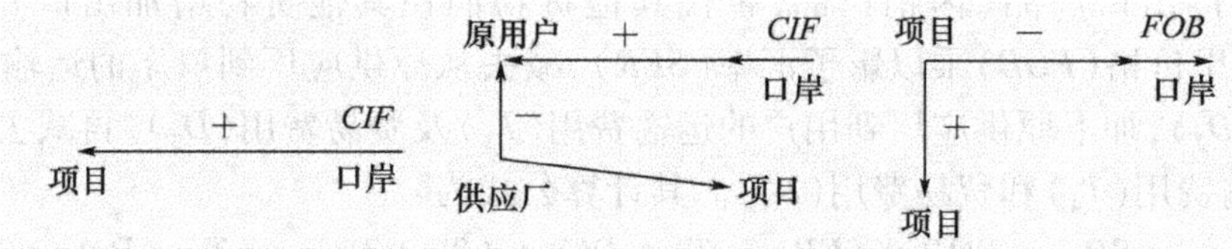

图 7-2 投入外贸货物影子价格计算示意图

3. 非外贸货物的影子价格

非外贸货物的影子价格,一般根据它的投入产出对国民经济的影响,通过分解成本法或国内市场价格确定,具体的定价方法如下所示。

(1)产出物。这包括项目产出的增加供应数量满足国内消费的产出物、不增加国内供应数量和只是替代其他相同或类似企业的产出物而会导致被替代企业停产或减产的产出物等。

①增加供应数量满足国内消费的产出物。供求均衡的,按财务价格定价;供不应求的,参照国内市场价格并考虑价格变化的趋势定价,但不应高于相同质量的进口价格;无法判断供求情况的,取上述价格中较低者。

②不增加国内供应数量,只是替代其他相同或类似企业的产出物,致使被替代企业停产或减产的。质量与被替代产品相同的,按被替代企业相应的产品可变成本分解定价;提高产品质量的,原则上应按被替代产品的可变成本加提高产品质量而带来的国民经济效益定价,其中,提高产品质量带来的效益,可近似地按国际市场价格与被替代产品的价格之差确定。

产出物按上述原则定价后,再计算出厂价格。

(2)投入物。主要包括以下几种情况。

①能通过企业挖潜(即不增加投资)增加供应的,按可变成本分解定价。

②在拟建项目计算期内需要通过增加投资扩大生产规模来满足拟建项目需要的,按全部成本分解定价。当难以获得分解成本所需要的资料时,可参照国内市场价格定价。

③项目计算期内无法通过扩大生产规模增加供应的,参照国内市场价格、国家统一价格加补贴中较高者定价。投入物按上述原则定价后,再计算到厂价格。

(3)非外贸货物的成本分解法。前面提到的成本分解法是将生产或使用这类商品的主要投入物中的外贸货物的价格,逐项按影子价格调整,少量不能调整的非外贸货物的投入物仍按实际价格计算,然后加权汇总,计算出该类商品的影子价格。这种成本分解法原则上应是按照边际成本而不是平均成本进行分解。如果缺乏相关资料也可按照平均成本分解,其目的是将非外贸货物从财务价格计算的单位成本(或单位可变成本)换算为按照影子价格计算的单位成本(或单位可变成本)。

成本分解方法的具体步骤如下:

①按生产费用要素列出单位非外贸货物的财务成本;

②剔除财务成本中属内部转移支付的部分,即税金和补贴;

③对费用要素中的原材料、燃料和动力费用,按前述划分外贸货物和非外贸货物的原则予以划分,并分别按各自影子价格的确定方法进行价格调整;

④ 成本构成中的工资及福利费用和其他费用原则上可不予调整;

⑤ 对固定资产投资进行调整和等值计算。

首先对财务评价时的固定资产进行调整,根据建设期各年投资比例,把调整后的单位固定资产投资额(I_t)分摊到建设期各年。把固定资产投资按照社会折现率(i_s)进行等值计算,求出建设期(m)末的单位固定资产投资(I_F),其计算公式为

$$I_F = \sum_{t=1}^{m} I_t (1 + i_s)^{m-t} \tag{7-21}$$

用固定资产资金回收费用取代财务成本中的折旧费:

①在不考虑固定资产残值回收时,每单位货物的固定资产回收费用(M_F)可以用以下公式

$$M_F = I_F(A/P, i_s, n) \tag{7-22}$$

②在考虑固定资产残值回收(S_v)时,每单位货物的固定资产回收费用(M_F)应该用以下公式

$$M_F = (I_F - S_v)(A/P, i_s, n) + S_v i_s \tag{7-23}$$

③用单位货物占用的流动资金(W)计算流动资金回收费用(M_w),并取代财务成本中的流动资金利息,其计算公式为

$$M_w = W i_s \tag{7-24}$$

将上述各项费用调整后的数值求和,即为该货物的分解成本,作为货物的出厂影子价格。

五、国民经济评价指标

国民经济评价的目的是要使社会有限资源得到合理利用,因此需要按照前述对项目进行国民经济评价意义上的收益和费用分析。为了对项目做出全面的国民经济评价,将根据

项目的不同情况采用多种不同的评价指标来进行比选。国民经济评价的一般指标有:经济内部收益率、经济净现值及投资净效益率。前两项指标均为动态指标,是评价的主要指标,一般情况下可作为项目比选的依据;后一项是静态指标,通常可用于项目的初选阶段。对涉及有外贸及其他影响外汇流入、流出的项目,如出口创汇及替代进口节汇的项目,除进行上述指标计算外,还应进行外汇效果的分析,该项分析需要根据具体情况进行下列补充指标的计算:经济外汇净现值、经济换汇成本及经济节汇成本等。

为计算国民经济评价的各项指标,与财务评价相似,需要利用各种国民经济评价的基本计算报表。其主要有:国民经济收益费用流量表(全投资),用以计算全部投资(包括国内借款和国外投资)的经济内部收益率、经济净现值等指标;国民经济收益费用流量表(国内投资),用以计算以国内投资为基础的各项指标,包括经济内部收益率、经济净现值等,与上述不同,计算时应将国外借款及其本金和利息的偿还作为收益及费用;经济外汇流量表,如果项目有出口创汇或替代进口节汇的直接或间接外汇效果时,应编制此表,用以计算经济外汇净现值、经济换汇成本或经济节汇成本。

(一)经济净现值(*ENPV*)

经济净现值反映项目对国民经济的净贡献。它是用社会折现率将项目计算期内各年的净收益流量折算到建设期初的现值之和,考察项目在计算期内的盈利能力。其表达式为

$$ENPV = \sum_{t=1}^{n} (CI - CO)_t (1 + i_s)^{-t} \tag{7-25}$$

式中 i_s——社会折现率;

CI——收益流量;

CO——费用流量;

$(CI - CO)_t$——第 t 年的净收益流量;

n——计算期。

经济净现值等于零,表示国家为拟建项目付出代价后,可以得到符合社会折现率的社会盈余;经济净现值大于零,表示国家拟建项目付出代价后,除得到符合社会折现率的社会盈余外,还可以得到以现值计算的超额社会盈余,这时项目的国民经济盈利能力是最好的;经济净现值小于零,表示国家为拟建项目付出代价后,无法收回符合社会折现率的社会盈余。

(二)经济内部收益率(*EIRR*)

经济内部收益率是反映项目对国民经济净贡献的相对指标。它是使项目计算期内各年经济净收益流量的折现值累计等于零时的折现率,其表达式为

$$\sum_{t=1}^{n} (CI - CO)_t (1 + EIRR)^{-t} = 0 \tag{7-26}$$

该指标值在国民经济评价中的含义在于反映项目占用的投资对国民经济的净贡献能力。如果项目的经济内部收益率大于社会折现率,且项目的经济净现值大于零,则项目在经济上是完全可行的;如果项目的经济内部收益率小于社会折现率,且项目的经济净现值小于零,则项目在经济上完全不可行。

(三)经济净现值率(*ENPVR*)

经济净现值率是反映项目单位投资对国民经济所做贡献的相对效果的动态评价指标。它是经济净现值与总投资现值(I_p)之比,即单位投资现值的经济净现值。其表达式为

$$ENPVR = ENPV/I_p \tag{7-27}$$

经济净现值率一般可按全部投资和国内投资分别计算。在分别计算时，公式中的数据应根据指标的要求作相应的调整。经济净现值指标一般用于在投资总量限定时多个投资方案的比较选择，并可作为判断的依据，即此比率高的投资方案为较好的方案。

（四）经济外汇净现值（$ENPVF$）

经济外汇净现值是反映项目实施后对国家外汇收支直接或间接影响的重要指标，用以衡量项目对国家外汇真正的净贡献或净消耗。经济外汇净现值可通过经济外汇流量表求得，其计算公式为

$$ENPVF = \sum_{t=1}^{n} (FI - FO)_t (1 + i_s)^{-t} \tag{7-28}$$

式中 FI——外汇流入量；

FO——外汇流出量；

$(FI - FO)_t$——第 t 年的净外汇流量。

当有产品替代进口时，应按净外汇效果计算经济外汇净现值。

（五）经济换汇成本

当有产品直接出口时，应计算经济换汇成本。它是分析评估项目实施后生产的出口产品在国际上的竞争能力和判断产品能否出口的一项重要指标，主要适用于生产出口产品的投资项目。经济换汇成本是货物影子价格、影子工资和社会折现率计算的为生产出口产品而投入的国内资源现值（以人民币表示）与生产出口产品的经济外汇净现值（通常以外币表示）的比率，其计算公式为

$$\text{经济换汇成本} = \frac{\sum_{t=1}^{n} DR_t (1 + i_s)^{-t}}{\sum_{t=1}^{n} (FI' - FO')_t (1 + i_s)^{-t}} \tag{7-29}$$

式中 DR——项目在第 t 年为出口产品投入的国内资源（用影子价格以人民币记）；

FI'——生产出口产品的外汇流入量（以外币衡量）；

FO'——生产出口产品的外汇流出量（以外币衡量）。

项目的经济换汇成本反映项目生产出口产品收入1美元外汇需要多少人民币的成本。经济换汇成本应该以低于影子汇率为好。

（六）经济节汇成本

当有产品替代进口时，应计算经济节汇成本，它是项目在计算期内生产替代进口产品投入的国内资源现值与生产替代进口产品的净外汇效果现值的比率，即节约1美元外汇所需的人民币金额。其计算公式为

$$\text{经济节汇成本} = \frac{\sum_{t=1}^{n} DR''_t (1 + i_s)^{-t}}{\sum_{t=1}^{n} (FI'' - FO'')_t (1 + i_s)^{-t}} \tag{7-30}$$

式中 DR''_t——项目在第 t 年为生产替代进口产品投入的国内资源（用影子价格以人民币记）；

FI''——生产替代进口产品所节约的外汇（以外币衡量）；

FO''——生产替代进口产品的外汇流出（以外币衡量）。

项目的经济节汇成本都应小于或等于影子汇率,此时才表明该项目的产品出口和替代进口是有利的,是可以考虑接受的。

习　题

1. 在项目投资决策前,为什么必须进行可行性研究?

2. 项目前期工作中一般划分为哪几个阶段?各阶段的主要任务是什么?

3. 项目财务评价的主要指标有哪些?它们的意义是什么,相互间有什么区别?

4. 进行项目财务评价时需要的基本报表都有哪些?如何根据这些报表分析项目的获利能力和偿债能力?

5. 国民经济评价与财务评价的区别与联系体现在哪几个方面?

6. 在国民经济评价的效益与费用中,哪些项目属于转移支付?如何认识转移支付?

7. 什么是社会折现率?它对国家资源的合理分配和利用会产生什么影响?

8. 已知某工业项目需投资200万元,其中贷款100万元,年利息为10%,按半年计息。该项目建设期为两年,每年末等额投入建设资金,第三年投产,当年达产,运营期为8年。流动资金35万元,于完工时一次投入。固定资产按直线法计提折旧,期满有10万元残值,投产后每年等额归还本金并每年付清利息,预计投产后每年可获得营业利润18万元,流动资金于终结点一次回收。试根据所给资料进行项目财务分析。

第八章 工艺方案和工艺装备方案的技术经济分析

第一节 工艺方案技术经济分析概述

项目工艺方案是指为完成项目产品的生产过程,保证项目的正常运行而采用的生产工艺技术和产品制造方法。项目工艺方案的选择直接关系到项目产品的质量、产量和成本,影响项目产品生产的可行性和竞争力,因此它直接影响项目运行的成败和企业的生死存亡。

一、工艺方案技术经济分析的意义

任何一个项目生成项目产品必须经过产品设计和制造两个环节,而项目产品的制造必须达到项目产品设计的要求。因此从理论上说,任何项目产品的生成必须要经过从产品设计到产品生产工艺编制(包括工艺路线的制订和工艺方案的编排等),从产品生产工艺到技术装备和工具的选用,然后到项目产品工艺技术的实现过程。由此可见,项目工艺方案是项目产品制造的方法和指南,是项目产品生产的核心技术规范。在多数情况下项目工艺技术方案的制订是项目产品生产过程的起始点,它影响着项目装备方案和项目工程技术方案的制订,甚至还会反作用于项目产品的设计工作。项目工艺方案的评估与决策不仅会涉及项目产品的产量和质量、成本和利润、经济效益和社会效益,而且会直接影响项目投资的多少和项目工期的长短等关系到整个项目的问题。因此,项目工艺方案的论证与评估是整个项目评估的重要内容,必须对其进行全面的分析论证,以确保项目产品生产和运行的可靠性和有效性,并找出最优的项目工艺方案以获得更好的项目运行结果,这就要对项目工艺方案进行分析和评价。

工艺方案分析是指对项目工艺方案的经济合理性、技术先进性、技术适用性和安全性以及对于项目运行主体的影响,和它与项目运行主体已有各种条件的匹配程度等诸多涉及项目运行的因素和特性的专项分析和评估。通过对于项目工艺方案的分析,人们能够更好地做出项目工艺方案的选择,能够更有效地保证项目产品生产的各项要求,同时还可以实现降低项目产品成本和更好地保护项目运行环境条件等目标。

二、工艺方案技术经济分析的原则

(一)满足项目产品生产需要的原则

项目工艺方案是为了生产项目产品而设计制订的,因此无论如何,项目工艺方案必须满足项目产品生产的要求,满足最终达到项目产品设计要求的目标。如,加工喷气发动机叶片时,如采用机械铣削,则不仅生产率低、加工周期长,而且质量也远不如电解加工出的产品;采用电解加工方式,在一次行程中就可以加工出复杂的叶片模型。在市场经济的条件下,项目产品和项目工艺方案不是哪个人独自决定的,市场决定一个项目的产品设计,项目产品设计决定项目工艺方案,这就要求项目工艺方案必须满足项目生产需要。

（二）适合可选用原材料和其他运行条件的原则

任何项目产品的生产都要有一定的原材料和其他运行条件，这些条件都会对项目的工艺方案选择造成影响。其中，不同的原材料会有不同的加工工艺要求，所以不同原材料所选用的工艺方案就不会相同；不同的运行条件（例如，水、电、汽、零配件的供应等）也会影响项目的工艺方案的选择。任何项目产品的生产都会涉及对特定的原材料进行物理或化学的加工和改变，从而使项目产品达到设计要求，这些都要根据原材料的特性通过选用不同的加工工艺来实现，而随着现代科技的进步以及新型原材料的不断更新，这就要求对于项目工艺方案的评估必须要坚持全面考虑实际可选用原材料和其他的一些运行条件影响的原则。

（三）整体均衡和全面配套的原则

一个项目产品的工艺技术多数是一个系统过程，它包括一系列的工艺方法、工艺规程和工序与工步，所以任何项目的工艺方案必须要实现各个工序工艺方法与规程的整体均衡和全面配套的原则。因为项目工艺技术中的每个工序都是环环相接和步步相连的程序，每个工序的工艺方法和规程都会影响到其后续工序的工艺技术和方法。所以一个好的项目工艺技术方案应该首先要对项目产品的性能保障和加工需要等方面有一个整体的考虑和全面配套的安排，然后再对项目产品每一道工序的工艺方法和规程进行仔细的推敲。项目工艺方案只有充分考虑了整个产品工艺过程中每道工序的工艺方法和规程的协调一致性才能最大限度地满足项目产品生产的要求和项目技术经济特性的要求。

（四）先进性和经济性的原则

项目工艺方案评估的一个很重要的内容就是分析和评价项目所选用工艺方案的经济特性，也就是项目工艺的经济效果。通常，先进的工艺方案，其先进性本身就包括了经济性方面的要求和规定，实际上任何工艺技术的先进性都是以经济行为为前提的。要使项目工艺技术方案具有良好的经济性，一般要处理好 3 个方面的事情。其一是项目工艺技术方案的选择要注意能够节省资源和节约劳动力；其二是项目工艺技术方案应能够满足综合利用资源提高项目综合效益的需要；其三是确保环境不受污染从而全面节省环境治理的费用。如，同样是机械铣削和电解加工技术的选择，如果要加工面积较小的加工零件，则采用机械铣削比采用电解加工技术经济效果要好。

（五）项目工艺技术方案要具备一定的可变更性的原则

现代社会的市场发展变化十分迅速，任何企业要想能够在激烈的市场竞争中获得胜利，其各项活动都必须时刻适应市场需求的变化。因此在对项目工艺技术方案进行选择时还要注意其对于市场需求变化的适应性，即项目工艺技术方案要具备一定的可变更性。

依据以上原则，应对项目的如下几个方面进行分析和评价：工艺方案的合理性、工艺方案的可靠性、工艺方案的适用性、工艺方案的先进性以及工艺方案的经济性。这几个方面的评价采用的方法不尽相同，但最主要的方法是专家评分法。本章将对工艺方案的经济性评价方法进行介绍。

三、反映工艺方案技术特性的主要指标

工艺方案的技术经济分析可分为初步分析和详细分析两个阶段，初步分析主要从一些工艺特性指标上进行分析，详细分析主要是分析工艺成本。下面介绍初步分析中几种主要的工艺特性指标。

（一）劳动消耗量

劳动消耗量时常用劳动工时数和台时数来表示，它标志着工艺方案生产率的高低。台时数和工时数之比，说明工艺过程的机械化、自动化程度，也可以说明工人多机床看管程度。如，台时数/工时数 = 3，则说明一名工人可以看管3台机床。

（二）设备构成比

设备构成比是指工艺方案所需用的各类设备构成的比例。高效率设备所占的比例越大，活劳动消耗就越小。但是，如果高效率设备负荷系数太低，则反而会增加工艺成本。因此，应该合理选择设备构成比。

（三）钳工修配劳动量系数

钳工修配劳动量系数是指某工艺方案中，钳工修配工作量和机床加工劳动量的比值。这个系数越小，说明机械化程度越高。

（四）工艺装备系数

$$工艺装备系数 = 专用工装种数 / 专用零件种数$$

工艺装备系数标志着工艺过程中所采用的专用工、夹、量具的程度。工艺装备系数大，则可以降低加工劳动量。但是，专用工艺装备的增加会增加基本建设投资，并延长生产准备周期。工艺装备系数的大小与生产批量有直接关系。工艺装备系数越大，专用工装数越多，投资越大，生产效率越高。因此，要求必须具有一定批量才能使单位成本下降。

（五）工艺过程的分散和集中程度

工艺过程的分散和集中程度可用每个零件的平均工序数来表示。设计工艺方案时，应使工艺过程合理分散或集中。不过，要确定一个适当的集中和分散程度是比较困难的。通常，在单件小批量生产中用分散工序的方法加工可以获得较好的经济效果；在大批量生产中，用自动机床、多刀和多轴机床集中工序加工能获得较好的经济效果。

（六）占用生产面积数

在设计新车间或改建现有车间时，布置设备所需的厂房面积也是一个需要考虑的指标。完成同样生产过程，占地面积越小，投资越少。

（七）金属材料与电力消耗量

金属材料与电力消耗量取决于毛坯车间工艺过程的特征。采用模锻、精铸可提高毛坯的精度，减少加工余量。既可减少金属的消耗量，又可减少机械加工的劳动量，还可以节省电力的消耗等。

以上介绍了几个常用工艺方案的技术特性指标，这类指标还有很多。在对不同工艺方案进行概略评价时，必须综合分析这些指标。但是，只根据这些指标做出概略分析来选择工艺方案是不准确的。要全面分析工艺方案的经济合理性，还必须做详细分析，即工艺成本分析。

第二节　工艺方案的技术经济分析

工艺方案评价是技术经济学中的一项重要内容，完全可以采用项目评价的方法，使用劳动成果指标和劳动耗费指标。但对于一般工艺方案选择问题往往可以采用较为简便的方法。由于被选择的工艺方案往往都是为了完成一种零件的加工，其产出是相通的，这时，就可以只采用劳动耗费指标来分析比较。工艺成本能够综合反映工艺方案的劳动耗费，所以本节主要介绍如何用工艺成本分析的方法来选择工艺方案。

一、工艺成本的构成

工艺成本是指花费在所分析的工艺方案上的全部成本,它和产品的生产成本并不相同。产品的生产成本是按制造成本法计算的,即产品的生产成本由基本生产成本和应分配的制造费用构成,把与生产该产品有关的一些间接费用,如利息支出、技术转让费及行政管理费等,分别直接计入财务费用和管理费用,此二者不再摊入产品成本,而是于期末直接转入损益。而分析工艺方案时,为了全面比较各方案的经济效果,应采用完全成本法计算成本,它既包括生产成本,又包括管理费用和财务费用等期间费用。

为了分析某项工艺的成本,需要了解与该工艺方案相关的费用,进一步了解该工艺方案的投资和经营费用。

(一)对该工艺方案的投资

这里包括直接投资和间接投资,其中直接投资有设备投资、厂房投资、大型工艺装备投资及辅助设施投资,只计入与该工艺方案相关的,由该工艺方案引起的费用。除了上述直接投资外,还有研制费、技术转让费、培训费等与本工艺有关的间接性投资。

(二)经营费用

经营费用主要包括:原材料、半成品费;燃料、动力费;设备、工艺装备调整与修理费;低值易耗品费;生产工人工资以及用于该工艺的其他费用。如果管理费用和财务费用在两个工艺方案间无明显差别,可不计入工艺成本。

这里可以将工艺成本分为固定工艺成本和变动工艺成本两部分。变动工艺成本与年产量无直接关系,且不随年产量的增减而变化,固定工艺成本分摊到单位产品的费用是变动的,产量越大,分摊到每件产品上的固定工艺成本就越少。

二、工艺成本的分析

按照变动成本和固定成本的划分,工艺成本可按年度计算,也可按单位产品计算,其计算公式如下。

按年度计算的工艺成本为

$$C = C_v Q + C_f \tag{8-1}$$

按单位产品计算的工艺成本为

$$C' = C_v + C_f / Q \tag{8-2}$$

式中 C——年度工艺成本;

C'——单位产品工艺成本;

C_v——单位产品变动工艺成本;

C_f——年度固定工艺成本;

Q——年产量。

从式(8-1)可以看出,年度工艺成本 C 与年产量 Q 呈线性关系,可用图 8-1 来表示。

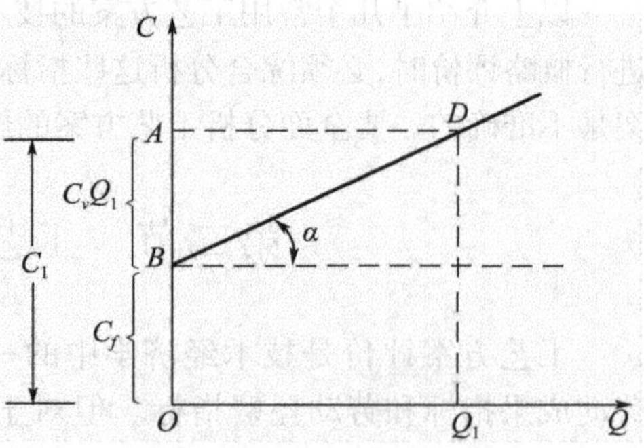

图 8-1 年度工艺成本曲线

图上纵坐标为年度工艺成本 C,横坐标为年产量 Q。直线与纵坐标轴交于 B 点,年度固定工艺成本为 C_f。对应某一产量 Q_1,其工艺成本 C_1

为 D 点的值，$AB=C_vQ_1$，所以 $C_1=C_vQ_1+C_f$。

$\tan\alpha=C_vQ_1/Q_1=C_v$，所以单位产品变动工艺成本为此直线的斜率。

从式(8－2)可以看出，单位产品工艺成本 C' 与年产量 Q 的函数图像为双曲线的一支，如图 8－2 所示。

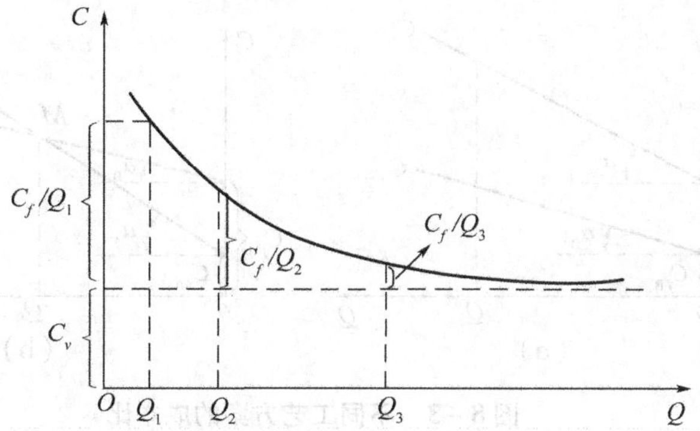

图 8－2　单位产品工艺成本曲线

当 $Q_1=1$ 时，单位产品的固定成本为 $C_f/Q_1=C_f$，则单位产品的工艺成本为 $C'=C_v+C_f$。

当 $Q_1\to\infty$ 时，单位产品的固定成本为 $C_f/Q_1\to 0$，则单位产品的工艺成本 $C'\to C_v$。

当年产量很小时，属于小批生产类型，其单位产品工艺成本对产量的变化很敏感。当年产量很大时，属于大批量生产类型，其单位产品工艺成本中固定成本的比重很小。当年产量居中时，属于成批生产类型，其单位产品工艺成本受产量变化的影响也较大，但不很敏感。

如当产量达到 Q_3，在单位产品工艺成本 C' 中，C'/Q_3 的比重已经很小了。因此，Q_3 点的产量可以看作是大批量的起点。而当产量小于 Q_2 时，在单位产品工艺成本 C' 中，C_f/Q_2 的比重急剧增长，成为敏感区，这意味着符合小批量生产的情况。当产量处于 Q_2 与 Q_3 之间，则属于中等批量生产情况。

掌握了各种生产类型工艺成本变化规律，就可以在工艺方案选择时充分运用这些规律来选择合理的工艺方案。

三、单工序工艺方案的选择

产品的生产工艺流程，简单的可能只包括一道工序，复杂的则由几道、几十道甚至上百道工序组成。对于单工序工艺来说，只对一个工序进行分析就可以了；对于多工序工艺流程来说，虽然可以列出所有可能的工艺方案逐一进行分析，但由于方案个数太多而实际上成为不可能，因此只好采取简单方法，先分别研究各工序，进行各单工序分析。所以无论简单工艺还是复杂工艺，单工序分析都是基础。

进行单工序工艺方案的分析，一般可用工艺成本降低额、投资节约额和投资回收期等指标比较经济效果的大小。

(一)单工序中两个工艺方案的比较分析

有关固定工艺成本、变动工艺成本与产品年产量的关系已做过分析，在此基础上可对不同的工艺方案进行对比优选。主要可以采用图解法和解析法进行分析。

1. 图解法

设有两个工艺方案 A 和 B 均可达到同一工艺要求，它们的年工艺成本分别为 $C_A = C_{vA}Q + C_{fA}$ 和 $C_B = C_{vB}q + C_{fB}$，分别以 C_{fA} 和 C_{fB} 为截距，以 C_{vA} 和 C_{vB} 为斜率作出两个方案的工艺成本曲线。根据以上 4 个量的关系，主要有两种情况，如图 8－3 所示。

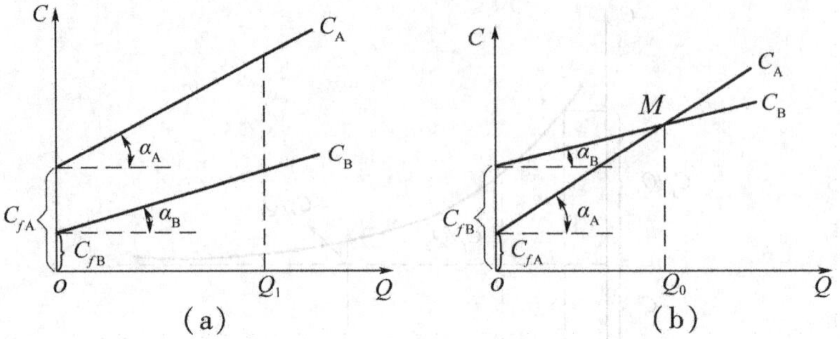

图 8－3　不同工艺方案的成本比

第一种情况，$C_{fA} > C_{fB}$ 且 $C_{vA} \leqslant C_{vB}$，这时两个方案的工艺成本的关系如图 8－3(a)所示。这表明方案 A 的工艺成本永远大于方案 B 的工艺成本，所以 B 方案总是优于 A 方案。

第二种情况，$C_{fA} < C_{fB}$ 且 $C_{vA} > C_{vB}$，这时两方案的工艺成本的关系如图 8－3(b)所示。两条直线有一个交点 M，此点的产量为 Q_0。

当 $Q \leqslant Q_0$ 时，$C_A < C_B$，A 方案为优；

当 $Q = Q_0$ 时，$C_A = C_B$，A，B 两个方案等值，此时的产量为两个工艺方案的临界产量；

当 $Q > Q_0$ 时，$C_A > C_B$，B 方案为优。

可见，这种情况下，方案优劣与产量密切相关。

2. 解析法

为了比较两个工艺方案，需要先求出两个方案等值时的临界产量 Q_0，即

$$C_{vA}Q + C_{fA} = C_{vB}Q + C_{fB} \tag{8-3}$$

整理式(8－3)可得到两个工艺方案的临界产量 Q_0，即

$$Q_0 = \left| \frac{C_{fB} - C_{fA}}{C_{vA} - C_{vB}} \right| \tag{8-4}$$

式中的各量要符合下列条件：$C_{fA} < C_{fB}$ 且 $C_{vA} > C_{vB}$。

计算得出临界产量 Q_0 后，就可以判断方案的优劣：

当 $Q < Q_0$ 时，固定成本较小的方案为优；

当 $Q = Q_0$ 时，两个方案等值；

当 $Q > Q_0$ 时，固定成本较大的方案为优。

上述 Q 值为对比方案中的实际产量。

如果在分析中考虑资金的时间因素，在各年产量变化不大的情况下，作为一种近似的算法，只需对直接投资和间接投资部分加以考虑，这样会使计算更简单。在不计资金的时间因素时，年度固定工艺成本 C_f 值可由式(8－5)表达，即

$$C_f = \frac{K_Z}{T_Z} + \frac{K_T}{T_T} + \frac{K_H}{T_H} + \frac{K_W}{T_W} + \frac{K_D}{T_D} + G + K_C \tag{8-5}$$

式中　K_Z, K_T, K_H——直接投资形成的设备、大型工艺设备、厂房的金额；

K_W, K_D——间接投资形成的无形资产、递延资产的金额；

T_Z, T_T, T_H——设备、大型工艺装备、厂房的使用年限；

T_W, T_D——无形资产、递延资产的摊销年限；

G——管理费用；

K_C——财务费用。

前三项相当于按直线折旧法分摊到工艺成本的累计折旧金额；第四、五项相当于平均摊销到工艺成本上的无形资产、递延资产金额；第六项是应摊销的管理费用；第七项是应摊销财务费用。

当计入资金的时间因素时，则年度固定工艺成本可由式(8－6)表达，即

$$C_f = K_Z(A/P,i,T_Z) + K_T(A/P,i,T_T) + K_H(A/P,i,T_H) + K_W(A/P,i,T_W) + K_D(A/P,i,T_D) + G(A/P,i,T_T) + K_C(A/P,i,1) \quad (8-6)$$

前三项实际上是按年金法计算的年度累计折旧金额；第四、五项是按年金法计算的年度平均摊销的无形资产、递延资产金额；第六项是按年金法计算的年度应摊销管理费用；第七项是按年金法计算的年度应摊销财务费用。

(二)单工序中多个工艺方案的比较分析

在一道工序中有两个以上工艺方案进行比较选优时，可用解析法两两对比，选出在一定生产量情况下工艺成本最小的方案。也可以使用图解法求解，绘出生产量与工艺成本曲线图，找出各工艺方案的经济产量或合理产量范围，并求出在相应产量下的工艺成本节约额，此方法具有简便易行等特点。

下面就图解法的使用加以介绍：

在图8－4中，A，B，C这3个方案是按照各自年度工艺成本的线性方程关系求得，在图中出现3个交叉点，即Q_0，Q'_0和Q''_0。这3个交叉点就是3个方案中对应两方案的临界产量。在与实际产量相对应的几条线中，最下面的线所代表的方案就是多方案中要选取的最佳工艺方案。如，实际产量为Q_1时，方案A最优；实际产量为Q_2时，方案B为最优；实际产量为Q_3时，则方案C为最优。

四、投资回收期的计算

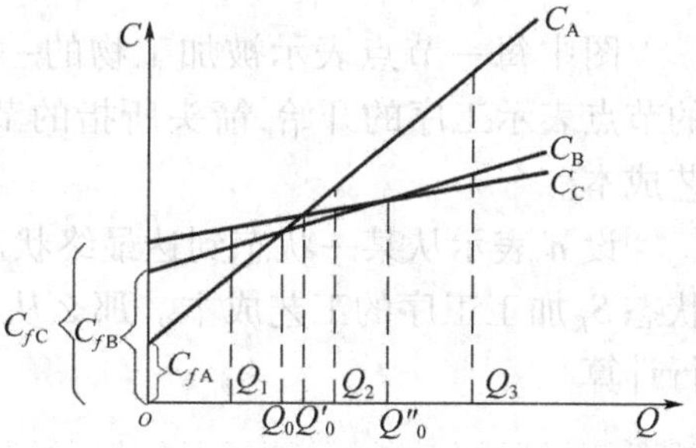

图8－4　单工序多工艺方案成本比较

在评价工艺方案的经济效果时，不能单独的比较其工艺成本，特别是对比方案的基本投资差额较大时。如上例当产量为Q_2时，A，B两方案相比，B方案工艺成本较低，但如果这种低工艺成本是通过采用高生产率的设备与装备取得的，就必然使方案的基本投资增加。在这种情况下，还需要比较不同方案的投资指标，一般采用计算投资节约额和追加投资回收期，借以验证工艺方案的经济效果。

在上述情况下，方案A相比方案B的投资节约额ΔI为

$$\Delta I = I_B - I_A \quad (8-7)$$

式中　I_A——方案A的投资额；

I_B——方案B的投资额。

追加投资回收期P_0可通过式(8－8)计算，其表达式为

$$P_0 = \frac{\Delta I}{\Delta C} = \frac{I_B - I_A}{C_A - C_B} \tag{8-8}$$

式中　ΔI——投资节约额；

ΔC——年度工艺成本降低额；

C_A——方案 A 的年度工艺成本；

C_B——方案 B 的年度工艺成本。

追加投资回收期反映的是追加的投资需要经过多长时间才能由工艺成本的降低而收回，所以追加投资回收期越短则方案的经济效果越好。

五、多工序工艺方案的选择

对于一个包含多道工序的工艺流程来说，如果经过单工序分析就能够容易地做出判断，则不必进一步分析。但有时经过单工序分析仍不能判断的，则需要采用多工序工艺方案分析方法来进行进一步分析。

多工序工艺方案分析可采用穷举法，计算出所有可能工艺路线的工艺成本，然后从中选择一条工艺成本最低的路线。但很多情况下对于复杂问题，穷举法无法应用，这时可采用动态规划网络法来求解。

动态规划网络法的网络图如图 8－5 所示，根据此网络图将其数学模型简介如下。

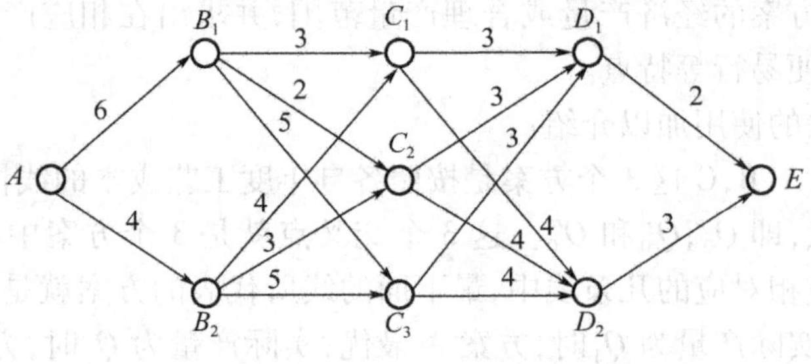

图 8－5　动态规划网络图

图中每一节点表示被加工物的一种状态，节点间的连线为可行的工艺方案，箭尾连接的节点表示工序的开始，箭头所指的节点表示工序的完成，连线上的数字表示该工序的工艺成本。

设 n 表示从某一状态到达最终状态所需要经过的工序个数；$d(S, S_k)$ 表示从状态 S 到状态 S_K 加工工序的工艺成本。那么从 S 到最终状态的最低工艺成本 $f_n(S)$ 可用式(8－9)进行计算

$$f_n(S) = \min\begin{cases} d(S,S_1) + f_{n-1}(S_1) \\ d(S,S_2) + f_{n-1}(S_2) \\ \vdots \\ d(S,S_K) + f_{n-1}(S_K) \end{cases} \tag{8-9}$$

计算时，须从网络图中的最终状态开始，由后向前推进，直至初始状态。本例的计算过程如下所示。

(1)最终状态的最小工艺成本 $f_0(E) = 0$。

(2)状态 D 的最小工艺成本。

$f_1(D_1)=\min\{d(D_1,E)+f_0(E)\}=\min\{2+0\}=2$，最优状态选择为 E，最优路线为 $D_1\to E$。

$f_1(D_2)=\min\{d(D_2,E)+f_0(E)\}=\min\{3+0\}=3$，最优状态选择为 E，最优路线为 $D_2\to E$。

(3)状态 C 的最小工艺成本。

$f_2(C_1)=\min\begin{Bmatrix}d(C_1,D_1)+f_1(D_1)\\d(C_1,D_2)+f_1(D_2)\end{Bmatrix}=\min\begin{Bmatrix}3+2\\4+3\end{Bmatrix}=5$，最优状态选择为 D_1，最优路线为 $C_1\to D_1\to E$。

$f_2(C_2)=\min\begin{Bmatrix}d(C_2,D_1)+f_1(D_1)\\d(C_2,D_2)+f_1(D_2)\end{Bmatrix}=\min\begin{Bmatrix}3+2\\4+3\end{Bmatrix}=5$，最优状态选择为 D_1，最优路线为 $C_2\to D_1\to E$。

$f_2(C_3)=\min\begin{Bmatrix}d(C_3,D_1)+f_1(D_1)\\d(C_3,D_2)+f_1(D_2)\end{Bmatrix}=\min\begin{Bmatrix}3+2\\4+3\end{Bmatrix}=5$，最优状态选择为 D_1，最优路线为 $C_3\to D_1\to E$。

(4)状态 B 的最小工艺成本。

$f_3(B_1)=\min\begin{Bmatrix}d(B_1,C_1)+f_2(C_1)\\d(B_1,C_2)+f_2(C_2)\\d(B_1,C_3)+f_2(C_2)\end{Bmatrix}=\min\begin{Bmatrix}3+5\\2+5\\5+5\end{Bmatrix}=7$，最优状态选择为 C_2，最优路线为 $B_1\to C_2\to D_1\to E$。

$f_3(B_2)=\min\begin{Bmatrix}d(B_2,C_1)+f_2(C_1)\\d(B_2,C_2)+f_2(C_2)\\d(B_2,C_3)+f_2(C_2)\end{Bmatrix}=\min\begin{Bmatrix}4+5\\3+5\\5+5\end{Bmatrix}=8$，最优状态选择为 C_2，最优路线为 $B_2\to C_2\to D_1\to E$。

(5)状态 A 的最小工艺成本。

$f_4(A)=\min\begin{Bmatrix}d(A_1,B_1)+f_3(B_1)\\d(A_1,B_2)+f_3(B_2)\end{Bmatrix}=\min\begin{Bmatrix}6+7\\4+8\end{Bmatrix}=12$，最优状态选择为 B_2，最优路线为 $A\to B_2\to C_2\to D_1\to E$。

这样，我们就选出了最优工艺路线 $A\to B_2\to C_2\to D_1\to E$，其最小工艺成本为 12。

第三节 工艺装备方案的技术经济分析

工艺装备是机械制造过程中的一种装置，它包括实现加工过程所使用的各种刀具、夹具、量具、模具以及辅助工具等。狭义的工艺装备指的是用来保证某种产品生产的一些设施。这里需要注意的是不要把“工艺装备”和“设备”混淆了。一般说来，工艺装备都是某种产品专属的东西。比如说冲压车间内部，模具属于工装，因为模具只能生产对应的冲压件；油压机属于设备，因为油压机可以填装不同模具生产；焊装的焊接夹具属于工艺装备，因为焊接夹具只能特定使用于某种焊接；焊钳属于设备，因为焊钳只要适合，就都能用得上。

在对工艺方案进行技术经济分析时已经将工艺装备的因素考虑在内，但在设计工艺方案的过程中，往往还要单独考虑采用工艺装备的经济性。以夹具为例，夹具属于工装的一种，不仅仅是焊装用，在机加工方面也有用，许多时候，需要装配几个部件并保证其定位准确的时候就需要夹具。

在生产过程中采用夹具及其他工艺装备，可以减少产品的加工及装配劳动量，取消画线、钳工工作和磨光等工序，从而提高生产活动的技术经济效果。采用适当的夹具，可以减少工具的损坏，减少工序间的切削余量和材料消耗。采用多工位的夹具，可以减少空刀行程，从而降低机床设备的动力消耗。上述各种因素都能引起工艺成本的降低，其中作用最大的是加工装配劳动量的降低。以下介绍几个采用夹具的技术经济分析指标。

1. 由于采用一种夹具而降低单位零部件的劳动量（Δt），可通过式（8－10）计算，即

$$\Delta t = \frac{\sum_{i=1}^{m} t_{1i} - \sum_{i=1}^{m} t_{2i}}{M_S} \tag{8-10}$$

式中　t_{1i}——第 i 道工序采用夹具前零件的加工劳动量，h；

t_{2i}——第 i 道工序采用夹具后零件的加工劳动量，h；

m——工艺过程中的工序数；

M_S——制造一个零件的工艺过程中的夹具种数。

2. 由于采用一种夹具而节约的基本生产工人工资费用，ΔL，可通过式（8－11）计算，即

$$\Delta L = \frac{\sum_{i=1}^{m} t_{1i} l_{1i} - \sum_{i=1}^{m} t_{2i} l_{2i}}{M_S} \tag{8-11}$$

式中　l_{1i}——第 i 道工序采用夹具前的小时工资率，元/小时；

l_{2i}——第 i 道工序采用夹具后的小时工资率，元/小时。

3. 在按工资分摊间接费用的条件下，采用一种夹具加工单位零件，在考虑具有一定比率的间接费用时，其成本节约额（ΔC_B）（单位：元/件）可通过式（8－12）计算，即

$$\Delta C_B = (1 + \delta C_B)\Delta L \tag{8-12}$$

式中　δ——间接费用占基本生产工人工资的摊配率，%；

C_B——间接费用，元。

在工艺过程中采用夹具，能获得节约的条件是：

$$C_L < \Delta C_B Q_r \tag{8-13}$$

式中　C_L——与所采用的夹具的价值大小有关的年度费用，元/年；

Q_r——采用该种夹具的零件的年生产量，件/年。

4. 对比两个具有不同收益和费用的夹具方案时，可先计算两个夹具方案的临界产量 Q_0，即

$$Q_0 = \frac{C_{L2} - C_{L1}}{\Delta H_2 - \Delta H_1} \tag{8-14}$$

式中　C_{L1}，ΔH_1——价值较低夹具的费用支出额和节约额；

C_{L2}，ΔH_2——价值较高夹具的费用支出额和节约额；

Q_0——两种夹具的经济效益相同时的临界产量。

当实际产量大于 Q_0 时，则在工艺过程中采用价值较高的夹具可以节约工艺成本。反之，当实际产量小于 Q_0 时，则采用价值低的夹具较为有利。

5. 由于采用动力传动机构而比采用手动夹紧劳动生产率提高的百分比 V_n 可通过(8－15)计算，即

$$V_n = (1 - \frac{t_{Bnp} - t_M}{t_{Bp} - t_M}) \times 100\% \qquad (8-15)$$

式中 t_M——零件机械加工的时间，min；

t_{Bp}——手动夹紧零件的时间，min；

t_{Bnp}——动力传动机构夹紧零件的时间，min。

采用这种类型夹具的经济界限，可用下列各式表示。

(1)手动与采用标准夹具相比

$$(C_M + l)(\frac{t_1 - t_{yh}}{60})n \geqslant P_{yh} \qquad (8-16)$$

(2)标准夹具与专用夹具相比

$$(C_M + l)(\frac{t_{yh} - t_{ch}}{60})n \geqslant P_{ch} - P_{yh} \qquad (8-17)$$

(3)一种标准夹具与另一种效能、价值不同的标准夹具相比

$$(C_M + l)(\frac{t_{yh1} - t_{yh2}}{60})n \geqslant P_{yh2} - P_{yh1} \qquad (8-18)$$

式中 t_1——无夹具加工的单件工时，min；

t_{yh}，t_{yh1}，t_{yh2}——采用相应的标准夹具加工的单件工时，min；

t_{ch}——采用专用夹具加工的单件工时，min；

C_M——完成该道工序的台时成本，元/台时；

l——小时工资率，元/时；

P_{yh}，P_{yh1}，P_{yh2}——采用相应的标准夹具的年度费用，元/年；

P_{ch}——采用专用夹具的年度费用，元/年；

n——年有效工时。

从上述3个关系式可见，具有不同效能的夹具，均有其适用的经济范围。如果要考虑工序所完成的工作是用不同种类夹具和在不同设备上进行时，还要把机床的单位小时开支加进去比较。

习　题

1. 为什么需要对工艺方案及工艺装备方案进行技术经济分析？
2. 反映工艺方案技术特性的主要指标有哪些，它们的经济意义如何？
3. 某主轴有3个加工工艺方案，其资料如下：

方案1：毛坯为棒料，用普通机床加工，单位产品变动成本为60元/件，年固定成本为6 000元/年。

方案2：毛坯为棒料，用多刀半自动机床加工，单位产品变动成本为50元/件，年固定成本为8 000元/年。

方案3：毛坯为模锻件，用多刀半自动机床加工，单位产品变动成本为40元/件，年固定成本为20 000元/年。

根据上述资料比较3个方案的优劣。

第九章　设备更新项目的技术经济分析

设备是企业再生产的重要物质技术基础,也是发展国民经济的物质技术基础。设备的整体规模与水平,标志着这个国家的生产能力与物质技术力量,反映一个国家的综合实力。

近代工业劳动生产率提高、质量好、成本低,其原因是设备的技术水平高。几乎所有企业产品的质量、产量和成本这三项重要指标都与设备的技术水平有密切关系。设备也是世界经济战争中的重要武器。在现代化大生产中,设备具有十分重要的地位。

为了充分发挥设备的作用,企业必须加强设备管理。设备管理既要着眼于设备的物质方面,也要着眼于设备的价值方面,即从取得较好的技术经济效果出发做好设备的管理工作。设备管理不仅要做好设备的日常维护、保养和修理工作,而且要注意研究设备的正确选择与合理利用问题,研究设备在生产过程中合理补偿和更新的资金来源问题,研究各种更新方式的技术经济界限问题等,从而使企业正确地使用、更新和改造设备,提高设备的利用率,提高企业的经济效益。

第一节　设备的磨损

设备在使用(或闲置)过程中,会逐渐发生磨损。设备的磨损可以分为两种形式:一种是有形磨损;另一种是无形磨损。

一、设备的有形磨损及其经济后果

设备在使用(或闲置)的过程中,由于生产原因和自然因素的影响而引起的磨损称为有形磨损或物质磨损。

(一)有形磨损产生的原因

引起有形磨损的主要原因是生产过程中的使用、运转中的机器设备在力的作用下,零部件会发生摩擦、震动和疲劳等现象,致使机器设备的实体发生磨损,这种磨损叫作第一种有形磨损。这种磨损通常使机器设备零件的原始尺寸发生变化,甚至其形状也发生变化;零件公差配合性质改变以及加工精度降低;部分零部件功能丧失。

如在工厂中使用的金属切削机床,由于第一种有形磨损的作用,使其加工精度、光洁度和劳动生产率下降。当设备磨损到一定程度时,零部件和机械就会出故障,功能降低,设备的使用维修费用增大。当磨损到一定程度,整个机器就不能继续正常工作,甚至会发生事故,提早失去工作能力并需要支付较大的维修费用,造成经济上的损失。

设备在闲置过程中,由于自然力的作用而生锈,由于管理不善和缺乏必要的维护而丧失精度和工作能力,也都会引起设备的有形磨损。这种有形磨损叫作第二种有形磨损。

因此,设备闲置或封存也同样产生有形磨损。这是由于机器生锈、金属腐蚀、橡胶和塑胶老化等原因造成的,时间长了会自然丧失精度和工作能力。

设备有形磨损的形式如图 9－1 所示。

第一种有形磨损与使用时间和使用强度有关,而第二种有形磨损在一定程度内与闲置时间的长短有关。

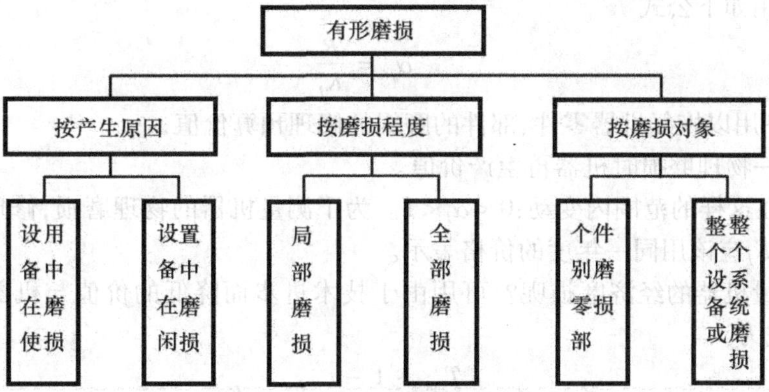

图 9-1　设备的有形磨损

(二)有形磨损的技术经济后果

有形磨损的技术后果是使机器设备的精度降低,设备的使用价值降低。这种磨损严重到一定程度时,设备将不能作为劳动工具继续使用,甚至完全丧失使用价值。

有形磨损的经济后果是使机器设备价值部分降低,甚至完全贬值。要消除有形磨损,使之局部恢复或完全恢复机器设备的使用价值,必须支出相应的费用,即修理费或更换费。

(三)技术进步对设备有形磨损的影响

技术进步促进了新型耐用材料的涌现,零部件加工精度和光洁度的提高以及结构可靠性的增大等,可使设备的耐久性提高;同时,采用科学的预防维护计划预修制度以及新的先进修理技术,都可推迟设备发生有形磨损的时间。

但是,另一方面,技术进步又加快了有形磨损的速度。例如,采用高效的生产技术能使生产强化,自动化生产会提高设备利用程度,自动化管理系统会显著减少设备停歇时间,数控技术会减少设备的辅助时间,从而使设备有效运转时间的比重显著增加。由此,专用设备、自动化设备常常在连续、强化、重载条件下工作,必然会加快设备的有形磨损。

一般地说,推迟有形磨损的发生在经济上总是有利的。从这点出发,提高设备耐用度对于现代工业企业经济效益的保证具有十分重要的意义。但是,必须注意到,增加耐用度是有经济界限的,这个界限取决于设备的无形磨损。

(四)设备有形磨损的度量

正确地度量有形磨损的程度是合理评价设备使用的经济性的基础之一。设备磨损后是进行修理还是用新设备代替原设备,取决于对设备磨损程度的评估。

设备的有形磨损程度直接决定于设备零件的磨损量,这里借用经济指标的度量方法,以在计算个别零件磨损程度 α_i 的基础上确定出整机平均磨损程度 α_f,即

$$\alpha_f = \frac{\sum_{i=1}^{n} \alpha_i K_i}{\sum_{i=1}^{n} K_i} \tag{9-1}$$

式中　α_f——设备整机平均磨损程度;

n——磨损零件的总数;

K_i——第 i 种零件的价值。

也可以用如下公式

$$\alpha_f = \frac{R}{K_I} \tag{9-2}$$

式中 R——用以恢复机器零件、部件的磨损的修理预算价值；

K_I——物理磨损时机器再生产价值。

α_f只能在这样的范围内变动:$0 < \alpha_f < 1$。为了测量机器的物理磨损,修理价值和机器的再生产价值K_I应该用同一年度的价格表示。

怎样衡量机器的经济磨损呢？可用由于技术进步而降低的价值与机器的原始价值之比,其表达式为

$$A_t = \frac{T_{\text{opt}} + 1 - t}{\sum_{j=1}^{T_{\text{opt}}} j}(K_0 - K_L)$$

$$\sum_{j=1}^{T_{\text{opt}}} j = 1 + 2 + 3 + \cdots + (T_{\text{opt}} - 1) + T_{\text{opt}} = \frac{T_{\text{opt}}(1 + T_{\text{opt}})}{2}$$

$$K_0 = A\frac{1}{1+i} + A\frac{1}{(1+i)^2} + \cdots + A\frac{1}{(1+i)^T} + K_L\frac{1}{(1+i)^T}$$

$$A = \left[K_0 - K_L\frac{1}{(1+i)^T}\right]\frac{i(1+i)^T}{(1+i)^T - 1} \tag{9-3}$$

式中 K_0——机器的价值；

K_L——机器的残值。

如何衡量机器的总磨损呢？似乎可以用α_f和α_e之和来表示。实际上,这两个指标是不能直接相加的,因为α_f是对机器再生产价值之比,而α_e是对机器原始价值之比。总指标衡量的方法是:受到物理磨损后,机器的折余价值为$(1-\alpha_e)$;两者之积$(1-\alpha_f)(1-\alpha_e)$说明机器受到物理和经济磨损的折余价值。

因此,机器设备物理磨损与经济磨损的总指标可按式(9-4)计算,即

$$\alpha = 1 - (1 - \alpha_f)(1 - \alpha_e) \tag{9-4}$$

式中 α——机器设备的总磨损指标(以机器的原始价值份额表示)；

α_f——机器物理磨损的经济尺度(以占生产价值份额表示)；

α_e——由于技术进步机器减少的价值(以占原始价值的份额表示)。

现在我们来验算所求得指标的正确性:

在任何时期,考虑到物理磨损和经济磨损影响后的机器价值为

$$K = (1 - \alpha)K_0$$

现在,我们将$\alpha = 1-(1-\alpha_f)(1-\alpha_e)$,$\alpha_f = \frac{R}{K_I}$,$\alpha_e = \frac{K_0 - K_I}{K_0}$代入上式,经过计算后得

$$K = K_I - R \tag{9-5}$$

即考虑到物理磨损和经济磨损后,机器的价值等于该机器再生产价值K_I减去用该年度价格表示的修理费用R。

二、无形磨损

(一)设备的无形磨损

机器设备在使用或闲置过程中,除发生有形磨损之外,还会发生无形磨损。它是由于

非使用和非自然力作用所引起的机器设备价值上的一种损失。与有形磨损不同，无形磨损在实物形态上是看不出来的，造成这种无形磨损的原因有两种：一是由于技术进步的影响，生产工艺不断改进、成本不断降低、劳动生产率不断提高，生产同样机器设备所需要的社会必要劳动耗费减少了，从而使原有设备的价值相应贬值。这种无形磨损虽然会使现有机器设备产生部分贬值的经济后果，但是设备本身的技术特性和功能并没有受到影响，设备的使用价值并未因此而变化，故不会产生提前更换现有设备的问题，这叫作第一种无形磨损。二是在技术进步影响下，生产中出现了结构更加先进、技术更加完善、生产效率更高、耗费原材料和能源更少的新型设备，而使原有机器设备显得陈旧落后，因而产生无形磨损，这种磨损，叫作第二种无形磨损。

在第二种无形磨损下，它不仅使原有机器设备价值产生价值贬值的经济后果，而且也会造成原有设备使用价值局部或完全丧失的技术后果。这是由于新技术的发明与应用，造成旧的机器设备还未达到物理使用寿命，但它的生产率已大大低于社会的平均水平，如果继续使用，产品的成本就会超出社会的平均成本，使得企业的竞争能力下降，同时，也直接影响企业的经济效益。在这种情况下，旧设备虽可以使用，甚至还有一段相当长的使用寿命，而用新设备代旧设备更合算。

（二）无形磨损与技术进步

无形磨损引起使用价值的降低与技术进步的具体形式有关。

1. 如果技术进步的表现为不断出现性能更完善、效率更高的新结构，但是加工方法没有原则变化，这种无形磨损则使原有设备的使用价值大大降低。如果这种磨损速度很快，则继续使用旧设备可能是不经济的。

2. 技术进步的形式表现为广泛采用新的劳动对象，特别是利用综合的和人造的材料时，则加工旧材料的设备要淘汰。

3. 技术进步的形式表现为改变原有生产工艺，采用新的加工方法，则原有设备将失去使用价值。

（三）设备无形磨损的度量

衡量设备的无形磨损常常采用价值指标。下面介绍在技术进步的影响下，如何利用设备价值降低系数来表示它的无形磨损程度。设备无形磨损程度α_I的表达式为

$$\alpha_I = \frac{K_0 - K_1}{K_0} = 1 - \frac{K_1}{K_0} \tag{9-6}$$

式中 α_I——设备无形磨损程度；

K_0——设备的原始价值；

K_1——考虑到第一、第二种无形磨损时设备的再生产价值。

在计算无形磨损α_I时，K_1必须要反映技术进步的两个方面对现有设备贬值的影响：一是相同的设备再生产价值的降低；二是具有较好功能和更高效率的新设备的出现。在这种情况下，K_1还可以表示为

$$K_1 = K_n \left(\frac{q_0}{q_n}\right)^{\alpha} \left(\frac{C_n}{C_0}\right)^{\beta} \tag{9-7}$$

式中 K_n——新设备的价值；

q_0, q_n——使用相应的旧设备、新设备的年生产率；

C_0, C_n——使用相应的旧设备、新设备时的单位产品耗费；

α,β——分别为劳动生产率提高和成本降低指数。

指数取值范围，$0<\alpha<1,0<\beta<1$，其数值大小的确定是通过研究相似设备的实际资料后获得的。

在式(9-7)中，当 $q_0=q_n,C_0=C_n$ 时，即新旧机器的劳动生产率及使用成本均相同，$K_1=K_n$ 表示发生第一种无形磨损。

若式(9-7)中出现下述3种情况之一，即表示发生第二种无形磨损。

(1)当 $q_n>q_0,C_0=C_n$。

(2)当 $q_n=q_0,C_0<C_n$。

(3)当 $q_n<q_0,C_0<C_n$。

在进行比较分析时，采用的是设备的单位产品使用成本。因为一种结构完善、效率更高的新设备，其价值不一定比旧结构设备再生产的价值便宜，所以直接比较两者的价值不一定能得出正确的结论，只有通过比较单位产品的使用成本才能反映新设备的优越性。

三、综合磨损

机器设备的磨损是具有二重性的。在设备的使用过程中，既会发生有形磨损，又会发生无形磨损，两种磨损同时作用在机器设备之上。

有形磨损和无形磨损都同时引起机器设备价值的贬值，这两种磨损引起的结果是相同的。但是有形磨损的结果不仅使机器设备的价值贬值，而且也使设备的功能减退，有形磨损严重的机器设备，在修理之前，常常不能工作。而对于无形磨损，即使是最严重的无形磨损，设备的功能一般是完好的，仍然可以使用，只是用它生产产品时，其成本高、经济效益差，需要从经济角度出发考虑继续使用是否合算的问题。

机器设备综合磨损的形式不同，补偿磨损的方式也不一样。补偿分为局部补偿和完全补偿。

设备有形磨损的局部补偿是修理，设备无形磨损的局部补偿是现代化改装。有形磨损和无形磨损的完全补偿是更换。

第二节　设备更新项目及其技术经济分析

一、设备的更新

设备更新是消除其有形磨损和无形磨损，特别是消除第二种无形磨损的一个重要手段。狭义地讲，设备更新就指设备已磨损到不能继续使用的程度时，以相同的设备进行替换。这是一种最简单的替换。在设备更新中，占主要地位的应当是以效能更高，性能更先进、更完善的设备，去代替在物理上不能继续使用或经济上不宜继续使用的陈旧设备。只有这样，才能使现代企业以先进技术、生产成本低、产品质量可靠而取胜。如果设备更新的规模不大、更换的周期很长、全部设备平均役龄长，将会影响企业的竞争实力。

目前，我国的设备拥有量已形成整体规模。与工业发达的国家相比，我国的技术装备不是数量上的差距，主要是水平上的落后。在相当多的企业里，设备老化、超期服役、设备效率低，直接影响着国民经济发展，关系到产业竞争力和国家竞争力的战略问题。

一台设备通过多次大修，可以在10年、20年甚至更长的时间里使用，但是设备随着大修次数的增加,每次修理费用在增加,而且修理的间隔期又在缩短,使得设备修理的费用很高,有的甚至比买新设备的费用还高。新设备一般生产效率高、耗费小、原材料消耗少。旧设备往往与之相反,两者之间存在着很大差异。因此,只有通过对设备的技术经济分析,才能做出设备更新的正确决策。

工业发达的国家总是十分重视设备的更新。因为设备的更新,可以使产量提高、产品品种增加、产品成本降低、劳动生产率提高,同时,可以加速产品的更新换代,加快技术发展的步伐。

二、设备更新策略

从世界上工业发达国家发展的历史来看,机器设备的技术水平以及它的发展速度,直接影响着一个国家的经济发展速度。落后的生产设备是工业技术发展的严重障碍,这已为世界工业发展的历史所证实。为加速工业发展,在设备更新的政策上有着不同的类型,大致可分为3种类型:以更新为主,以扩大设备拥有量为主和两者兼顾。

(一)以更新设备为主的策略

当一国的工业发展到一定的水平,其设备的拥有量、生产能力已达到一定的规模时一般主要是靠进一步提高劳动生产率来增加产量。即不断使用更先进的技术代替和改造现有陈旧技术,使生产在高技术装备条件下进行。所以采用以更换为主的做法是增加产量、提高质量、减少原材料和能源消耗的有效途径。

(二)以扩大设备拥有量为主的策略

工业比较落后的国家,在工业化的初期,由于设备严重不足,在劳动力资源丰富、劳动力价格便宜的情况下,充分利用一切设备来迅速扩大生产能力。所以,在引进必要的设备的同时,将国内的全部设备主要用于扩大再生产,不断地增加新厂和扩建老厂;而现有设备主要是靠修理、特别是大修理来延长设备的使用年限。

以扩大设备拥有量为主,走外延发展生产道路的国家,在其特定的时期,特定的条件下是必要的。但是国家为了维持大量陈旧落后设备的运装,必然要花巨额资金用于陈旧设备的修理上,从经济效益上讲,单位投资所取得的产品数量和质量都不会很高。

(三)更新设备和扩大设备拥有量兼顾的策略

设备更新一般经历两个阶段,开始以增加设备拥有量为主,而后又以扩大更新的规模为主。

通过设备的大规模更换,可以调整设备拥有量的构成比,使先进的、效率高的设备在拥有量中所占的比重逐渐提高,同时不断改变旧式的加工方法,不断淘汰过时的老设备,使机械工业的设备结构较好地适应国民经济发展的需要。但是,这种策略需要有巨大的财力支撑,以确保增加机器设备对投资的需要。

三、设备更新的原则及其经济寿命

(一)设备更新的原则

设备更新不仅可以促进技术进步,同时又有较好的经济效益。设备的更新政策涉及一系列的问题,例如设备是否应该更新?什么时间更新?用什么样的设备更新?这些问题应取决于设备更新的经济效益。其一般原则有:

(1)原有设备的余值较大者,继续使用较为有利。

(2)原有设备的使用费用增长较快时,越提前更新越有利。

(二)设备的寿命

设备更新的关键是正确地确定它的技术经济界限,也就是找出设备合理的更新周期。设备到达更新周期,意味着设备寿命已结束。由于更新要从技术和经济两个方面考虑设备是否适宜继续使用,因此,对设备的寿命要有全面的认识。设备的寿命可分为如下4类。

1. 物理寿命

物理寿命也可称之为自然寿命,是指设备从投入使用开始一直到功能丧失报废为止的全部时间。设备的物理寿命主要取决于设备的制造质量、使用状况和维修工作。

2. 技术寿命

技术寿命是指设备从开始使用到因技术落后而被淘汰所经过的时间。设备的技术寿命主要取决于科学技术的进步,故设备可能还未到达它的物理寿命,但却已到技术寿命而被淘汰。

3. 经济寿命

经济寿命也可称为设备的价值寿命,它是指设备的购置和维持费用之和最小的使用时间。

设备的经济寿命由设备的使用成本决定。在设备的使用阶段,必须支付维持费用(使用成本)来维持设备的使用,当使用成本过高时,一般就应淘汰。

4. 产品寿命

产品寿命是指由于市场上已不需要该设备所生产的产品,使得该设备虽然还处于良好状态,但被迫提前退出使用。这时设备的寿命就称之为产品寿命。由产品寿命决定设备使用期限的主要是一些专用设备。

(三)设备最优更新周期的确定

研究设备寿命的目的在于确定设备的最优更新周期,从而提高设备更新的经济效益。一般认为设备到达了经济寿命也就到了它的最优更新周期。

应用经济寿命确定设备的最优更新周期的常用方法主要有面值法和低劣化数值法。

1. 面值法

面值法是一种以同类型设备的统计资料为依据,在不考虑利息和大修理的条件下,通过分析计算其年度维持费用来确定经济寿命,从而确定最优更新周期的一种方法。下面举例说明。

【例9-1】某机器设备以30 000元的价格购入,根据同类设备的有关资料,其维持费及各年残值如表9-1所示。

表9-1 设备各年的维持费用和实际残值

使用年限/年	1	2	3	4	5	6	7
维持费用/元	6 000	7 000	8 000	9 000	10 000	12 000	15 000
累计维持费用/元	6 000	13 000	21 000	30 000	40 000	52 000	67 000
实际残值/元	20 000	13 330	10 000	7 500	5 000	3 000	3 000

根据表9-1所列资料,计算每年的折旧费、总使用费用和每年的平均使用费用。计算

结果列于表9-2。

表9-2 设备的年折旧费、总使用费用和平均使用费用

使用年限/年	1	2	3	4	5	6	7
折旧费/元	10 000	16 670	20 000	22 500	25 000	27 000	15 000
总使用费用/元	16 000	29 670	41 000	52 500	65 000	79 000	67 000
年平均使用费用/元	16 000	14 830	13 670	13 120	13 000	13 170	13 430

表9-2中,有关费用的计算公式为

$$折旧 = 原值 - 残值$$

$$总使用费用 = 累计维持费 + 折旧费$$

$$年平均使用费用 = 总使用费用 / 年限$$

由计算结果可以看出,年平均使用费用最小的是第5年,所以该机器设备的经济寿命为5年,因而第5年末即为它的最优更新周期。

仅就经济性而言,当存在大修理时,其经济寿命可延长2~3倍,更新周期也相应延长2~3倍。

2. 低劣化数值法

这是用所谓的方形理论在不考虑修理的条件下来求设备经济寿命。假定某设备的原值为K_0,已使用T年,则每年的设备费用为K_0/T。随着年份T的增长,年平均设备费用不断减少,而设备的物质和精神磨损却随之增加,这就叫作设备的低劣化,也叫综合磨损损失。假定设备使用成本的低劣化是呈线性关系,每年以λ数值在增长,若设备使用T年时,则第T年的低劣化数值为λT,T年中的平均低劣化数值为$\lambda T/2$。据此,则平均每年的设备费用为

$$y = \frac{\lambda}{2}T + \frac{K_0}{T} \tag{9-8}$$

式中 K_0——设备的原始价值;

T——设备使用年限;

K_0/T——不考虑低劣化时每年的设备费用;

λ——年低劣化增加值(如修理费用,燃料、动力的超额支出等)。

若使设备费用最小,则对上式进行一次微分,令

$$T_0 = \sqrt{\frac{2K_0}{\lambda}} \tag{9-9}$$

式中,T_0为经济寿命(最佳更换期)。

【例9-2】某设备的原始价值为8 000元,每年低劣化增加值为320元,计算该设备的最佳使用期。

首先算出逐年的设备费用,然后计算各年的平均低劣化值,最后按年份算出两项之和,结果如表9-3所示。

从表9-3中看出,在使用的第7年总费用最小,这就是设备更换的最佳时期。

上面的计算没有考虑各年费用的利息因素。如果将利息因素考虑在内,则其计算步骤

如下。

(1)求各年的平均低劣化数值。

(2)各年的支出统一折算为现在的价值(即现值),以便进行比较。折算为现值的公式为

$$P = S\frac{1}{(1+i)^n} \tag{9-10}$$

式中 P——现值;

S——未来值,即第 n 年付出的资金;

i——资金利润率;

$\frac{1}{(1+i)^n}$——现值系数;

n——比较时采用的年限($n=1,2,3\cdots$)。

表 9-3 设备最佳更换期的计算(不考虑利息因素)

使用年限/年	设备费用/元	年平均低劣化值/元	合计/元
1	8 000	160	8 160
2	4 000	320	4 320
3	2 666	480	3 146
4	2 000	640	2 640
5	1 600	800	2 400
6	1 333	960	2 293
7	1 147	1 120	2 267
8	1 000	1 280	2 280
9	888	1 440	2 328

各年的现值系数如表 9-4 第 3 列所示。

表 9-4 设备最佳更换期的计算(考虑利息因素)

使用年限/年	低劣化数值/元	现值系数	年低劣化数值的现值/元	现值合计/元	投资回收系数	每年均等支出额/元
①	②	③	④	⑤	⑥	⑦
1	160	0.869	139.04	9 139	1.1509	9 359.9
2	480	0.756	362.88	8 502	0.615	5 228.7
3	800	0.658	526.4	9 028.3	0.438	3 954.4
4	1 120	0.572	640.64	9 668.9	0.350	3 384.5
5	11 400	0.497	715.68	10 384.6	0.298	3 094.6
6	1 760	0.432	760.32	11 144.9	0.264	2 942.3

表 9-4(续)

使用年限/年	低劣化数值/元	现值系数	年低劣化数值的现值/元	现值合计/元	投资回收系数	每年均等支出额/元
7	2 080	0.376	782.08	11 927.0	0.240	2 862.5
8	2 400	0.327	784.8	12 711.1	0.223	2 834.7
9	2 720	0.284	772.48	13 484.3	0.210	2 831.7
10	3 220	0.247	795.34	14 279.6	0.199	2 841.6

(3)将各年低劣化现值与目前需支付的设备费用相加,得到累计至各年的支出费用的现值总和,如表 9-4 中第 5 列。

(4)为使支出的现值可与每年由更新而获得的利益比较,需将支出的现值换算为当量的每年均等支出额。换算时可用投资回收系数乘以支出的现值。

投资回收系数列于表 9-4 中第 6 列。

当量的每年均等支出额列于表 9-4 中第 7 列。

考虑利息因素计算出的最佳使用期为 9 年,与不考虑利益因素的计算结果(7 年)略有出入,但差数甚微,两个结果都可作为备选的更换时机。

第三节　设备大修理及其技术经济分析

一、大修理的技术经济实质

设备在使用过程中不断地经受着有形磨损。设备的零件、部件是由各种不同特性的材料制成的,它们的使用条件也各不相同,因此设备的零件、部件有着不同的耐久性和不同的使用寿命。

同一台设备,由于各组成部分的耐久性不同,使用条件也不同,在使用一定时间后,有的零件已经磨损,要求修复或更换;另一些零件还可以长时期正常工作,直到必须修理为止;此外还有些零件、部件在整个设备使用期间内,实际上并不需要修理或更换。所以对于整个设备的各零部件来说,这种有形磨损是不均衡的。

如果设备的全部零件在相等的时间内要求更换,那就不存在修理问题了。这是一种等强度的理想设计。这种理想的“无维修保养设计”实际上是难以做到的,所以在设备的工作期间内仍需要保持必要的修理工作。但是修理工作的必要性必须与经济性相结合,才能取得最佳的效果。

修理就是恢复设备在使用过程中局部丧失的工作能力的过程。

设备的大修理是通过调整、修复或更换磨损的零件(包括基础件在内)的办法恢复设备的精度,恢复零部件及整机的全部或接近全部的功能,以达到设备原有出厂水平。而设备的日常修理是通过调整、修复或更换易损零件的办法,保持设备在使用过程中的工作能力。

大修理能够利用被保留下来的零部件,从而节约大量原材料及加工工时。这一点与购置新设备相比具有很大的优越性,因而它是保证修理的经济性的先决条件。

在一般情况下，大修理比制造新设备更快，因此大修理也是一种保持生产能力的措施。大修理可以延长设备的使用期限。

如果在某些大修理后的设备上，生产单位产品的劳动耗费要比使用新机器高，则采用修理的办法来延长设备的使用年限，在经济上并不是合理的。因此，需要计算修理的经济效果。

二、确定设备大修理经济效果的方法

大修理的经济界限是一次大修理所用的费用(R)必须小于在同一年份该新机器的再生产价值(K_n)，即$R < K_n$。采用这个标准，在比较时还应把设备的残值(K_L)计算在内。如果设备在该时期的残值加上大修理费用等于或大于新设备的价值时，很显然，这样的大修理就是不合理的，此时宁可购买新设备也不进行大修理。我们把这个条件作为大修理经济界限的前提条件，即

$$R < K_n - K_L \tag{9-11}$$

在实际工作中，由于修理工作组织不当，致使修理成本很高，有时甚至超过新设备的价值，这种情况是常有的。从经济的观点来分析，这样的修理当然是不合理的；但由于新设备供应不足，用户不能及时得到需要的设备，往往被迫进行高价的修理。为了节约社会劳动耗费，讲求经济效果，国家在投资政策上应该加以调整。

但是符合上述条件的大修理，在经济上是不是最佳方案呢？要回答这个问题，还应对大修理的经济性做深入的分析，还应考虑修理后设备的工作质量。

如果设备在修理之后，生产技术特性与同种设备没有区别，则公式$R < K_n - K_L$对衡量大修理的经济性便是合理的。但是实际情况并非如此，设备在大修理之后，常常缩短可到下一次大修理的间隔期。同时，修理后的设备与新设备相比，日常维护和小修理的费用多，与设备使用有关的费用增加，因此，修理的质量对于单位产品成本的大小有很大的影响。

只有大修理后使用该设备生产的单位产品的成本，在任何情况下，都不超过用相同新机器生产的单位产品的成本时，这样的大修理在经济上才是合理的。

设备大修理的经济效果取决于在大修理后设备上与在新设备上加工单位产品的成本比例关系或两者成本之差。即

$$I_r = \frac{C_r}{C_n} \leqslant 1 \tag{9-12}$$

或

$$\Delta C_x = C_n - C_r \geqslant 0$$

式中 I_r——大修理后设备与新设备加工单位产品成本的比值；

C_r——在大修理后的设备上加工单位产品的成本；

C_n——在新设备上加工单位产品的成本；

ΔC_x——新设备与大修理后的设备加工单位产品成本的差额。

下面确定在新设备和大修理后的设备上加工单位产品的成本C_{x_1}为

$$C_{x_1} = \frac{K_n + C_{E1} - K_{L1}}{Q_1} \tag{9-13}$$

式中 C_{E1}——设备在第一个使用周期内的经营费用总额(不包括折旧费在内的生产成本)；

K_n——新设备的价值；

K_{L1}——设备到第一次大修理时的残值；

Q_1——设备第一次大修理前整个使用周期内生产的产品数量。

设备在第二个大修理周期内单位产品成本，同样可根据两次大修理之间的总费用与该期间生产产品数量之比来确定。在第二个使用周期内单位产品成本(C_{x_2})为

$$C_{x_2} = \frac{K_{L1} + R_1 + C_{E2} - K_{L2}}{Q_2} \tag{9-14}$$

式中　R_1——第一次大修理费用；

C_{E2}——设备在第一次和第二次在修理之间的经营费用总额；

K_{L2}——设备在第二次大修前的残值；

Q_2——第二个使用周期内该设备生产的产品产量。

如果设备经过多次大修理，则任何一个使用期内的单位产品成本为

$$C_{x_i} = \frac{K_{Li-1} + R_{i-1} + C_{Ei} - K_{Li}}{Q_i} \tag{9-15}$$

单位产品成本的大小与设备修理次数及修理间隔期的长度有关。因此，确定大修理经济界限的方法，是比较在不同修理周期内实际达到的最小单位产品成本。

要确定最小的单位产品成本，必须划出设备在每一个不同使用期中，单位产品成本随着修理间隔期变化的规律性，这就需要分析单位产品成本中各种因素与修理间隔期长度的关系。由于不同使用周期内分摊的设备价值为

$$K_{m1} = K_0 - K_{L1}$$

$$K_{m2} = K_{L1} + R_1 - K_{L2}$$

$$K_{mi} = K_{Li-1} - R_{i-1} - K_{Li}$$

所以，设备在任何一个使用周期内的单位产品成本可表达为

$$C_{xi} = \frac{K_{m1}}{Q_i} + \frac{C_{Ei}}{Q_i} \tag{9-16}$$

由式(9-16)可知，单位产品的成本是由分摊到单位产品上的设备价值和经营费用两个部分组成的。

第一部分是分摊到单位产品上的设备价值。它的分子 K_{mi} 对每个使用周期来说都可视为常数，它的分母 Q_i 则是一个变量。因此，随着修理间隔的增长(即产量的增大)，分摊到单位产品上的设备价值是按双曲线关系递减的。

第二部分是分摊到单位产品上的经营费用。这部分费用与修理间隔期的变化关系如何？我们也可将其分为两部分来研究。

经营费用中一部分可分为不随设备修理间隔期或使用期变化的费用，以 C 表示。即修理间隔期变化时，单位产品中的 C 值不变，为一常数。

经营费用中的另一部分是随着设备修理间隔期或使用期变化的费用，它主要包括：因设备生产率变化而引起加工费用的增加，设备日常维护中、小修理费用，停工损失，废品增加，原材料及能源的耗费增加等，用 C' 表示。修理间隔期变化时，单位产品中 C' 值将发生变化，其值为

$$\frac{C'_i}{Q_i} = C' \tag{9-17}$$

这样,在设备的某个修理间隔期或使用期内,单位产品的经营费用总和为

$$\frac{C_{Ei}}{Q_i} = C + \frac{C'_i}{Q_i} \tag{9-18}$$

则设备在某个修理间隔期或使用期内加工单位产品的成本(C_{xi})即为

$$C_{xi} = \frac{K_{mi}}{Q_i} + C + \frac{C'_i}{Q_i} \tag{9-19}$$

式中的第一项$\frac{K_{mi}}{Q_i}$表示单位产品所分摊的设备价值,修理间隔期越长,单位产品所分摊的设备价值越少。

式中的第二项 C 表示不随修理间隔期变化而变化的经营费用,即固定部分。

式中的第三项$\frac{C'_i}{Q_i}$与修理间隔期变化的关系较为复杂。

图 9-2 中的 $ABCD$ 曲线,即其随修理间隔期和修理次数增多而增长变化的趋势。

每经过一次大修理,该费用则直线下降一定水平,如第一次大修后,即由 B 点降至 E 点;第二次大修后,即由 C 点降至 F 点。而在每次修理后,随着使用时间的延长,它又不断回升,直至下次大修理为止。然而,修理过的设备与新设备相比,其 C'值总是逐渐升高的,如图中 E 点高于 A 点,F 点高于 E 点,即通过大修理,虽然 C'值可比前一修理间隔期的后段时间有所降低,但不能恢复到前一间隔期的总水平,即 C'值总是随使用期限的延长和修理次数的增多而呈上升的趋势。

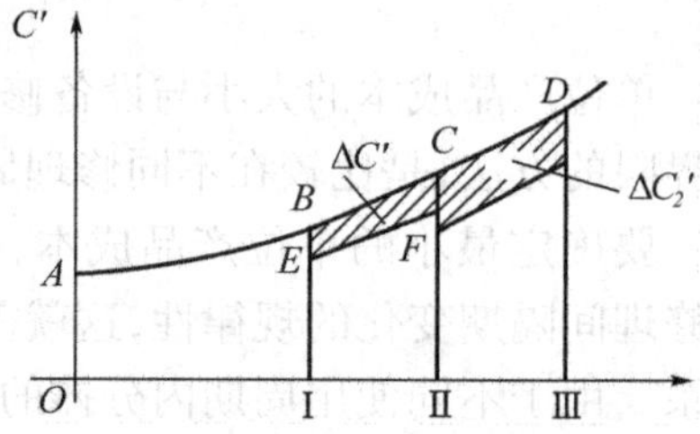

图 9-2　经营费用 C′与修理间隔期的关系

C'值的确定,可通过统计资料来计算。分别确定设备在第 i 个修理间隔期(使用期)内经营费用的数额,再除以相应 i 期内的产量 Q_i,即分别得出 i 期内的 C'值。如果积累的数据比较完整准确,往往可以得到比较精确的 C'值。

第四节　设备现代化改装及其技术经济分析

一、设备现代化改装的概念和意义

设备超过最佳使用期限之后,就存在更换问题。但是,这里有两个问题需要研究:第一,企业能否及时获得更换所需的新设备?第二,陈旧设备一律更换是否最佳?

一种新设备从构思、设计、研制成功到成批生产,一般要经历较长的时间。随着技术进步的加快,这个周期也在不断缩短。

新设备的加快出现,表示现有设备的加快陈旧。从理论上说,当新型设备投入市场后,就应该用它替换过去的旧型号设备,可是实际上没有任何一个国家能够按照设备的改型周期把自己现有设备全部换新一次。例如,我国的金属切削机床年产量只为拥有量的5%,如果每年生产的新机床全部用于更换,轮一遍也将长达20年之久。

技术进步促进高效率、新结构的设备不断出现,而陈旧的、役龄较高的设备又得不到及时更换,已经遭受严重无形磨损但又不得不被迫使用。因此,企业面临着一种选择:是继续

使用陈旧设备使企业生产的产品成本增加、竞争能力减弱，还是寻找其他的途径。

扩大设备制造部门的生产能力，固然对扩大更换规模、缩短设备使用期限是有益的，但要达到尽快更换的要求又是不可能的。何况我国设备制造部门的产品更新换代缓慢，用相同结构的新设备去更换现有设备，也体现不出设备更新的优越性。

如何解决这个矛盾呢？有效途径之一就是使现有设备现代化。现代化有时比更新设备具有更大的经济效果。

所谓设备现代化，是指应用现代化的技术成就和先进经验，适应生产的需要，改变现有设备的结构，给旧设备装上新部件、新装置、新附件，改善现有设备的技术性能，使之达到或局部达到新设备的水平。设备现代化是克服现有设备的技术陈旧状态，消除第二种无形磨损，更新设备的重要方法之一，也是扩大设备的生产能力，创造和发展新技术的途径之一。

通过设备现代化来改造陈旧设备以使之达到需要的水平，所需要的基本投资往往比用新设备更换要少。因此，在多数情况下，设备现代化在经济上有很大的合理性。

设备现代化具有很大的针对性和适应性。经过现代化改造的设备能够较好地适应生产的具体要求。某些情况下，在适应具体生产需要的基础上，甚至可以超过新设备，其技术特性比新设备水平还高。所以在个别情况下，对新设备也可以进行改装。这一点，对于产品更新换代缓慢、资金短缺的发展中国家，具有较大的现实意义。

设备现代化还可以促进设备拥有量的构成比得到改善。通过设备现代化，可以将旧的万能机床改装为专用机床、专门化机床、自动化机床、半自动化机床，甚至联成自动线，从而改善设备拥有量的构成比。

设备现代化对现有企业进行技术改造，对提高老企业的经营效果，节约基本建设投资都是非常有效的。特别是对于发展中国家，在资金短缺的情况下，更应该把设备现代化看作是提高现有技术水平的重要的经常性的手段。

许多发达的资本主义国家也很重视设备现代化工作。美国许多机床制造公司每年都接受大量设备现代化的订货，不仅对已使用十多年的一般机床进行改装，也对相当年轻的数控机床进行改装。在某些情况下，一些机床制造厂为产品更新换代而进行的生产设备改装，是通过对现有设备的现代化来实现的。在一定条件下，无论是从技术角度看，还是从经济角度看，这种做法都是经济的。例如，美国通用汽车公司为了扩大轻便小轿车的生产，在机床制造工厂的参与下，对已有金属切削机床的1/3进行了改装，在没有购置新机床的情况下，就满足了扩大轿车生产的需要。日本各汽车厂在产品换型时，都充分利用老设备进行生产线的改造。丰田汽车公司的发动机机械加工线，由原来生产一种发动机改为生产新旧两种发动机，新线由240台机床组成，其中新增机床70台，占29%；老机床现代化120台，占50%；保持原有机床50台，占21%。新线能在保持原有产量的情况下，同时生产两种发动机。改造工作是在不停产的条件下进行的，从开始制订改造计划，到改造完毕，共用了两年时间。

二、设备现代化改装的技术可能性和基本方向

（一）设备现代化的技术可能性

设备的现代化并不是在任何情况下都是可行的。当出现完全不同于现有加工方法的新方法，而且这种新的加工方法比老方法有很大的优越性时，通常要求采用另一种设备，这时使现有机床现代化的技术可能性就不存在了。此外，还有一种情况：加工工艺虽然没有变化，但为了进行现代化，技术结构要有重大改动，最后保留的可能仅剩床体，有时甚至连

床体也要重新加工，这时，对旧设备进行现代化在经济上就是不合理的。

但是机械加工技术发展最典型、最普遍的情况，不是从根本上改变设备的结构，而是在原来的基础上建立较完善的结构，使之具有较好的技术特性。例如，现在机床厂生产的C6140车床就是在过去的C620车床的基础上改进而来的；而C620车床的结构，也就是在过去较不完善的车床的基础上发展起来的。因此，过去生产的设备完全可以通过周期性地现代化达到或接近先进的技术水平。如果机床结构的完善化是按上述过程在制造厂进行，那么现有旧结构机床的完善化同样可以通过现代化的方法在使用厂进行。因此，现有机床通过现代化改造在技术上可能做到以下几点。

(1)提高机床所有技术性能，使之达到现代新机床的水平。

(2)改善机床某些技术特性，使之局部达到现代新机床的水平。

(3)使机床的技术特性得到某些改善。

设备现代化的技术可能性是随经验的积累而不断扩大的，并且在发展新结构的同时，可以将新的部件和先进的装置安装在陈旧的设备上。

设备的役龄对设备的现代化技术可能性具有直接的影响，现有设备技术特性的完善程度与役龄有很大关系。对役龄大的特别陈旧的设备进行现代化改造，技术上往往是困难的，所需费用也较高，但正是这类设备完善化的必要性更大。役龄较小的机床进行现代化改造，技术上较容易，但其迫切性差一些。一般说来，役龄10~20年的机床应是现代化的主要对象。随着现有设备更新速度的加快，服务20年以上的设备的现代化的比重应该减少。同时，随着技术进步的加快，役龄在10年以下的机床进行现代化比重应有所增加。不应认为新机器没有现代化的必要。

(二)设备现代化的基本方向

机械加工设备现代化的基本方向如下所示。

(1)充分利用现代切削工具，提高切削速度，以缩短机械加工时间。

(2)集中操作，减少工件在机床上传递的时间，以缩短非机械加工时间。

(3)提高机床的机械化和自动化水平，缩短辅助时间。

(4)提供采用成组加工方法的条件。

(5)扩大机床的工艺可能性。

(6)改变机床的基本工艺用途。

(7)旧机床专业化。

(8)提高机床工作精度，并长期保持其精度。

(9)提高机床的耐久性。

(10)改善劳动条件和保证劳动安全。

对一台机床的现代化来说，以上各点可以是单项的，也可以是多项的，要根据机床的类型、役龄、生产批量、机床担负的具体任务和生产的具体需要来确定。

三、设备现代化改装的技术经济分析

设备现代化改装是广义设备更新的一种方式，因此，研究现代化改装的经济性应与设备更新的其他方法相比较。在一般情况下，与现代化改装并存的可行方案有：旧设备原封不动地继续使用；旧设备的大修理；用相同结构新设备更换旧设备或效率更高、结构更好的新设备更换旧设备。决策的任务就在于从中选择总成本最小的方案。这时除前面介绍的方案外，还可用下列公式分别计算出各种方案的费用额，从中选取总成本最小的方案。

（一）最低总成本法

$$C_{x0} = \frac{1}{\beta_0}\left(\sum_{j=1}^{n} C_{0j}r_j + L_{00} - L_o r_j\right) \tag{9-20}$$

$$C_{xn} = \frac{1}{\beta_n}\left[\left(K_n + \sum_{j=1}^{n} C_{nj}r_j\right) + L_{00} - L_n r_j\right] \tag{9-21}$$

$$C_{xnn} = \frac{1}{\beta_{nn}}\left[\left(K_{nn} + \sum_{j=1}^{n} C_{nnj}r_j\right) + L_{00} - L_{nn} r_j\right] \tag{9-22}$$

$$C_{xm} = \frac{1}{\beta_m}\left[\left(K_{nn} + \sum_{j=1}^{n} C_{mj}r_j\right) + L_{00} - L_m r_j\right] \tag{9-23}$$

$$C_{xr} = \frac{1}{\beta_r}\left[\left(K_r + \sum_{j=1}^{n} C_{rj}r_j\right)L_{00} - L_r r_j\right] \tag{9-24}$$

以上各式中，C_{x0}为旧设备使用到第j年时各年使用成本总和；C_{xn}为相同结构新设备使用到第j年时各年使用成本总和；C_{xnn}为高效率的新设备使用到第j年时各年使用成本总和；C_{xm}为现代化改装后设备使用到第j年时各年使用成本总和；C_{xr}为大修理后设备使用到第j年时各年使用成本总和；K_n为相同结构新设备的价值；K_m为旧设备现代化改装的价值；K_{nn}为高效率新设备的价值；K_r为设备大修理的费用；L_{00}为原有设备在决策年份的余值；L_0为原有设备第j年后的余值；L_n为新设备使用j年后的余值；L_{nn}为高效率新设备使用j年后的余值；L_m为现代化改装设备使用j年后的余值；L_r为旧设备大修理后设备使用j年后的余值；C_{0j}为旧设备第j年的经营费用；C_{nj}为相同结构新设备第j年的经营费用；C_{nnj}为高效率新设备第j年的经营费用；C_{mj}为现代化改装后旧设备第j年的经营费用；C_{rj}为大修理后设备第j年的经营费用；β_0为旧设备继续使用时劳动生产率系数；β_n为相同结构新设备劳动生产率系数；β_{nn}为高效率新设备劳动生产率提高系数；β_m为设备现代化改装后劳动生产率提高系数；β_r为旧设备大修理后劳动生产率系数；r_j为第j年的现值系数。

$$r_j = \frac{1}{(1+i)^j}$$

式中　i——贴现率；

　　j——设备使用年限，($j=1,2,3,\cdots,n$)。

（二）追加投资回收周期法

设备现代化改装的经济性还可以通过计算回收期指标的方法来评价更换、大修理和现代化改装的经济性，各方案的投资、成本、生产率如表9－5。

表9－5　比较设备现代化经济性所用参数及其符号

指标名称	方案		
	大修理	现代化	更换
基本投资/元	K_r	K_m	K_n
设备年生产率/(件/年)	q_r	q_m	q_n
单位产品成本/(元/件)	C_r	C_m	C_n

在大多数情况下，设备现代化与更换、大修理之间有下列关系。即

$$K_r < K_m < K_n$$
$$C_r > C_m > C_n$$
$$q_r < q_m < q_n$$

因此，在考虑设备更新方案时，可根据下列标准进行决策。

(1)当$\frac{K_r}{q_r} > \frac{K_m}{q_m}$及$C_r > C_m$时，现代化方案具有较大经济效果，不仅经营费用有节约，而且在投资上也相对节约。但这种情况一般较少出现。

(2)当$\frac{K_r}{q_r} < \frac{K_m}{q_m}$及$C_r > C_m$时，可用投资回收期标准进行决策。

$$T = \frac{\frac{K_m}{q_m} - \frac{K_r}{q_r}}{C_r - C_m} \tag{9-25}$$

式中，T为投资回收期。

如果T小于企业或部门规定的年数，则选择现代化的方案。如果相反，即使C_m远远小于C_r，现代化方案也是不可取的。

(3)当$\frac{K_m}{q_m} > \frac{K_n}{q_n}$及$C_m > C_n$时，设备更新是最佳方案。

(4)当$\frac{K_m}{q_m} < \frac{K_n}{q_n}$及$C_m > C_n$时，同样用投资回收期标准进行判断。

$$T = \frac{\frac{K_n}{q_n} - \frac{K_m}{q_m}}{C_m - C_n} \tag{9-26}$$

当T小于或等于企业及部门规定的回收期标准时，更换的方案是合理的。如果超过了规定的回收期标准，则应选择现代化的方案。

(三)改装效果系数法

为表示设备现代化与更换相比在经济上是否合理，可用设备现代化改装效果系数来表示。设备现代化在经济上合理的条件是

$$K_{ri} + K_m + S_b < K_n\alpha\beta + S_a$$

所以

$$E_m = 1 - \frac{K_{ri} + K_m + S_b}{K_n\alpha\beta + S_a} \tag{9-27}$$

式中　E_m——现代化效果系数；

K_{ri}——与现代化同时进行的第i期大修理费用；

K_m——设备现代化费用；

K_n——新设备的价值；

α——系数，反映现代化之后设备生产率与新设备在第一次大修理之前的生产率之间的比例关系；

β——系数，反映现代化之后的修理周期长度与新设备到第一次大修理之间使用周期长度的比例关系；

S_b——使用成本的损失，其数值等于现代化设备上及新设备上加工单位产品的成本之差乘以设备至下次大修理期间的产品产量；

S_a——更换时旧设备未折旧完的费用损失。

当 $K_m>0$ 时，表示现代化改装在经济上是合理的；

当 $K_m<0$ 时，表示现代化改装在经济上并不优越于更换的方案；

当 $K_m=0$ 时，表示两个方案是等值的。

企业对设备进行现代化改装，目的在于扩大企业的生产规模，消除生产的薄弱环节，因此，评价设备现代化的经济效果时，不能局限在仅对该台设备的评价，而必须把它作为生产的一个环节放入生产总体中去进行综合分析，比较部门设备现代化前后整个生产总体的经济效果。

第五节 设备折旧

一、设备折旧概述

设备更新，首先需要有资金，这些资金是在设备使用过程中以折旧的形式逐渐积累起来的。

在产品生产过程中的一切耗费都构成产品的成本，通过产品销售得到补偿。同样，设备在生产过程中，也逐渐受到消耗（磨损），并将其价值转移到产品中去，构成产品成本的一部分。但是，产品生产过程中设备的消耗与材料、燃料、动力等的消耗不同，后者是一次把自己的价值全部转移到产品成本中去。而设备则是逐渐将其价值转移到产品成本中去的。

设备在使用过程中，由于有形磨损和无形磨损，其价值的降低与其功能的丧失是成比例的。

为了使生产不断地进行，对磨损的设备要进行更新。

通常把设备逐渐转移到成本中去并相等于损耗的那部分价值叫作折旧。从销售产品的收入中收回的这部门资金，叫作设备的折旧费，用于设备的更新换代。

在经济工作中，通常用折旧率的形式来计算折旧费的大小。折旧率大小反映设备折旧费占设备价值的百分比。正确制订设备的折旧率不仅是正确计算成本的根据，而且也是促进科学技术发展，实现设备更新，提升企业市场竞争力的战略问题。正确的折旧率应该既反映设备的有形磨损，又反映设备的无形磨损，应该与设备的实际消耗相符合。如果折旧率规定得过低，则设备使用期满还没有把设备的价值全部转移到产品中去，也就是提取的折旧费不足以抵偿设备的消耗，企业缺乏自我发展的能力，设备更新受到影响。过低的折旧率，将老本当收入，人为地扩大利润，虚假地夸大积累，其结果不但会使设备得不到及时更新，影响企业的正常发展，而且如果根据这些假象安排扩大再生产的投资，给企业带来的后果是非常严重的。如果折旧率规定得高，会造成企业产品成本增高，削弱企业的竞争力，同时也会带来整个市场的物价上涨。

由以上分析可知，合理的折旧制度，正确的折旧率，对于设备的更新换代，促进企业现有设备技术水平的提高，促进新技术的应用和推广，有着十分重要的作用。

二、设备折旧额的计算

在一定时期内，设备由于损耗而转移到成本、费用中的价值有多少，很难通过技术方法进行测定。为了使设备折旧比较符合其实际损耗程度，根据不同的理论，使用了不同的折旧计算方法。

设备折旧率是按年分摊设备价值的比率。折旧率的大小与设备的价值、现代化费用、残值和预计使用期限等因素有关。其计算方法如下。

(一)直线折旧法

直线折旧法,也称使用年限法。马克思曾指出,生产资料把多少价值转给或转移到它帮助形成的产品中去,要根据平均计算来决定,即根据它执行职能的平均持续时间来计算。直线折旧法就是根据这一理论,按使用年限平均计算折旧的方法。由于其折旧的积累额呈一直线上升的趋势,故称为直线折旧法。按直线法分类计算设备的折旧时,其折旧额的计算公式为

$$A = \frac{K_0 - L}{T} \tag{9-28}$$

式中 A——某类设备的年分类折旧额;

K_0——设备的原始价值;

L——预计的设备最终价值,即残值;

T——设备的预计使用年限。

$$r = \frac{A}{K_0} \times 100\% \tag{9-29}$$

式中,r 为某类设备的年折旧率。

如果设备每年的使用情况(如负荷、使用时间和使用强度等)大体相似,由设备得到的效益基本均衡,使用这种方法计算设备的折旧,既考虑了设备的有形损耗,又考虑了设备更新换代加速的无形损耗,基本上满足了设备加速折旧和资本迅速收回的实际需要。

(二)加速折旧法

加速折旧法也称递减费用法。采用加速折旧法,在折旧期间各年计提的折旧费呈逐渐减少的趋势,即开始使用的年份计提折旧费较多,以后逐年减少。目前,西方国家的企业和我国部分企业采用加速折旧法,其理论依据是:设备的生产能力,随其磨损程度而逐年降低,收益也将逐年减少,按照成本与收益相匹配的会计原则,折旧费也应逐年递减。

使用设备的成本,应包括折旧费和维护修理费两部分。随着设备使用年数的增加,维护修理费也会逐年增加。为了保持各年使用设备的成本基本平衡,折旧费应逐年减少。

由于科学技术的进步和发展,机器设备的无形损耗越来越快。为了在短期内尽快收回投资,以适应设备及时更新改造的需要,只有采用设备加速折旧法。其具体计算方法一般有下列几种。

1. 年数总和法(也称变率递减法)

它是每期以不同的折旧率乘设备应计折旧总额(原价 - 估计残值)而求得本期折旧额的一种方法。折旧率以递减分数表示,即将设备预计使用年限的逐年年数的合计数作为分母,将设备尚可使用年限作为分子。年折旧额的计算公式为

$$A_t = \frac{T_{opt} + 1 - t}{\sum_{j=1}^{T_{opt}} j}(K_0 - K_L) \tag{9-30}$$

式中 A_t——设备在最佳使用期内第 t 年度的折旧额;

t——设备在最佳使用期限内的某一具体年度;

T_{opt}——设备的最佳使用年限。

递减系数的分母为

$$\sum_{j=1}^{T_{opt}} j = 1 + 2 + 3 + \cdots + (T_{opt} - 1) + T_{opt} = \frac{T_{opt}(1 + T_{opt})}{2}$$

【例 9 - 3】一台设备的价值为 100 000 元，估计残值为 10 000 元，最佳使用期为 5 年。则该设备的各年折旧额如表 9 - 6 所示。

表 9 - 6　用年数总合法计算的逐年折旧额

使用年限/年	折旧额/元	累计折旧额/元	账面余额/元
			100 000
1	90 000 × 5/15 = 30 000	30 000	70 000
2	90 000 × 4/15 = 24 000	54 000	46 000
3	90 000 × 3/15 = 18 000	72 000	28 000
4	90 000 × 2/15 = 12 000	84 000	16 000
5	90 000 × 1/15 = 6 000	90 000	10 000

如表 9 - 6 所示，采用年数总和法计算折旧，每年的折旧额等量减少，本例逐年减少 6 000元。

2. 余额递减法

它是以固定的折旧率去乘设备的账面净值而求每期折旧额的一种方法，计算折旧率的公式为

$$a = 1 - \sqrt[T_{opt}]{\frac{O_{opt}}{K_a}} \tag{9 - 31}$$

式中　a——设备的固定折旧率；

T_{opt}——设备最佳使用年限；

K_a——设备的年初价值；

O_{opt}——设备第 T_{opt} 年末的残值（不得为 0）。

代入【例 9 - 3】的数据，得

$$a = 1 - \sqrt[5]{\frac{10\ 000}{100\ 000}} = 1 - 0.630\ 957 = 0.369\ 043 = 36.904\ 3\%$$

该项设备按余额递减法计算各年的折旧额如表 9 - 7 所示。

表 9 - 7　用余额递减法计算的逐年设备折旧额

使用年限/年	折旧额/元	累计折旧额/元	账面余额/元
			100 000
1	100 000 × 36.9043% = 36 904	36 904	63 096
2	63 096 × 36.9043% = 23 285	60 189	39 811
3	39 811 × 36.9043% = 14 692	74 881	25 119

表 9－7(续)

使用年限/年	折旧额/元	累计折旧额/元	账面余额/元
4	25 119 × 36.9043% = 9 270	84 151	15 849
5	15 849 × 36.9043% = 5 849	90 000	10 000

采用这种方法，可以减少投资的风险，在短时间内将投资的大部分通过设备的折旧收回。但是利用这种方法时，设备残值 O_{opt} 不能为零。为克服这种局限性，可采用双倍余额递减法。

3. 双倍余额递减法

这种方法的折旧率是按直线折旧法残值为零时折旧率的两倍计算的。逐年的折旧基数按设备的价值减去累计折旧额计算。为了便于折旧总额分摊完毕，所以到一定年度之后，要改用直线折旧法。改用直线折旧法的年度视设备最佳使用年限而定。

当残值为零，设备最佳使用年限为单数时，改用直线折旧法的年度是 $T/2+3/2$；当设备最佳使用年限为偶数时，改用直线折旧法的年度为 $T/2+2$。

【例 9－4】设备的价值为 8 000 元，使用年限为 10 年，残值为零，折旧率为直线折旧法的两倍，即 $a=20\%$，用双倍余额递减法改为直线折旧法的年度为第 7 年，则各年的折旧费用如表 9－8 所示。

表 9－8　用双倍余额递减法计算的设备逐年折旧额

使用年限/年	设备净值/元	折旧费/元
1	8 000	8 000 × 20% = 1 600
2	6 400	6 400 × 20% = 1 280
3	5 120	5 120 × 20% = 1 024
4	4 096	4 096 × 20% = 819
5	3 277	3 277 × 20% = 655
6	2 622	2 622 × 20% = 524
7	2 098	2 098 × 1/4 = 524.5
8	1 573.5	2 098 × 1/4 = 524.5
9	1 049	2 098 × 1/4 = 524.5
10	524.5	2 098 × 1/4 = 524.5

(三)复利法

1. 偿债基金法

这种方法在设备使用期限内每年按直线法提取折旧，同时按一定的资金利润率计算利息。每年提取的折旧额加上累计折旧额的利息与年度的折旧额相等。到设备报废时，累计的折旧额及利息之和与折旧总额相等，即正好等于设备的原值。

按照直线折旧法，如每年计提的折旧额为 A，资金的利润率为 I，使用年限为 T，则历年提取的折旧和利息应为第一年 $A(1+i)^{T-1}$，第二年 $A(1+i)^{T-2}$……第 T 年 $A(1+i)^{T-T}=A$，则有 $A(1+i)^{T-1}+A(1+i)^{T-2}+\cdots+A=K_0-K_L$。经整理得

$$A=K_0-K_L\frac{1}{(1+i)^T-1} \quad (9-32)$$

式中　K_0——设备的价值；

K_L——设备的残值。

【例 9-5】设备的价值是 8 000 元，预计使用 10 年，残值为 200 元，资金利润率为 8%，则

$$A=(8\ 000-200)\frac{0.08}{(1+0.08)^{10}-1}=538.43(\text{元})$$

设备在使用过程中，逐年的折旧额及利息如表 9-9 所示。

表 9-9　用偿债基金法计算的某设备逐年折旧额和利息

使用年限/年	每年提取的折旧额/元	上年资金累计数加利息/元	年末资金累计数/元
1	538.43		538.43
2	538.43	581.5	1 119.93
3	538.43	1 209.52	1 747.95
4	538.43	1 887.79	2 426.22
5	538.43	2 620.32	3 158.78
6	538.43	3 411.46	3 949.83
7	538.43	4 265.87	4 804.30
8	538.43	5 188.64	5 727.07
9	538.43	6 185.24	6 723.67
10	538.43	7 261.56	7 799.99

2. 年金法

与偿债基金法相反，这种方法是用现值表示使用期内历年的折旧额。在整个使用期内，历年提取的折旧额要换算为设备投资的现值。如用 A 表示直线折旧法的均等折旧额，则第一年计提折旧额的现值为 $A\frac{1}{1+i}$，第二年计提折旧额的现值为 $A\frac{1}{(1+i)^2}$……第 T 年计提折旧额的现值为 $A\frac{1}{(1+i)^T}$，设备残值的现值为 $K_L\frac{1}{(1+i)^T}$，根据定义则有

$$K_0=A\frac{1}{1+i}+A\frac{1}{(1+i)^2}+\cdots+A\frac{1}{(1+i)^T}+K_L\frac{1}{(1+i)^T}$$

$$A=\left[K_0-K_L\frac{1}{(1+i)^T}\right]\frac{i(1+i)^T}{(1+i)^T-1} \quad (9-33)$$

若 $K_0=8\ 000$ 元，$K_L=200$ 元，$i=0.08$，$T=10$，则有

$$A=\left(8\ 000-\frac{200}{(1+0.08)^{10}}\right)\times\frac{0.08(1+0.08)^{10}}{(1+0.080^{10})-1}=1\ 178.43(\text{元})$$

据所计算的某设备各年折旧额、利息和年末设备净值如表 9-10 所示。

表 9-10　用年金法计算的某设备逐年折旧额和利息

使用年限/年	年度折旧/元	投资利息/元	累计折旧的增加/元	累计折旧/元	年末设备净值/元
0	1 178.43				8 000
1	1 178.43	640.00	538.43	538.43	7 461.57
2	1 178.43	596.93	581.50	1 119.93	6 880.07
3	1 178.43	550.41	628.02	1 747.95	6 252.05
4	1 178.43	500.16	678.27	2 426.22	5 573.58
5	1 178.43	445.90	732.53	3 158.75	4 841.25
6	1 178.43	387.30	791.13	3 949.88	4 050.12
7	1 178.43	324.01	854.42	4 804.30	3 195.70
8	1 178.43	255.66	922.77	5 727.07	2 272.93
9	1 178.43	181.83	996.60	6 723.67	1 276.33
10	1 178.43	102.11	1 076.32	7 799.99	200.01

上述两种方法的共同之处在于既考虑了分摊设备价值,又考虑了时间因素。不同之处是计算利息的基数不一样。但从计算结果来看,两种方法各年年末的累计折旧是基本相同的。此外,在年金法中,年度折旧与投资利息之差额的净支出与偿债基金法的净支出也是相同的。

三、我国工业企业设备资金补偿存在的问题

我国工业企业长期以来主要采用直线折旧法,1992 年 11 月 30 日财政部颁布的新的《工业企业财务制度》规定了"在国民经济中占有重要地位、技术进步快的电子生产企业、船舶工业企业、生产母机的机械企业、飞机制造企业、汽车制造企业、化工生产企业和医药生产企业以及其他财政部批准的特殊行业的企业,其机器设备可以采用双倍余额递减法或者年数总和法"。这一规定,对于改变我国工业企业折旧率偏低,设备资金补偿不足,具有十分重要的意义。为了确定合理的设备折旧率,有必要对我国工业企业生产设备资金补偿不足及产生的后果进行深入分析。

(一)企业生产设备资金补偿不足的原因

1. 根据物理使用寿命规定的折旧年限相对过长

由于我国主要是根据物理使用寿命来制定使用年限,因此,企业生产设备折旧年限偏长。以船舶工业为例,从 1982 年至 1990 年期间,我国船舶工业固定资产年平均折旧率为 2.6%,是日本的 25%,比印度低 4~5 个百分点,比前苏联低 5~6 个百分点。折旧年限长于国际一般水平,但与日本相差 10 年以上,与苏联相差近 20 年。船舶工业设备的平均使用年限为 38 年。

2. 确定折旧率没有考虑通货膨胀的影响

通货膨胀使货币贬值,而实物资产(固定资产、原材料、半成品等)升值。通货膨胀、物

价上涨使重置一台设备必须投入比原值更多的资金，延长了设备损耗的补偿期。近年来，随着我国价格体系的调整，我国物价上涨幅度很大。在实际经济生活中，物价上涨对生活资料和生产资料的影响是不一致的，从总的水平来看，生产资料价格明显高于生活资料价格上涨水平，这就使得设备名义折旧费与实际需要的折旧额的背离越来越大。

3. 现行折旧制度没有考虑无形损耗等因素的影响

目前，在我国工业企业实行的折旧率中，没有考虑无形损耗等因素，企业实行的折旧办法主要是根据物理磨损和自然磨损情况确定，没有考虑无形磨损和修理费用等因素。任何固定资产的损耗都有有形损耗和无形损耗两方面，特别是在科学技术进步发展较快的今天，生产设备的无形损耗也很快，如果制订折旧率时，不考虑无形损耗的影响，得出的结果必然不符合客观实际的要求。

（二）生产设备资金补偿不足所造成的后果

由于生产设备资金补偿不足，在各方面造成很多假象，势必给企业及国家造成不良的后果，具体表现在以下几个方面。

1. 不利于企业加强经营管理，造成虚假盈利

由于长期以来执行的折旧制度，没有考虑通货膨胀因素，法定折旧率偏低，折旧范围过窄，人为地使价值补偿中折旧费计提不足，而转化为剩余价值。由此造成我国企业在经营管理落后的情况下也有盈利，而且利润水平并不比国外同类型企业低，这里有相当大的成分是人为的结果，致使一些企业微利变为盈利大户，一些本为亏损企业表现为盈利企业，造成虚假繁荣，使企业虚盈实亏，客观上助长了企业行为的短期化。这种折旧制度是不利于企业加强经营管理的。

2. 简单再生产难以维持

由于折旧率偏低，没有考虑通货膨胀因素和折旧范围过窄，折旧费计提不足，使企业生产设备损耗无法及时完全得到补偿。长期以来实行的折旧制度，使企业现有设备折旧期满时将有巨额亏空得不到补偿，从而造成企业生产设备老化、更新迟缓、超期服役现象严重。设备老化，不仅造成设备大小维修费用超支，而且使加工的产品质量和生产效率都受到很大影响，设备处于不经济运行状态，简单再生产难以维持，使企业在激烈的市场竞争中失去生存和发展的物质条件，处于市场竞争的不利地位。

3. 造成消费基金膨胀

按实际水平没有提足折旧，少提的折旧额即转化为折旧年限内的利润。在少提的折旧额中至少有一部分本应是生产补偿资金，但却变成了非生产性的消费基金。

如果再考虑到作为利润上缴财政范畴的数字则更为惊人。而且，随着承包制的广泛推广，企业工效挂钩办法的推行，企业留利的边际消费分配倾向又再次得以提高。所以说，传统的折旧制度客观上“包庇”了消费资金增长高于生产率的增长，造成消费资金膨胀。

4. 掠夺了银行信贷规模

企业现有提取的折旧费不足，但为了适应形势的发展，出于企业生存和提高竞争能力的需要，企业一方面通过流动资金的途径赤字挤占使用折旧费；另一方面企业要生存和发展，以拨改贷的形式向银行贷款进行技术改造。两方面均直接扩大了银行信贷规模。企业更改信贷规模的膨胀，使有限的银行信贷资金更为短缺，更改贷款挤占了流动资金贷款，使金融调控能力及企业正常生产秩序受到影响。

四、确定工业企业设备合理折旧水平应考虑的因素

工业企业生产设备资金补偿不足会带来严重后果,所以需要确定合理的折旧水平。在确定企业生产设备合理的资金补偿水平时,要对影响折旧的因素进行深入分析,考虑到相关因素的影响。

(一)折旧水平的确定要考虑设备的价值问题

1. 设备计价可供选择的标准

提取设备折旧额问题,与设备的价值有关。设备计价有 3 种可供选择的标准。

(1)计提折旧以设备原始价格为基础

原始价格,即设备最初购置时的价格,是形成设备实际支出的货币额按设备原始价格计提折旧,这是我国现行的做法,也是世界各国一直采用的做法。

(2)计提折旧以设备原始价值为基础

原始价值指设备最初购置时的价值。它表现为一定量的货币额,在设备购置时的这个货币额就是设备的原始价格。在以后年份,如果单位货币价值量不变,则与此项设备的货币额所相当的原始价值也不变;如果单位货币价值量变化,那么该项设备的原始价值就会同这一货币额产生差别。按设备原始价值计提折旧,就是随着货币价值量的变动幅度,按照物价指数相应地调整设备的价格。

(3)计提折旧以重置价格为基础

重置价格,即设备重新购置时的价格。从时间上分,重置价格有两种:一是原设备报废时,重新购置该项设备时事先假定或预测的价格;二是在设备使用过程中,按照计提折旧年度重置该项设备的价格。从技术水平上分析,重置价格也有两种:一是原样重置该项设备的价格;二是重置技术水平提高但用途不变设备的价格。

2. 选择设备计价基础的基本原则

以上 3 种计提折旧的设备价值基础,各种方法各有利弊。选择比较合理的计价基础,应当符合以下 3 个原则。

(1)要能比较准确地实现设备的价值转移,使转移的价值比较符合实际情况。

(2)要有利于设备的更新重置,折旧准备金的提供要能够保证设备实物形成的再生产。

(3)方法要简便易行,要在会计实践中具有可行性,即有明确的记账标准。

按以上原则衡量,第一种方法最简便易行,也能够比较标准地实现设备价值的转移,但在货币价值量变动较大,通货膨胀带有普遍性的情况下,累计提取的折旧额会满足不了更新重置的需要;第三种方法操作麻烦,不容易实行;第二种方法排除货币贬值的影响,既可避免第一种方法中总额不足以补偿更新需要的弊病,又比第三种方法简单,在实践上按统一的物价指数进行调整,可以为会计提供明确的记账标准,比较起来,似乎更接近计算标准的 3 项原则,是可以考虑在实践中应用的一种方法。

(二)折旧年限的确定应考虑设备的经济使用寿命

我国企业长期以来确定设备的折旧年限是以设备使用寿命为根据计算的,设备的使用寿命,只考虑它的物质磨损——有形磨损,不考虑它的经济使用周期。

设备的经济使用寿命不同于使用寿命,它是从使用设备的经济性、合理性的角度来确定的。所谓设备的经济寿命,是指设备使用期间,使用设备平均每年成本最低的年限。设备经济寿命受投资成本和使用操作成本的影响。设备的投资成本随着使用年限的延伸呈

下降趋势,设备的使用操作成本随着使用年限的延伸呈上升趋势,这两条曲线在坐标图上的交叉点,便是设备的经济寿命。可见,它综合考虑了设备投资成本、使用操作成本两种不同趋势的因素的影响。设备的最经济使用年限(经济寿命)考虑了资金的时间价值和使用成本因素,体现了设备使用的合理性和经济性的要求。

(三)折旧率反映价格和劳动生产率变动造成的无形磨损

我国目前确定折旧率没有考虑价格变动的影响,是折旧率偏低的重要原因。近几年,我国物价上涨幅度比较大,机器设备重置成本升高了一倍多,建筑物平均每平方米造价升高两倍多,这实际上形成了原有设备价值的损耗。我国由于折旧没有反映无形损耗,实际上每年少提折旧费数百亿元。一些老企业和同样规模的新企业相比,形成的设备原值低,以至越需要改造的老企业提取的折旧费越少,因此,考虑价格的影响因素已经是改革设备折旧办法无法回避的现实问题。在改革设备折旧办法中还要考虑劳动生产率的影响,折旧率与设备价格变化成正比,与同类设备生产率提高造成的价值贬值成反比。因此,需要根据价格和劳动生产率的变化趋势,对折旧率进行调整。

(四)折旧率提高幅度要同本国企业生产力水平和科学技术进步速度相适应

设备更新是同生产力水平互相影响、互为条件的。社会经济和科学发展要求作为“生产的骨骼系统和肌肉系统”的机器设备不断改进。设备的不断改进,为生产力的发展提供了新的物质技术条件,促进了生产力发展,而生产力的发展,又为更新原有设备提供各方面的物质可能,它们两者是相互作用的。由于设备的生产是社会生产力的一个组成部分,设备更新究竟以何种速度和规模进行,最终要受整个社会生产力水平的制约。

世界上工业发达国家多次调整固定资产折旧率,都是随着生产力和科学技术水平的提高而分步进行的。

美国20世纪60年代以来折旧率进行了两次较大的调整。第一次是1962年,第二次是1971年。1962年那次调整,较大幅度地缩短了机器设备的折旧年限,比1942年美国政府制定的折旧年限均缩短了30%~40%,整个工业的折旧提取成为其固定资产原值的6.3%。1971年美国财政部颁布《固定资产使用期限调节制度》,允许纳税人在原规定折旧年限20%的范围内选择折旧年限。

世界上发达国家目前的折旧率都比较高,这是经历了一个发展过程的。折旧率的提高过程也就是生产力和科学技术水平提高的过程。我们借鉴国外调整折旧率的经验,就是要使调整的折旧率同我国工业企业目前的生产力水平和科学技术水平相适应,并起着促进生产技术发展的作用。

(五)根据行业特点和国家产业政策,对不同的企业折旧率做适当的调整

折旧费就其本质来说属于补偿资金。但是,作为一种价值形式,在市场经济的条件下,它和税金、利润等一样可以作为国家对国民经济实行宏观调节的手段。日本实施产业政策的过程中,根据不同时期的产业序列,对重点产业实行特别折旧,作为实施倾斜政策扶植重点产业的有效措施。例如,战后日本政府为了更新因战时、战后极度使用陈旧的机械设备和增强企业的国际竞争能力,制订了对重要机械等实行加速折旧的制度,对那些政府指定的机械设备,允许实行特别折旧,折旧率在3年内可比普通折旧率高50%。

实行特别折旧,事实上是承认不同企业折旧率的差别。由于不同行业盈利水平、产品需求价格弹性的差异,对提高折旧率的承受能力是不同的。在符合国家产业政策和价格政策的前提下,对资金利润率较高的行业允许实行较高的折旧率,是强化企业自我改造功能,

加速技术进步的一条切实可行的途径。

（六）确定折旧率，需适当参考国际上一般水平

目前，我国工业企业面对着国际和国内两个市场，商品在国际市场上的竞争能力，归根结底是要以强大的技术实力为后盾。技术水平有赖于补偿能力和积累能力，为此，我们应认真研究发达国家的补偿和积累水平。尽管国情不同，不能不顾国情强求一律，但是必须承认，随着国际贸易的发展，这种差异不是继续扩大，而是有缩小的趋势。认真研究和参考发达国家折旧水平，对于合理确定出口创汇行业的重点企业的折旧率，提高其国际竞争能力，具有更为现实的意义。

习　题

1. 设备磨损有哪几种形式？设备有形磨损和无形磨损的异同点有哪些？

2. 设备磨损的补偿形式有几种，它们与设备磨损形式的关系如何？

3. 试述设备的物理寿命、技术寿命、经济寿命、折旧寿命的含义。

4. 在生产任务不变的条件下，对设备磨损采用哪种补偿形式更为合理，应考虑哪些因素？

5. 某设备原值为 3 600 元，最佳使用年限的残值可忽略不计，年低劣化增加值为 200 元，若按最佳使用年限使用该设备，试用年限总额法确定设备各年的折旧额。

6. 已知购置一台设备的费用为 5 000 元，年利率为 10%，年经营费用在前 5 年内为 800 元，从第 6 年开始，每年要增加 200 元，不考虑设备残值，试问设备使用到第 8 年、第 9 年，还是第 10 年更新好？

7. 在经济寿命条件下使用设备，可得最大的效益或最小的使用成本，故可以列出两种不同的数学模型。设 C 为设备的使用成本现值；V 为设备的原始价值；T 为经济寿命；S 为残值；i 为年利率；E 为操作维持费用函数；R 为设备年收益函数。并知 S,R,E 均值随时间 T 改变。试根据以上条件，建立最大效益与最小成本模型，并据之导出计算设备最佳更新期的表达式。又如果已知 $V=500$ 元；$R(t)=3\,000(1-0.01t)$；$E(t)=1\,000(1-0.14t)$；$i=10\%$；$S(t)=5\,000e^{-0.25t}$，则最佳更新期为多少年？

第十章 价值工程

价值工程是现代化的管理技术，是提高工程技术经济效益的行之有效的技术方法。它主要用于革新工业产品及作业，同时也广泛用于改进商业、服务业，以及政府机关与事业单位的工作。

第一节 价值工程概述

一、价值的含义

价值工程中"价值"的概念，不同于政治经济学中"价值"的概念。其实，人们在日常生活中经常自觉不自觉地运用它。比如人们在商店购买商品的时候，一要看货，二要问价，三要想一想"合算不合算""值得不值得"。在这里，"合算不合算""值得不值得"就是价值在起作用。也就是买主在考虑这个商品的价值是高还是低。假如有两台不同厂家生产的电脑，功能完全相同而价格不同，用户一定会购置价格低的那一台。这是因为价格低的这一台"合算""值得"，也就是它的价值高。而价格高的那一台"不合算""不值得"，也就是它的价值低。同样，如果不同厂家生产的两台电脑价格相同，而功能不一样，则用户一定会购置功能高的那一台。因为当价格相同时，功能高的价值高，功能低的价值低。

那么，如何理解价值工程中的"价值"呢？所谓价值就是对象所具有的功能与获得该功能的全部费用之比。所说的全部费用即寿命周期费用。设对象的功能为 F，寿命周期费用为 C，价格为 V，其计算公式为

$$V = \frac{F}{C} \tag{10-1}$$

价值的大小取决于功能与获得该功能的全部费用之比。这个比值越大，价值越高；比值越小，价值越低。产品价值的高低表明产品合理、有效利用资源的程度和产品"物美价廉"的程度。产品价格高就是好产品，即物美价廉，其资源利用程度好；价值低的产品表明其资源没有得到有效利用，则应设法改进和提高。

价值作为功能与费用的综合反映，既可用来对二者关系做定量分析，也可用来对二者关系做定性分析。价值的概念是一个科学概念，为综合评价对象的功能与费用提供了科学依据。树立价值观念，能够正确处理功能与费用、技术与经济、企业与用户的关系。由于"价值"概念的引入，产生了对产品和事物的新的评价形式，即把功能与费用、技术与经济结合起来进行评价。提高价值是用户利益的要求，也是企业和国家利益的要求，把三者利益很好地结合起来。因此，企业应当千方百计地、最大限度地提高产品的价值，创造物美价廉的产品。

二、提高价值的途径

既然价值是对象所具有的功能与获得该功能的全部费用之比，那么对象价值的提高就

取决于功能与费用两个因素。通常提高价值有5个途径,如表10-1所示。

表10-1 提高价值的途径

序 号	表 达 式
1	$\frac{F\uparrow}{C\downarrow}=V\uparrow\uparrow$
2	$\frac{F\rightarrow}{C\downarrow}=V\uparrow$
3	$\frac{F\uparrow}{C\rightarrow}=V\uparrow$
4	$\frac{F\uparrow\uparrow}{C\uparrow}=V\uparrow$
5	$\frac{F\downarrow}{C\downarrow\downarrow}=V\uparrow$

注:↑表示提高,↑↑表示大幅度提高;↓表示降低,↓↓表示大幅度降低。

现将提高价值的每一途径做简要说明。

(一)提高功能,降低成本,大幅度提高价值

这是提高价值的最理想途径,即

$$\frac{F\uparrow}{C\downarrow}=V\uparrow\uparrow$$

随着科学技术的迅速发展和应用,人民生活水平的提高,人们对产品的要求越来越高。在新产品设计、老产品改造以及其他技术革新和改造中,广泛采用新技术、新结构、新工艺、新材料,有可能在产品结构或加工方法上做出较大突破。这不仅有助于产品功能的提高,同时还可降低成本,从而使价值大幅度提高。例如各种电子表,其价值比机械表的价值就有大幅度提高。

(二)功能不变,降低成本,提高价值

即

$$\frac{F\rightarrow}{C\downarrow}=V\uparrow$$

科学技术的发展,新技术、新结构、新工艺、新材料不断出现和被采用,会使实现某一功能的成本逐渐降低。在企业生产的产品能够满足用户功能要求的情况下,保持功能不变,积极采用新技术、新结构、新工艺、新材料,提高管理水平,会使产品成本降低,提高产品价值,增强产品的竞争能力。同时还必须看到,许多畅销产品某些零部件的寿命超出了产品的总体寿命,即这些零部件的功能过剩,消除这些过剩功能及某些不必要功能,可使产品成本降低,提高价值。价值工程的实践证明,提高价值的这一途径,见效快、应用面广,是一个重要的有效途径。

(三)成本不变,提高功能,使价值提高

即

$$\frac{F\uparrow}{C\rightarrow}=V\uparrow$$

随着用户经济条件和使用条件的变化,对产品的质量水平、功能水平的要求日趋提高。企业应对用户不尽满意的老产品,在不增加成本的情况下采取措施,尽量完善和提高功能,包括使用功能、美学功能等,以提高产品价值。

(四)成本稍有增加,而大幅度提高功能,使价值提高

即

$$\frac{F\uparrow\uparrow}{C\uparrow}=V\uparrow$$

在开展价值工程活动中,使一些产品由单功能向多功能发展或提高产品质量等级,成本虽然有所增加,但功能得到大幅度提高,从而使产品价值得到提高。例如,河南钢球厂通过开展价值工程,使生产的钢球质量从 G40 级提高到 G20 级。虽然成本增加 75%,但价值也提高了 40%,获得良好的经济效益。

(五)功能稍有降低,使成本大幅度降低,从而提高价值。

即

$$\frac{F\downarrow}{C\downarrow\downarrow}=V\uparrow$$

某些产品适当降低一些功能,仍可满足某些用户的要求,使成本大幅度下降,提高产品的价值。如创造档次低一些的大众化的产品,满足不同用户的要求。

上述提高价值的 5 种途径,可根据具体情况灵活应用。

三、价值工程的含义

我国 1987 年制定的关于价值工程的国家标准《价值工程的基本术语和一般工作程序》(GB8223—87),对价值工程是这样定义的:"价值工程是通过各相关领域的协作,对所研究对象的功能与费用进行系统分析,不断创新,旨在提高研究对象价值的思想方法和管理技术。"与国外对价值工程的定义比较,这是一个很完整的定义。它指出了价值工程的研究对象、目的、内容、特征和方法,以及价值工程与相关领域的协作关系。现就定义中涉及的几个主要问题加以简要介绍。

价值工程的对象是指为获取功能而发生费用的事物。如工程项目、产品、设备、工艺、工作和服务等包括它们的系统及其组成部分,既包括硬件又包括软件。具体地说,第一产业、第二产业和第三产业都是价值工程的研究对象。

价值工程的目的是以研究对象的最低寿命周期成本可靠地实现使用者所需的功能,以获取最佳的综合效益,也就是最大限度地提高价值。即在保证满足用户功能要求的前提下,尽可能地减少资源消耗,使寿命周期成本最低,提高由功能与成本之比所确定的价值。

价值工程是一种管理技术,又是一种思想方法。它是在可靠的实现使用者所需功能的前提下,努力寻求寿命周期成本最低的创新方案,以达到合理、有效地利用资源,提高对象价值的目的。这就是价值工程的实质。价值工程作为一种思想方法,一旦被企业员工所掌握,必将产生巨大的物质力量。

以企业为例,价值工程是实现企业经营目标最有效的方法之一。企业的经营目标,简述之,有两个方面:一是向社会提供物美价廉的产品;二是企业要获得良好的经济效益。企业怎样才能实现其经营目标呢?最有效的办法就是应用价值工程,价值工程是一种新兴的技术经济分析方法,可以使产品达到物美价廉的标准。"以最低的寿命周期成本",就是通

过创新,努力寻求生产成本和使用成本最低的实施方案,这就是价廉;这个方案必须可靠地实现使用者所需的功能,这就是物美。物美价廉的产品在市场上具有很强的竞争力。这既是企业的要求,也是用户的要求。因此,价值工程的目的与企业的经营目标是一致的。

企业降低成本,过去主要采用工业工程(IE)和质量管理(QC)等传统方法。工业工程(IE)之所以能够降低成本,主要是它能够促进制造方法、加工方法和作业方法等,是一种在已有产品图纸的情况下,以降低加工费用为主的方法,以减少或消除加工手段不合理而带来的机会损失。质量管理(QC)要求按照产品图纸规定的技术条件将产品制造出来,并尽量减少或消除残次品及废品,以消除在制造过程中产生的材料及加工费用等方面的失败损失。但是工业工程和质量管理都是以产品图纸所规定的技术条件作为依据的,因此,通过工业工程和质量管理降低成本是有一定限度的。当产品接近现有设计的最低成本时,如不改进设计,这些方法就无能为力了,就不可能再使成本下降。一般说来,产品成本的70%～80%是由产品设计阶段决定的,设计上的不合理和错误,将会造成巨大的浪费。价值工程侧重于在设计阶段开展工作,在保证用户要求功能的前提下,进行产品开发或改进设计,消除现有设计中对于用户毫无意义的功能以及在材料选用、零部件结构及工艺方法等方面由于不合理而造成的浪费,这样就可以使现有设计的最低成本进一步降低。经过改进设计的产品在制造过程中,还可以通过工业工程和质量管理降低成本。因此,为了降低成本和有效地利用资源,将价值工程、工业工程和质量管理结合起来应用将会取得更佳的效果,如图10－1所示。

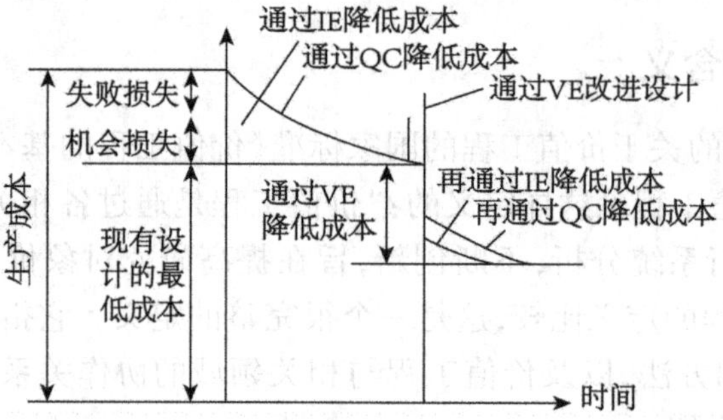

图10－1　VE,IE,QC等降低成本的关系

四、功能与成本

(一)价值工程中的功能

1. 功能的含义

价值工程中的功能是指对象能够满足用户某种需求的一种属性。具体地说,所谓功能就是功用和作用。任何产品和劳务都具有功能。例如,车床的功能是“车削工件”,钟表的功能是“显示时间”,收音机的功能是“收播音响信息”,电视机的功能是“接收、显示图像和发出伴音”,一个组织机构的功能就是它的职能、任务。总之,功能的含义是多方面的。

功能是价值工程的一个重要概念。以产品为例,正是因为产品具备了功能才得以使用和存在下去。功能是产品最本质的东西,没有功能的产品是毫无意义的。由此可见,企业生产产品实质上是生产功能,企业销售产品实质上也是销售功能。另一方面,用户购买和使用一个产品,实质上也是购买和使用这个产品所具有的功能。例如,钟表的功能是“显示时间”,企业生产钟表实质上是生产“显示时间”这一功能。用户购买和使用钟表也是购买和使用“显示时间”这一功能。如果钟表不能达到用户要求,不能可靠地实现“显示时间”这个功能,则用户是绝对不会购买的。至于这个钟表采用什么样的结构,用什么方法实现“显示时间”这一功能,用户并不十分关心。而用户最关心的是这个钟表必须可靠地实现这个功能,并且购置费用和使用费用之和越低越好。价值工程的特点之一就是研究并切实保证用户要求的功能。

2. 必要功能

所谓必要功能就是对象为满足使用者的需求而必须具备的功能,也就是使用者所要求并认可的功能。判断产品的某些功能是不是必要功能,只能站在用户的立场上,判断这些功能是不是用户所需要的,而不能仅仅根据产品设计者的想象和主观认定。如果对现有各种产品进行认真分析,就可以发现产品中实际存在的某些功能与满足用户需求无关,这就是不必要功能。产品中若存在不必要功能,其成本中就必然有一部分是无用的,因而造成资源的浪费,无谓地增加了用户的费用支出。对于产品实际存在的不必要的功能,要在产品改进设计中通过功能分析予以消除,以降低成本。

3. 准确掌握用户要求的功能水平

功能水平是功能的实现程度。在一定的市场经济条件下,产品的功能水平主要取决于用户对功能的要求、使用产品的环境条件和用户经济上的支付能力。功能水平是用产品的一系列技术经济指标和综合特性指标表示的。如产品类型、规格、性能、可靠性、安全性、维修性、使用的方便性、能源消耗、使用寿命、外形装饰和包装等。在这些指标中有些是定量指标,有些则仅有明确的定性内容而无定量要求,如色泽鲜艳、外形美观、维修方便等。

通过价值工程活动,要准确掌握和实现用户要求的功能水平,低于或高于这个水平都是不适宜的。高于用户要求的功能水平,表明产品或零部件的功能过剩,势必造成资源浪费,使成本偏高;低于用户要求的功能水平,表明产品或零部件的功能不足,应提高功能水平,必要时应追加成本,以满足用户要求。例如,一根传动轴,产品要求传递 25 N · m 扭矩,而所设计的轴可传递 35 N · m 扭矩,则功能水平偏高,功能过剩,其原因或者应用了高级材料,或者由于轴径过大,造成材料浪费,使成本偏高;若这根轴仅能传递 15 N · m 扭矩,说明达不到产品所要求的功能水平,功能不足,应设法加以改进,或者加大轴径,或者使用较好的材料,以达到传递 25 N · m 扭矩的要求,这样就可能要增加成本,以保证产品的质量。因此必须准确掌握用户要求的功能水平。

4. 必须可靠地实现必要功能

以一定功能水平表现的用户要求的必要功能,是通过设计使产品具有一系列的有关性能决定的。同时,这些性能的实现还必须在产品整个寿命周期内达到切实可靠,即产品在使用过程中不发生故障,或一旦发生故障也易于修理和排除。所谓“可靠地实现”,最基本的是可靠地实现产品的性能,其他则是可靠地实现性能的辅助条件或保证条件。不能保证可靠地实现必要功能的改进方案,无论成本怎样降低,价值工程也不应予以承认。这也就是说,在开展价值工程中,产品技术指标的可靠性是第一位的,是首先要保证的。

(二)价值工程中的总成本

价值工程中定义的总成本是指一个产品从开发、设计、制造及使用整个期间的成本,又称寿命周期成本。寿命周期成本即总成本 C 为设计、生产产品所需费用(生产成本 C_v)和用户在使用该产品过程中所支付的使用费用(使用成本 C_u)之和。即

$$C = C_v + C_u \quad (10-2)$$

整个社会的经济效益,只有在总成本降低的前提下才能体现出来。因为如果仅仅是生产成本降低了,但产品的质量差,使产品的使用费用提高,致使产品在整个寿命期间的总费用提高,显然这是我们不希望的。因此我们必须找出一个最低总成本,如图 10-2 所示。

一般说来,在一定技术条件下,随着产品功能的提高,生产成本上升,使用成本下降,寿命周期成本呈马鞍形变化,事实上它存在一个最低点(B 点),它表示了最适宜的功能水平和最低的总成本,即 $C_{\min}$。

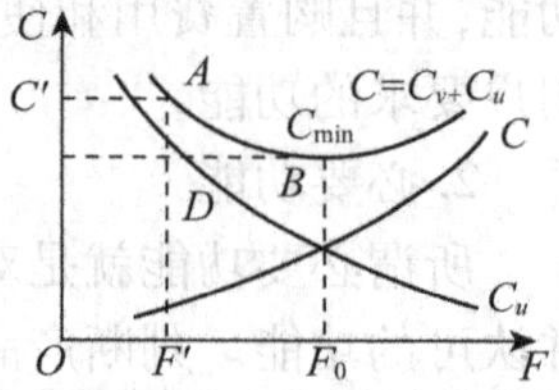

图 10-2 最低总成本

我们如以 A 点表示价值工程活动前的总成本,AD 表示价值工程活动后总成本可以降低的幅度。F_0 表示与 $C_{\min}$ 相对应的最佳的功能水平,从 F' 到 F_0 则表示功能提高的幅度。所以,开展价值工程活动的目的是对产品进行功能分析,以最低的总成本来实现产品的必要功能。

价值工程活动是一种有组织的活动,它强调发挥组织力量和集体智慧。一般说来,价值工程活动不是由一个人来完成的,需要组织各方面专家共同进行。价值工程活动往往超越部门界限,各部门协作共同进行。比如,为了实现一项功能要考虑几个设计方案,为了实现其中任何一个设计方案又需要考虑采用几种材料,对各种材料又可能有几种加工方法,实现这些加工方法又需要有许多专业化工厂的协作。这就是说,要实现一种功能,需要设计人员、物资采购人员、生产工人、工艺人员以及协作厂的有关人员共同配合,才能获得好的设计,制造出物美价廉的产品。

价值工程又常常称为价值分析,那么两者有何区别呢?

价值工程用 VE 表示,即 Value Engineering;价值分析以 VA 表示,即 Value Analysis。在很多场合两者是通用的。它们的区别是,当产品还在设计阶段,包括图纸已绘好,并准备送至制造厂尚未送出这一段时间内,进行分析研究,改进设计或另行设计,这一阶段的活动称为价值工程。在这之后,已进行生产,甚至已生产多年,再进行分析研究,改进设计工艺等称为价值分析。工程(Engineering)常含有设计的意思。

五、价值工程的生产和发展

价值工程 1947 年起源于美国,创造人为美国通用电气公司的采购工程师 L. D. 麦尔斯。远在第二次世界大战时间,由于战争,美国军事工业发展很快,因而出现了物质短缺而供应紧张的局面,当时美国所需 100 余种主要战略物质,88 种需要进口。承担包括 B-29 轰炸机在内的军工生产的通用电气公司,也常因采购不到所需要的原料而影响生产。飞机上使用的石棉板就是一例。为什么要采用石棉板,它的功能是什么?麦尔斯经过研究发现,石棉板的功能既要保持清洁,又要能够防火。鉴于此目的,麦尔斯认为只要实现上述功能,使用代用材料是可行的。但根据当时的消防法这是不允许的。几经周折,修改了消防法,使一种不燃烧的纸代替石棉板才成为可能。这不但解决了原材料奇缺问题,而且在保持原功能的前提下,降低了产品的成本。这就是在美国轰动一时的颇有影响的"石棉事件"。后来,麦尔斯又进一步从功能的角度来分析产品,并把它运用到电气产品的设计上去。麦尔斯认为,用户需要的不是产品本身,而是它的功能,并按照功能的必要程度来支付相应的费用。因此,设计物美价廉的产品,就变成了以最低的费用提供用户所要求的功能的问题。

对于麦尔斯等人通过实践所总结的在保证同样功能的前提下降低成本的科学方法,美国通用电气公司给予了充分肯定。认为用最少的资源消耗而又能生产出合格产品的方法——廉价制造优质产品的方法是可行的,并委托麦尔斯专门负责组织研究这项工作,公司投资80万美元,并组织了一些工程师参加。麦尔斯把采购工作中"代用品"的思想应用到产品改进设计中去。不再像过去那样简单地设想用什么物品代替某一物品的问题,而是把"以最低费用向用户提供所需功能"作为产品设计的依据。例如,他对该公司生产的电冰箱和烤箱从功能上进行了详细研究,提出了新的改进方案,在确保实现用户所要求功能的前提下,大幅度地降低了成本,取得了极大的成功。麦尔斯的方法在美国通用电气公司得到了广泛应用,取得了良好的经济效益。

在实践的基础上,麦尔斯经过综合、整理和归纳,使其方法更加系统化、科学化,提出了"价值分析"(VA)的基本理论和科学方法,并于1947年以《价值分析》为题在《美国机械师》杂志上公开发表。麦尔斯指出,用户购买某种物品,不是购买物品本身,而是要获得该物品所具有的功能。不同物品只要具备人们所需要的相同功能,则完全可以互相替代。麦尔斯还把物品所具有的功能和实现该功能所耗费的资源数量具体分为可以测定的"价值"。强调要以最低的资源消耗,生产能够充分满足用户功能需求的产品,即向用户提供高价值的产品。

自1947年至1952年,美国通用电气公司为进一步开发价值分析技术方法,共投资300万美元,使价值分析(VA)技术日趋成熟,进入了广泛推广应用的新阶段。为了进一步推广价值分析技术,麦尔斯于1952年举办了公司首届价值分析研究班,对公司所属部门的60名工作人员进行了价值分析培训。这些受培训的人员回到各自的工作部门后,积极推行价值分析技术,取得了明显的经济效益。例如,GE公司在应用价值分析的前17年中就取得经济效益2亿美元以上。

1959年,美国成立了全国性学术组织"美国价值工程协会"(SAVE),作为价值工程学术研究、交流和推广应用的学术组织。麦尔斯出任首届主席。SAVE每年召开一次年会,吸收各国价值工程专家参加。每年出版一本论文集。把对价值工程发展有贡献的专家吸收为会员,颁发CVS(价值工程专家)证书。在1992年5月召开的第32届国际会议上成立了"价值工程协会世界联盟"(WFVS)。

1962年,麦尔斯的第一本专著《价值分析与价值工程技术》出版,使价值工程发展成为一门专门学科,被美国列为战后工业管理领域出现的六种新技术之一,编入1971年美国出版的"工业管理工程手册"。

麦尔斯在其专著中提出了指导价值工程活动的13条原则,对于开展价值工程的全过程,特别是对方案创造具有重要的指导意义。

由于麦尔斯在创建和发展价值工程理论和方法及推广应用价值工程实践中的卓越贡献,美国通用电气公司将其最高奖励"柯芬奖"授予他。美国海军部曾授予他"杰出的公共服务奖",以表彰他的价值分析系统给联邦政府带来的利益。麦尔斯曾到日本、加拿大、墨西哥及欧洲各国讲学,被推崇为"价值工程之父",并获得原联邦德国、巴西和日本的奖励。

自此,价值工程在美国得到长足的发展,取得显著效果,以后陆续传播到西欧和日本。

日本是应用价值工程较早且很有成效的国家。其特点是理论与实践结合,并着重于应用。1955年,由西野嘉一郎为团长的日本成本管理考察团赴美考察,认为价值工程是降低成本的有效方法。并于1957年将价值工程介绍给产业界,但未受到重视。因为当时日本的经济正处于一种"景气"时期，企业只要通过扩大产品产量就能够多赚钱，因而对有效利用资源和降低成本不大关心。进入20世纪60年代以后，日本经济形势开始严峻，市场竞争开始激烈，改善企业素质和降低成本的必要性才受到重视。因此又派出日本物资采购管理考察团赴美考察。重点考察了价值工程及其在美国的应用情况。回国后再次向日本产业界介绍了价值工程，此次引起了重视。从1961年开始由日本产业能率短期大学主办价值工程学习班，培养了一批价值工程专家，逐步使企业的领导人和管理人员认识到价值工程的真正意义，并开始应用价值工程。1965年成立了"日本价值工程协会"，致力于价值工程的普及工作。

1966年，日本通商产业大臣在产业结构审议会管理部会议上作有关成本管理的答辩，提出了把价值工程作为成本管理的手段。同年又进一步作了价值工程的答辩，并指出价值工程是从功能方面进行研究的，是降低成本的新方法，从最近重视功能的动向中可以看出价值分析是划时代的事物。

日本推广应用价值工程常与工业工程(IE)和质量管理(QC)结合起来。许多企业建立有"VIQ"推进室。到了20世纪70年代，价值工程在日本的应用已经相当普及，取得了巨大的经济效益，应用范围也越来越广。

在普及价值工程的同时，对价值工程的理论和方法也做出了积极的贡献。日本产业能率短期大学玉井正寿教授翻译编写了大量的创造技法，为价值工程的发展做出了巨大的贡献。

从价值工程的发展情况来看，自始至终贯穿着资料能否有效利用这个问题。我国也同样存在着节约和合理利用资源问题。价值工程对各种不同类型的企业均具有普遍意义。

六、价值工程的基本原理

事物的原理是客观事物发展变化内在规律的本质反映。价值工程的基本原理反映的是价值工程活动中最具普遍意义的规律的本质。它是价值工程活动客观规律在人们头脑中的反映。价值工程的基本原理有3条，即价值准则性原理、功能本质性原理和功能与费用动态相关原理。这3条基本原理相互联系、相互依托，构成对价值工程活动内在规律的本质反映。

(一)价值准则性原理

价值准则性原理是指价值工程以提高价值为目的，以获取更大价值为一切活动的准则。这一原理贯穿于价值工程的目标、观念、特征、程序和方法之中，是价值工程中具有普遍意义的原理。在技术科学和管理科学中，有的学科侧重研究功能和质量，有的学科侧重研究费用和成本。而价值工程则同时研究功能与费用的关系，即以价值为研究对象。价值工程的全部活动，包括对象选择、功能价值评价和方案评价无不以价值高低为依据，价值工程中的信息收集、方案创新也无不围绕提高价值的目标来进行。价值工程中的方案对比和优选都不局限于单纯追求功能的高低或成本的升降，而是以功能与费用的合理结合(即价值大小)为依据。在提高价值的5种途径中，功能与费用都可以有升有降，只要二者的结合能达到提高价值的目的就符合价值工程的追求。片面追求高功能、高质量可能导致不计成本，脱离用户需求；片面追求降低成本也可能导致功能不足，满足不了用户需要。而价值工程则以提高价值为目标，按照用户的全面要求，系统地解决功能与费用的合理结合问题。这就为合理处理功能与费用的关系打下了基础。

(二)功能本质性原理

功能本质性原理是指功能作为事物满足人们需求的一种属性,与实现功能的载体、途径、手段、方式、方法相比,是本质的东西。而实现功能的手段则是非本质的,是可以替代的。例如,对于产品来说,用户需要它是为了获得该产品所具有的功能属性。与其说用户需要(或购买)某种产品,不如说用户需要(或购买)某种功能。

当然,用户选择产品除了功能之外,还包括费用、售后服务等方面的因素,VE 活动必须全面给予满足。VE 活动在引导用户选择产品、生产厂家和供应商的时候,或者 VE 活动在引导工商企业占领市场,争夺用户的时候,无一不是在运用功能本质性原理,通过改变功能载体、手段,使用户对功能的要求得到更好的满足,与此同时,运用价值准则性原理,使用户的价值要求得到更好的满足。

(三)功能与费用动态相关原理

功能与费用动态相关原理是指价值工程对象功能的实现与费用支出是同一过程相互关联的两个侧面,功能与费用在自然资源、生产技术、经营管理和社会经济条件大致相同或相对稳定的情况下,存在一定的数量相关关系,在这些条件变动的情况下,则会打破原有数量关系,形成新的数量关系。由此构成功能与费用的动态相关关系。

在自然资源、生产技术、经营管理和社会经济条件大致相同的情况下,提供相同功能所支付的费用也是大致相同的。例如,同一地区同类企业,在人、财、物力资源条件、生产技术和经营管理水平大致相同的情况下,同一时期生产的同类功能产品的成本水平是大致相同的。在系列产品中,由于规格或功能参数的不同,不同产品的成本具有固定的数额差别。例如,同档次的彩电增加丽音功能、画中画功能等,其成本相差一定的数额,这一差额是由增减某项功能造成的,实际上反映出制造该项功能所需要的成本,这些都表现出功能与费用之间的数量相关关系。

功能与费用动态相关原理是价值工程的重要原理。它体现并应用于对象选择、信息收集、功能系统分析、功能价值评价、方案创新与方案评价的全部过程之中。应用这一原理,人们既可以通过功能系统分析,消除不必要功能,补充不足功能,降低寿命周期费用,又可以努力探索功能手段替代的途径,以期用最低的寿命周期费用,可靠地实现必要功能,提高对象价值。离开功能与费用动态相关原理,价值工程的方案创新就失去了理论依据,价值工程的生命力也将不复存在。

七、价值工程的作用

价值工程的基本目标是以最低总成本使某种产品或某种作业达到它所必须具备的功能。换而言之,在保证获得适宜功能水平的条件下,使产品的寿命周期成本为最低。下面我们进一步阐述它的作用。

(一)消除过剩功能和不必要成本

通过价值工程活动可以消除产品中零件的过剩功能和不必要的成本,如图 10－3 所示。

图 10－3 中曲线 1,2 分别为零件和产品的效率曲线,曲线 3,4 分别为产品及零件的成本曲线。由图10－3可知,零件的使用效率高出产品的使用效率,*CD* 段即为零件的过剩功能。如果使零件的使用效率不提高而与产品保持在同样水平的条件下,则零件成本可由 *G* 点下降至 *I* 点,*GA* 段即为不必要的成本。我们通过对产品各零件的功能分析,就可以找出由于不适当的提高零件的功能而造成产品的成本增加。价值工程活动就是要消除零件过

剩的功能和不必要的成本，使产品确定在最适宜的功能水平及最低成本上。

（二）可以延长产品的生命周期

在市场竞争的条件下，延长产品的生命周期对于产品占领市场有重要意义。为此要开展价值活动，改进产品的式样、品种，提高产品功能，如图10－4所示。

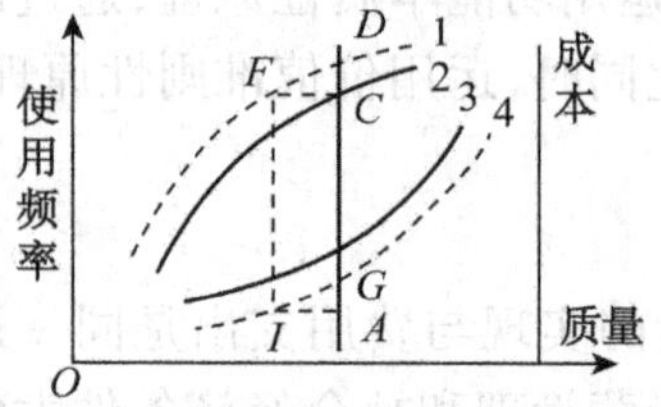

图10－3　对象的效率曲线和成本曲线

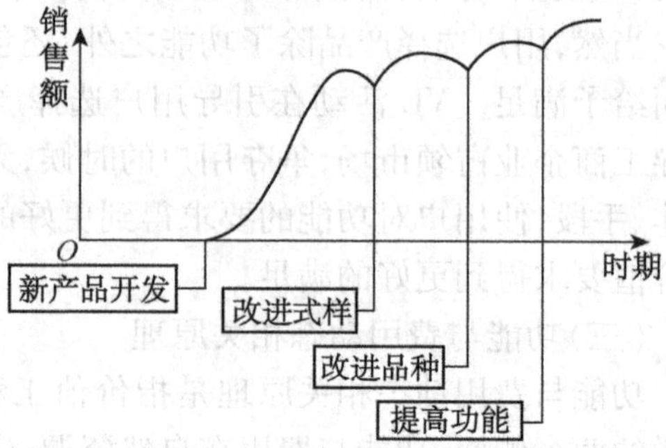

图10－4　采取措施延长产品的生命周期

（三）降低产品成本，提高企业竞争能力的可靠手段

众所周知，降低成本的管理技术有多种，例如工业工程，通过改进加工方法来降低成本，质量管理可以通过对质量的控制，通过减少废品及返修品的方法来降低成本。然而它们降低成本的能力是有限的。而价值工程，它通过改进设计或重新设计的办法来降低成本，因而在理论上它降低成本的潜力是巨大的。根据国外资料，每进行一次价值工程活动，在提高原功能和维持原功能的条件下，可以降低10%～20%的成本。

图10－5反映了改进产品设计对大幅度降低成本的作用。在不变更产品设计的情况下，单纯依靠改善加工、增加产量等办法，成本的降低有一个不可逾越的界限，这个界限就是材料费用。只有用改进设计的办法才可以突破这条界限，把产品成本降到一个新的水平。

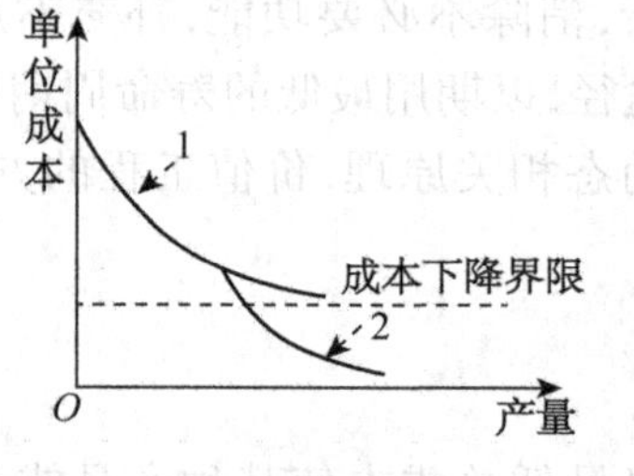

图10－5　改进产品设计对降低成本的作用

（四）可以弥补设计工作的不足

在设计工作中往往存在以下问题。

（1）一种新产品的设计，考虑的重点是早日完成设计、早日投产、早日占领市场，重视速度而忽略了成本因素，甚至不惜工本。

（2）缺少全盘考虑的观点。设计人员在设计中在选用材料和结构方面注意了经济问题，但可能忽视了用户在使用中的保养与维修。因而可能设计用料便宜了，但用户的维修费用增多，其结果是总成本并未下降。

(3)设计人员虽然有大量的专门知识,但不能在各方面都精通。例如,销售人员了解用户的要求,采购人员熟悉供应情况,情报人员熟悉同类产品的发展趋势,装配人员熟悉产品装配,测试人员熟悉测试性能,科研人员熟悉试验、分析,美术工作者熟悉产品的外观造型等,他们都各有专长。只有把他们组织起来,才可以发挥巨大的知识力量,才可以促成产品的功能提高和成本的降低。

八、价值工程活动的步骤

俗话说:"没有规矩,不能成方圆。"价值工程的应用,正是遵循科学的思维方法和一定的工作步骤方见成效的。应用价值工程的过程,就是不断发现问题、分析问题和解决问题的过程。这一过程可以概括为3个阶段,即分析、综合、评价阶段。所谓分析,就是确定问题的定义,明确这是什么样的问题;所谓综合,就是为已经确定的问题制订解决方案;所谓评价,就是对提出的解决方案进行选优,以确定最理想的解决方案。

如果说这是从总体上来分析的,那么具体说来,还可以划分为基本步骤和详细步骤。基本步骤包括功能定义,功能评价和制订改进方案3个步骤。详细步骤包括对象的选择、情报的收集、功能定义、功能整理、功能成本分析、功能评价、确定目标成本、创造和概略评价、具体化调查、详细评价、试验与方案选优等步骤。

总而言之,基本步骤也好,详细步骤也好,归纳起来,它围绕着7个问题进行的。

1. 这是什么?
2. 这是干什么用的?
3. 它的成本是多少?
4. 它的价值是多少?
5. 有其他方法能实现这个功能吗?
6. 新的方案成本是多少?
7. 新的方案能满足功能要求吗?

上述开展价值工程活动的步骤与7个问题如表10-2所示。

表10-2 开展价值工程活动的步骤与基本内容

一般决策过程的阶段	VE工作程序	VE提问
分析问题	对象的选择 情报的收集 功能定义 功能评价	VE的对象是什么? 它是干什么用的? 其成本是多少? 其价值是多少?
综合研究	方案创造 概略评价 方案具体制订 试验研究	有无其他方法实现同样功能? 新方案的成本是多少? 新方案能满足要求吗?
方案评价	详细评价 提案审批 方案实施检查 VE成果总评	

根据美国电话电气工程师戴明总结的 P—D—C—A 工作规律（见图 10－6），价值工程活动还可以划分为以下 4 个阶段。

第一，计划阶段（Plan），包括：确定价值工程活动的工作对象；收集情报；功能分析；功能整理；功能评价。

第二，实施阶段（Do），包括：选定方案；方案试验；正式提出价值工程建议；方案决策。

第三，检查总结阶段（Check），包括：列入工作计划；保证方案实现；检查及汇报；总结奖励。

第四，处理阶段（Action），包括：推广应用；情况反馈。

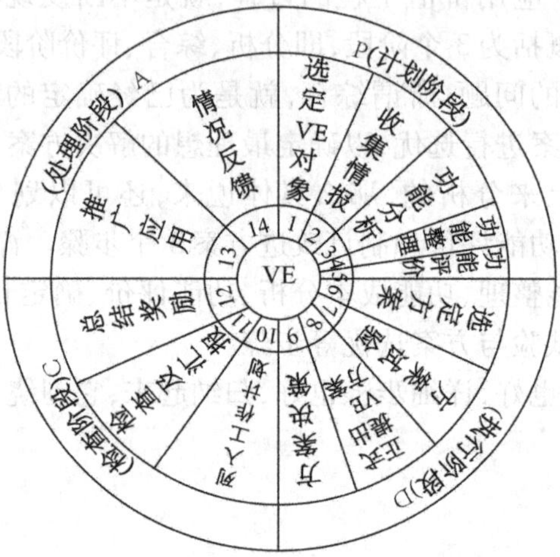

图 10－6　价值工程活动的 PDCA 循环

第二节　价值工程工作对象的选择

一、选择价值工程工作对象的一般原则

正确选择价值工程的工作对象是开展价值工程活动的基本环节。一个企业生产许多产品，每个产品有大量的零部件，甚至上百个、上千个、上万个。该选择哪些零件作为价值工程的工作对象呢？我们必须有目的、有重点地选择那些可能获得最大经济效益的产品和零部件作为价值工程活动的对象。

要保证价值工程对象的合理选择，必须遵循以下两项原则。

（一）与企业经营目标相一致的原则

价值工程活动本质上说是一种企业经营活动，因而它不可避免地与企业的经营目标发生联系。选择对实现企业经营目标最有利的产品、零部件、工序、作业、工程项目、生产经营活动或管理活动等作为开展价值工程的对象，才可能对企业的发展产生重大、深远的影响。一般地说，企业经营目标有 3 类，每类目标制约着不同的对象选择的出发点和范围。企业可以根据一定时期的主要经营目标内容，有针对性地选择价值工程改善对象。

1. 社会目标

现代企业必须树立用户是上帝、一切为用户服务的思想,努力满足国家经济建设和人民日益增长的物质和文化生活的需要,认识到企业肩负的社会责任。与此相适应,选择改善对象应优先考虑:国家需要的重点产品;社会需要量大的产品;国家重点工程建设急需的短缺产品;公害、污染严重的产品等。

2. 发展目标

企业的社会目标与企业自身的发展目标是一个问题的两个方面,伴随着社会的向前发展,企业也在不断发展,企业发展的同时推进了社会的进一步发展。企业发展目标既包括企业规模和生产能力的扩大,也包括企业在市场激烈竞争中自身形象、信誉的建立、巩固和企业素质的不断提高。与此相适应,选择改善对象应优先考虑:研制中的产品;大型设备的购置分析;需更新改造的设备;拟改革的工艺流程;重大技术措施项目;管理现代化、科学化的薄弱环节;竞争激烈的产品;用户意见大的产品;处于生命周期各个阶段,对企业发展有重要影响的产品;开辟新市场的产品和出口产品等。

3. 利益目标

企业要生存和发展,必然要考虑自身利益并力求使其最大化,通常以利润总额最大或利润率最高作为企业的利益目标。与此相适应,选择改善对象时应优先考虑:成本高、利润低的产品;材料贵、耗用量大的产品;能耗高、性能差、技术水平低的产品;生产周期长、占用资金多的产品;笨重的、结构复杂的产品;资金占用较大的材料库存管理、在制品管理等。

总之,在企业经营目标的制约下,优先考虑选择那些最有利于企业经营目标实现的对象开展价值工程活动,这就把价值工程活动本身纳入了企业经营活动的范畴。这正是开展价值工程活动的目的所在。

(二)价值提高的可能性原则

价值工程的对象选择除遵循与企业经营目标相一致的原则外,价值提高的可能性原则也必须遵循。在实际工作中,与企业经营目标相一致的产品或项目的改善并不一定都会获得较大成果,大幅度地提高价值的可能性取决于产品或项目本身的价值改善潜力大小和难易程度,也取决于企业在分析研究时的人力、物力、财力等一系列客观条件。只有价值工程工作小组在一定时间内能够改进见效的、具有较大改善潜力的产品或项目,才值得选为价值工程改善对象,也只有对它们进行改进,才有利于实现企业的经营目标。

这里特别要强调的是,由技术、经济等方面的人员组成的、开展价值工程活动的工作小组的人员素质对改善对象的价值提高具有举足轻重的影响。在一定的条件下,工作小组如果能够运用新材料、新结构、新工艺、新技术,卓有成效地挖掘对象改善潜力,则改善的潜力才能转化为现实的价值提高。否则,即便对象的改善潜力再大,若企业条件不具备,工作小组不能胜任其工作,其结果也是不乐观的。所以,价值提高可能性既包括产品本身的条件,也包括 VE 工作者的条件。

二、选择 VE 工作对象的基本方法

根据对象选择原则,综合考虑各种因素,就可以具体选择某个或几个产品、零部件、工序、环节、因素、作业或其他项目等作为价值工程对象。具体选择方法包括定性分析方法和定量分析方法两类。常用的方法有以下几种。

（一）经验分析法

经验分析法是一种对象选择的定性分析方法，是目前企业较为普遍使用的、简单易行的价值工程对象选择方法。它实际上是利用一些长期在本单位工作，有丰富实践经验的职工对所存在问题的直接感受，经过主观判断确定价值工程对象的一种方法。运用该方法进行对象选择，要对各种影响因素进行综合分析，区分主次轻重，既考虑需要，也考虑可能，以保证对象选择的合理性。所以，经验分析法有时也被称为因素分析法。

经验分析法的优点是简便易行，不需要特殊的人员培训，考虑问题综合全面。缺点是缺乏定量分析，在工作人员经验不足的时候会导致准确性差。这种方法的使用必须以工作人员具有丰富经验为前提。在目标单一、产品不全或问题简单的情况下，使用这种方法进行价值工程对象选择在准确性和节约时间方面具有较显著的优越性。该方法亦可与定量分析法结合应用，相互补充、验证。

（二）百分比分析法

百分比分析法是通过分析各拟选对象对企业的两个或两个以上的技术经济指标的影响程度大小（百分比）来确定价值工程对象的方法。

【例10－1】某厂有6种产品，它们各自的成本和利润占总成本和总利润的百分比如表10－3所示。

由表10－3可知，产品Ⅳ的成本占产品总成本的17.9%，而其利润只占总利润的6.5%，显然产品Ⅳ应作为价值工程分析的重点对象。

百分比分析法从本质上讲是一种因素分析法，它只对事先选定的某几项技术经济指标，进行各产品影响程度的定量分析。通常，企业在一定时期要提高某些技术经济指标，运用这种方法选择价值工程对象进行分析、研究和改进，具有比较强的针对性和有效性。在拟选对象数目不多的情况下，采用该方法比较适宜。另外，有时为使对象选择做得更全面些，该方法也与经验分析法结合使用。

表10－3　某厂产品成本、利润百分比

项目	产品Ⅰ	产品Ⅱ	产品Ⅲ	产品Ⅳ	产品Ⅴ	产品Ⅵ	产品Ⅶ
成本/万元	85	10	5	25	8	7	140
百分比/%	60.7	7.1	3.6	17.9	5.7	5.0	100
利润/万元	28	4	2	3	5	4	46
百分比/%	60.9	8.7	4.3	6.5	10.9	8.7	100

（三）同量纲价值比较法

根据价值表达式 $V=\frac{F}{C}$，在产品成本已知的基础上，一旦将产品功能定量化，就可以计算产品价值。功能定量化可用产品的某个主要的具有一定量纲的产品功能参数，定量表示功能水平的高低，如功率、载重量、流量等。产品功能参数值与产品的成本之比称为价值指数，如单位成本功率、单位成本载重量、单位成本流量等。

一定量纲的价值指数计算公式为

$$\text{价值指数}=\frac{\text{产品某个主要功能参数产品成本}}{\text{产品成本}} \tag{10-3}$$

将系列产品按功能参数由小到大的顺序排列，计算各产品价值指数。比较各产品同量纲价值指数大小，看看产品价值指数是不是随产品功能参数的递增而递增，如果不是，表明产品存在问题，应选为改进对象。

【例 10－2】某机械厂生产 3 种型号的混砂机，每种型号混砂机的主要功能参数、生产成本如表 10－4 所示。

表 10－4 某厂生产混砂机的有关参数

产品型号	甲型混砂机	乙型混砂机	丙型混砂机
功能参数/(m^3/h)	2	7	14
生产成本/千元	3.169	5.799	20.560
价值指数/[立方米/(时·千元)]	0.63	1.21	0.68

由表 10－4 中价值指数栏可以看出，在 3 种混砂机中，甲型到乙型的价值指数从低到高是属于正常的。从乙型到丙型，随着功能参数的提高，价值指数反而降低，表明丙型混砂机价值指数不合理。应优先选择丙型混砂机作为改进对象，努力改进存在的问题，提高其价值。

之所以做出这样的判断，是因为在系列产品中，材料成本随产品功能参数的提高接近同比例变化，而工费成本比较稳定，随着规格或功能参数的提高，产品工费成本变化不大，至多以低于规格或功能参数的变化比例变化。综合料、工费情况可知，产品总成本是以小于功能参数的增加比例而增加，反映到价值指数上面就是价值指数应随功能参数的递增而递增，否则，便视为不正常。

为保证上述判断的正确性，要求同类系列产品中功能参数最小的那个产品的价值指数应该合理。以此合理的价值指数为判断其他产品价值指数合理与否的基础，才能保证判断的正确性。

同量纲价值比较法一般作为在同一企业生产的，其主要功能明确、单一、可计量，产品结构原理和生产技术条件、企业管理水平可比的系列产品或零部件的对象选择。

(四) ABC 分析法(或称成本比重法)

一个产品由很多零部件组成，由于每个零件的功能不同，故分配的成本也不同，其中少数重要零件的成本占了成本的绝大部分。据统计，有 10%～20% 的零件成本占整个成本的 60%～80%。ABC 分析法就是将零件按成本大小的顺序排列，选出前边占 10%～20% 的零件作为重点研究对象。下面举例加以说明(如表 10－5 所示)。

表 10－5 某产品零件价值分析表(ABC 分析表)

零件名称	每台产品用量/件	累计件数	累积比率/(%)	零件成本单价/元	每台产品零件成本/元	累计成本/元	累计成本比率/(%)
甲	(1)	(2)	$=\frac{(2)^{(3)}}{\sum(1)}$	(4)	(5) = (4) × (1)	(6)	$=\frac{(2)^{(3)}}{\sum(1)}$
A	2	2	1	200	400	400	13.3
B	2	4	2	175	350	750	25
C	2	6	3	140	280	1 030	34.3

表 10-5(续)

零件名称	每台产品用量/件	累计件数	累积比率/(%)	零件成本单价/元	每台产品零件成本/元	累计成本/元	累计成本比率/(%)
D	4	10	5	110	440	1 470	49
E	4	14	7	90	360	1 830	61
F	4	18	9	72	144	1 974	65.8
G	2	20	10	60	120	2 904	70
H	4	24	12	50	200	2 994	76.5
⋮	⋮	⋮	⋮	⋮	⋮	⋮	⋮
W							
$\sum$	200	200	100		100	3 000	100

根据表 10-5 的数据绘制出图 10-7。

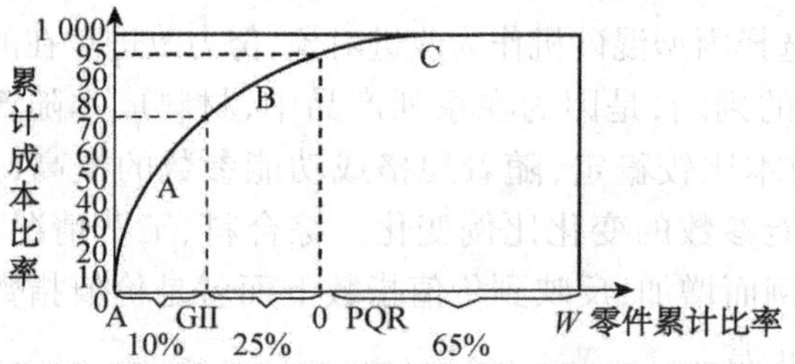

图 10-7　某产品零件价值分析图

从表 10-5 与图 10-5 中可以看出，在 A 区范围内，10% 的零件累计比率占成本比率的 70%，显然 A 区应作为重点。C 区的零件累计比率为 65%，而成本累计比率为 5%，即 65% 的零件，只占成本的 5%，故无须花费精力研究它。

(五)强制确定法(或称 FD 法)

强制确定法简称 FD(Forced Decision Method)法。一般说来，零件的成本水平应该与它功能的重要程度相一致。如果零件的功能在产品中比较重要，但成本很高，就应当设法降低成本。如果功能比较重要，而成本过低，就可以分析是否需要适当提高成本，以补足功能的不足。具体做法如下所示。

在 ABC 法的基础上，找出占成本比重大的部分零件，把它们排列起来，各零件轮番两两进行比较，重要的得 1 分，不重要的得 0 分，然后把各零件得分累计起来，除以得分总数，得出零件的功能重要性系数或功能评价系数。其公式为

$$\text{功能重要性系数}=\frac{\text{各零件得分累计}}{\text{得分总数}} \tag{10-4}$$

强制确定法是根据价值系数选择价值工程的工作对象。所谓价值系数是指零件的功能重要性系数与各零件的成本系数之比。即

$$\text{价值系数}=\frac{\text{功能重要性系数}}{\text{成本系数}} \tag{10-5}$$

产品功能评价系数如表 10-6 所示。

表 10－6 产品功能评价系数表

零件名称	一对一比较结果								得分	功能评价系数
	A	B	C	D	E	F	G	H		
A	x	1	1	0	1	1	1	1	6	0.214
B	0	x	1	0	1	1	1	1	5	0.179
C	0	0	x	0	1	1	1	0	3	0.107
D	1	1	1	x	1	1	1	1	7	0.250
E	0	0	0	0	x	0	1	0	1	0.036
F	0	0	0	0	1	x	1	0	2	0.071
G	0	0	0	0	0	0	x	0	0	0
H	0	0	1	0	1	1	1	x	4	0.143
合计									28	1.000

$$\text{成本系数}=\frac{\text{零件目前成本}}{\text{产品目前整体成本}} \tag{10-6}$$

各零件的价值系数如表 10－7 所示。

表 10－7 各零件的价值系数

零件名称	功能评价系数(1)	目前成本(2)	成本系数(3) $=\frac{(2)}{7208}$	价值系数(4) $=\frac{(1)}{(3)}$
A	0.214	1818	0.252	0.85
B	0.179	3000	0.416	0.43
C	0.107	285	0.040	2.68
D	0.250	284	0.039	6.41
E	0.036	612	0.085	0.42
F	0.071	407	0.056	1.27
G	0	82	0.011	0.3
H	0.143	720	0.100	1.43
合计	1.000	7.208	1.000	

从得出的价值系数来看，存在 3 种情况。

1. 价值系数小于 1，即功能重要性系数小于成本系数。它表明对功能比较次要的零件分配了过多的成本。这样的零件应选作价值工程的重点对象。

2. 价值系数大于 1，即功能评价系数大于成本系数。它表明功能比较重要的零件分配了比较少的成本。是否需要提高成本，应视具体情况而定，因为也可能有过剩的功能。可作为价值工程的工作对象。

3. 价值系数趋近于 1，说明功能成本比较平衡。这一类不作为价值工程的工作对象。

（六）最合适区域法（或称田中法）

这是日本田中教授提出的，与 FD 法相类似的方法，它选择价值工程工作对象不是以价值系数等于 1、大于 1 或小于 1 为标准，而是确定一个价值系数最合适的区域。

价值系数相同的对象，由于功能的重要性系数与成本系数的绝对值不同，因而对产品的价值的实际影响有很大差异。所以，价值系数相同的对象不能同等对待，而应优先选择其中对产品的实际影响大的对象。

【例 10－3】有 A，B，C…零件，有关的数据如表 10－8 所示。

表 10－8　各零件相关参数

零件名称	现实成本/元	成本系数	功能评价系数	价值系数
A	100	0.10	0.090	0.90
B	10	0.01	0.009	0.90
C	100	0.10	0.2	2.00
D	10	0.01	0.02	2.00
⋮	⋮	⋮	⋮	⋮
合计		1	1	

零件 A，B 的价值系数相同，但成本系数与功能重要性系数的绝对值不同，因而价值系数的变动对产品的成本或功能的影响也不同。如将零件 A 的价值系数提高 0.1，则成本可降低 10 元，而 B 零件的价值系数提高 0.1，成本仅降低 1 元。同理，若使零件 C 的价值系数达到 1 则需将 C 的现实成本提高一倍，即增加 100 元，而使零件 D 的价值系数达到 1，则成本最多增加 10 元。显然，它们对产品成本或功能的影响是有很大差异的。

所以，在根据价值系数选择价值工程的工作对象时，还应按对象的成本系数和功能重要性系数绝对值的大小，分别加以控制。对于成本系数和功能重要性系数绝对值大的对象，要从严控制，不允许其价值系数对 1 有过大的偏差。当其对 1 有过大的偏离时，就应作为价值工程的工作对象。对于成本系数和功能重要性系数绝对值小的对象，可放宽控制，即使对 1 的偏离较大，也不作为价值工程的工作对象。这样就可以使价值工程的工作能抓住少数重点对象，而不被过多的对象所困扰，从而提高效率。

取一直角坐标系，将功能重要性系数作纵坐标，成本系数作横坐标，如图 10－8 所示。

从图 10－8 可见，与 X 轴和 Y 轴成 45°夹角的直线为价值系数为 1 的标准线。其上的点，价值系数为 1，不作为价值工程的工作对象。但对于 1 稍有偏离的都应当作为价值工程的工作对象而开展工作吗？如果这样，会使对象过多，工作量过大。所以田中教授围绕价值系数 $V=1$ 的标准线确定一个区域，称为最合适区域。凡落在该区域的点都被认为是合理的，不作为价值工程的工作对象，而对落在该区域外的点，要作为价值工程的工作对象而开展价值工程活动。这个区域是对原点成倒喇叭形的一个区域，因而它很好地解决了对功能重要性系数和成本系数的绝对值大的控制从严，对其绝对值小的控制从宽的原则，如图 10－9 所示。

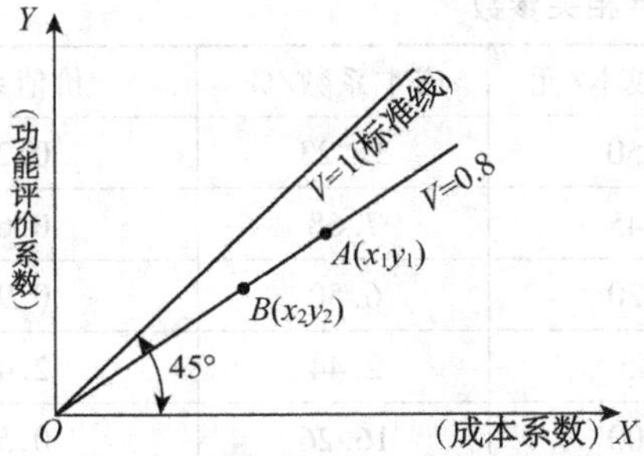

图 10－8　功能成本图

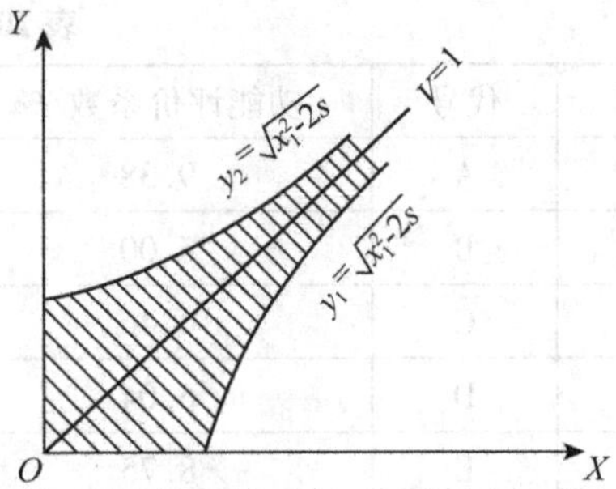

图 10－9　功能成本控制最适合区域

最合适区域的两条曲线如下确定,如图 10－10 所示。

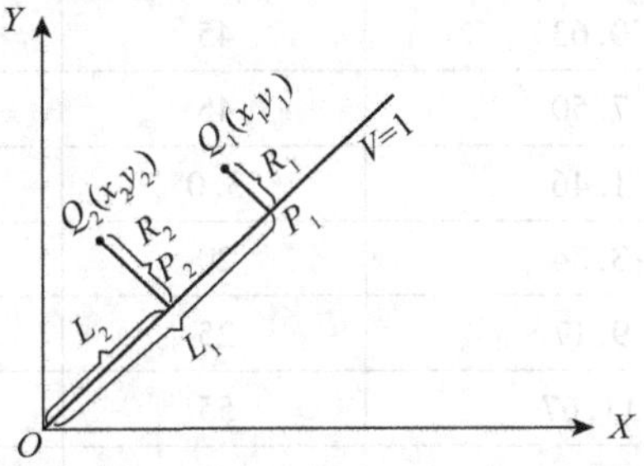

图 10－10　功能成本最适合区域曲线确定

曲线上任一点 $Q_i(x_i,y_i)$ 至标准线 $V=1$ 的垂线 QP 与 OP 的乘积是一个常数。设 $QP=R$,$OP=L$,R 是 Q 点距离标准线的差异,L 是 P 点至 O 点的距离。S 为给定常数,则 $R\times L=S$。当 S 一定时,L 大则 R 相应要小,R 大则 L 相应要小。这样,距 O 点远时,差异 R 小,距 O 点近时,差异 R 大,因此这样的曲线能满足最合适区域的要求。其中 S 为给定常数,若 S 较大,则两条曲线距离标准线的差异就大,阴影部分的面积亦较大,价值工程对象将选择得少一些;反之,若 S 较小,则曲线更加逼近标准线,选定的对象将多些。至于 S 取何值,视我们选择对象多少的需要人为地给定。应用时,可以通过试验,代入不同的 S 值,直到获得满意的结果为止。

这两条曲线方程(推导从略)为

$$y_2=\sqrt{x_i^2+2S} \text{ 和 } y_1=\sqrt{x_i^2-2S} \qquad (10-6)$$

式中　x_i——自变量($i=1,2,3\cdots$)。

下面用具体实例说明最合适区域的应用。

【例 10－4】将弯把机作为价值工程的工作对象,已用 ABC 分析法从 150 个零件中粗选出 16 个零件如表 10－9 所示,试用最合适区域法确定价值工程的工作对象。

第一步,求功能性重要系数,其结果填入表 10－9 中(以百分比表示)。

第二步,求成本系数,将其结果填入表 10－9 中(用百分比表示)。

表 10-9　各零件相关参数

序号	代号	功能评价系数/%	零件成本/元	成本系数/%	价值系数
1	A	9.38	650	35.23	0.27
2	B	5.00	145	7.68	0.64
3	C	6.46	120	6.50	0.99
4	D	6.04	45	2.44	2.47
5	E	8.75	300	16.26	0.54
6	F	3.13	120	6.50	0.48
7	G	4.79	80	4.36	1.1
8	H	0.83	35	1.90	0.44
9	I	0.63	45	2.44	0.26
10	J	7.50	45	2.44	3.1
11	K	1.46	3.0	1.63	0.89
12	L	3.54	20	1.90	1.86
13	M	9.17	25	1.08	8.49
14	N	11.67	55	2.98	3.9
15	O	11.46	15	0.81	1.4
16	P	10.21	115	6.23	1.6

第三步,求最合适区域。根据方程 $y_2=\sqrt{x_i^2+2S}$ 和 $y_1=\sqrt{x_i^2-2S}$ 来确定。其中 S 假设为 50(根据经验),任给一个 X 值(正实数)则有一个 Y 值,这样就得到一组 X 值和其相对应的一组 Y 值所确定的点,连接各点后所构成的区域即为最合适区域,如图 10-11 所示。

第四步,选择价值工程对象。用 16 个零件的 Y 值(功能重要性系数)与 X 值(成本系数),分别确定对象各点。如果零件对应的点子在最合适区域内,就认为是基本合理的,不作为对象了。如果零件对应的点子在最合适区域之外,则应作重点对象。从图 10-11 可以看出,A,E,N,O 点是在最合适区域以外,应作为价值工程的工作对象。

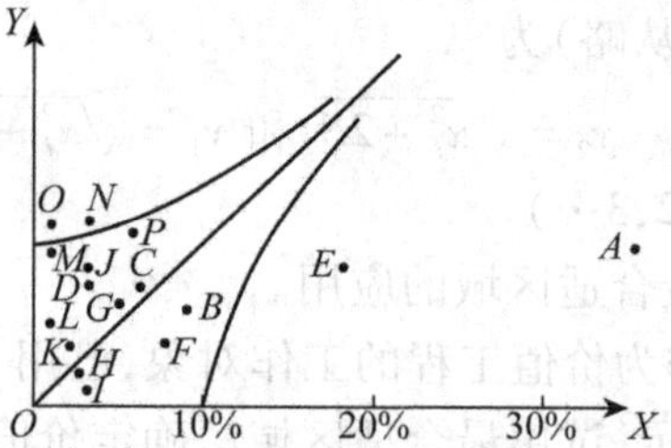

图 10-11　功能成本控制区域图

第三节　功能分析

如前所述，价值工程是借助于功能分析的办法来达到成本的降低，即在分析某种产品功能的基础上，用更低的成本来实现这些功能。所以功能分析是价值工程的核心内容。功能分析包括功能定义与分类、功能整理和功能评价。

一、功能定义

任何产品都有其特定的功能，如电灯的功能是提供光源，金属切削机床的功能是切削金属，钟表的功能是指示时间等。产品的功能是指产品总体的作用和用途。零件的功能是指零件本身在产品总体上担负的职能或用途。功能定义的对象不仅包括产品本身而且也包括产品的组成部分零部件。零部件在产品的整体中担负起自己的功能，只有把产品做更细的分解，如分解成部件、组件……零件，才能发现问题，提高价值。

（一）功能定义的目的

功能定义的目的有以下3个方面。

1. 明确用户要求的功能

功能是制定方案的出发点，功能定义的目的就是为了明确和确认这一出发点，以便设计者准确掌握用户的功能要求，为创造出高价值的方案打下基础。对一项新设计来说，在设计的最初阶段，往往只有功能这一抽象概念。以功能为出发点，经过具体设计才能产生具体的结构或手段。对一项改进设计来说，设计开始时已经有了原来的结构或手段，但在设计中仍然要求摆脱原有结构的束缚，重新考虑用户要求的功能。以功能为基础，进行破旧立新的创造。

所以通过功能定义明确和确认用户的功能要求，无论在什么情况下都是完全必要的。

2 打开设计思想

实现同一功能的手段很多，如果只从现行方案和实现功能的某一手段出发考虑问题，就容易使思想受到束缚。通过给功能下定义，促使人们从用户的功能要求出发，抓住问题本质扩大思考范围，就能打开设计思路，为创造价值的设计方案打下基础。

3. 便于进行功能评价

功能评价是价值工程的重要阶段，这一阶段要求确定实现功能的最低费用。但是功能费用是与功能的水平相联系的，而功能水平的确定有赖于功能定义，通过功能定义尽量对功能做出定量的表述，就能具体确定出功能的水平，从而便于进行功能评价。

怎样给功能下定义呢？功能定义应当用简明准确的语言来描述它的本质内容。通常用一个动词和一个名词来定义一种功能。如：

对象	动词	名词
杯子	盛装	液体
钻床	打	孔
变压器	调节	电压
传动轴	传动	扭矩

（二）功能定义时应注意的问题

在对功能定义时须注意以下几点。

1. 名词要使用可以测定的词汇

只有名词部分使用可以测定的词汇，才能便于评价方案。如对电线的功能定义，如果定义为“传导”，就不够恰当，因为“电”是不可测定的，如果定义为“传导电流”就比较合适，因为电流是可以测定的。

2. 动词部分要使用力求扩大思路的词汇

如前所述，用动词及名词来表达功能的目的之一便是为了便于构思方案。为此要用名词和动词将功能抽象化。特别是动词部分，必须使用更抽象化的名词，这样才能在以后的实现功能方法的创新阶段，扩大思路，构思出价值高的方案的可能性。

3. 在下定义时不要把人的作用考虑进去

因为是给物下定义，因此就不能将人的作用加进去，否则定义会不确切。如定义圆珠笔的功能是“写字”就不够确切，因为圆珠笔本身不能写字。如定义为“做出记号”则就比较恰当。

二、功能分类

为了便于功能定义与功能整理，首先从大的方向对功能进行分类。

（一）功能分类方法

不同研究对象及其具体功能是千差万别的。同一研究对象的各个不同部分的功能在总体组成中，所发挥作用的具体内容与其所处地位也不同，一般可从以下 4 个方面进行分类。

1. 使用功能与美学功能

使用功能与美学功能，是从功能的内涵与外观的角度进行分类的。

（1）使用功能

使用功能是产品所具有的与技术经济用途直接有关的功能。如电视机的使用功能是“显示图像”与“发出伴音”；热水瓶的使用功能是“保持水温”。

（2）美学功能

美学功能是与使用者的精神感觉、视觉、主观意识有关的功能。如电视机的“造型大方”“款式新颖”等。

美学功能直接影响使用者的视觉、感觉和情绪。有的产品与零部件由于人们的视觉不经常接触，因而只要具有使用功能，无须具备美学功能。如地下电缆、地下管道、电机内的线圈等。与此相反，有的产品仅起装饰作用，因此美学功能就显得格外重要，如工艺美术装饰品等。多数产品，特别是与人们衣食住行有关的产品，以及某些工业用品往往使用功能与美学功能二者必须兼备。如电冰箱、洗衣机、自行车，以及各类交通工具、建筑物、生活用品如服装等。

另外，同美学功能相关联的还有贵重功能。如金银首饰以及某些稀世珍品等，它可对使用者与占有者起到提高身价的作用。

贵重功能与美学功能又可称为品位功能，主要是由于产品本身具有某种特定的魅力，而用户的心理与主观感觉中产生吸引力。

随着人们文化水平的提高与经济条件的改善，对美学功能与贵重功能的追求也日趋提高。因此，现代的设计不仅应该在功能、造型、结构、材料等方面形成内涵与外观的统一，使技术在适用与艺术原则下统一，而且还要注意根据用户的要求开发某些贵重功能。如高档次的食品、礼品、服装及其高档包装等。

2. 基本功能与辅助功能

基本功能与辅助功能是就产品各项功能在产品整体功能中所居地位的主次而进行的分类。

(1)基本功能

基本功能是产品中的主体功能,一般情况下,也是用户购买产品的目的功能。这种功能是产品中不可缺少的,是用户购买产品的基本原因,也是产品存在的主要理由。它对实现产品的使用目的来说,是最重要且必不可少的。对产品如此,对零部件仍然如此。如果基本功能发生改变,则产品或零部件的结构与工艺也一定会随之改变。例如,手表的基本功能是"显示时间",电灯的基本功能是"发光照明",变速机构的基本功能是"改变速度",电线、电缆的基本功能是"传输电流"等。基本功能是满足用户要求的功能,设计者或企业不能随意改变它,反而还要想方设法给予保证。

(2)辅助功能

辅助功能是为了更好地实现基本功能服务的功能,或者是用户对基本功能以外所要求的其他次要功能,如手表的基本功能是显示时间,而"防水""防震""防磁"则是为了更有效地显示时间而附加的辅助功能;又如电视机的"遥控"功能,则是为基本功能能够得到更方便的使用而附加的次要功能。

3. 必要功能与不必要功能

必要功能与不必要功能,是根据用户对功能是否需求来分类的。

(1)必要功能

所谓必要功能,是为满足用户的需求所必须具备的功能。这里包括使用功能与美学功能,基本功能与辅助功能。

(2)不必要功能

所谓不必要功能,是与用户需求无关的功能。它应该是通过改进产品设计而加以剔除的功能。因为它不仅造成用户额外的经济负担,而且还要造成国家资源的浪费。

4. 过剩功能与不足功能

过剩功能与不足功能是从满足用户需求的程度来分类的。

(1)过剩功能

超越用户需求的功能是过剩功能。从定性的角度,某一功能可以是必要功能,但在数量上超过了用户的要求或所规定的某一确定的标准。因此,所谓过剩功能也就是在数量上超出标准的部分。过剩功能可以表现在产品的整体功能上,也可以表现为零部件的功能上。

(2)不足功能

尚未满足用户需求的那一部分功能是不足功能。它可以表现为研究对象的整体功能在数量上低于某一确定的标准,也可以表现为零部件的功能低于整体功能的要求。

三、功能整理

功能整理的目的是弄清楚产品各组成部分之间的关系,编制出功能系统图,作为分析人员重新构思,提出设想方案的依据和线索。

(一)功能整理的意义

所谓功能整理就是根据一定的逻辑,把系统各要素功能之间的相互关系组成一个体系,即功能体系。所以围绕一个产品除存在一个结构系统之外,又存在一个功能系统。而且功能系统较结构系统是更本质的东西,为了把握住必要功能,就必须研究功能系统,进行以功能为中心的价值工程活动。

(二)功能整理的逻辑

在产品及其组成部分的许多功能之间,存在着上下关系和并列关系。所谓功能的上下关系是指在一个功能系统中某些功能之间存在着目的与手段的关系。甲功能是乙功能的目的,乙功能是甲功能的手段,而乙功能可能又是丙功能的目的,丙功能则可能是实现乙功能的手段。依此类推,起"目的"作用的功能称上位功能,起"手段"作用的功能称下位功能。上位功能与下位功能是相对而言的,一个功能对它的上位功能来说是手段,亦即下位功能,而对它的下位功能来说是目的,亦即上位功能。

简而言之,功能整理是根据"目的—手段"的逻辑,将各个功能之间的相互关系加以系统化,编制出功能系统图。例如,手电筒的目的功能是发光,手段功能是加热灯丝,而往后,加热灯丝作为目的功能的手段功能是通电流。各功能之间的相互关系,如图 10－13 所示。

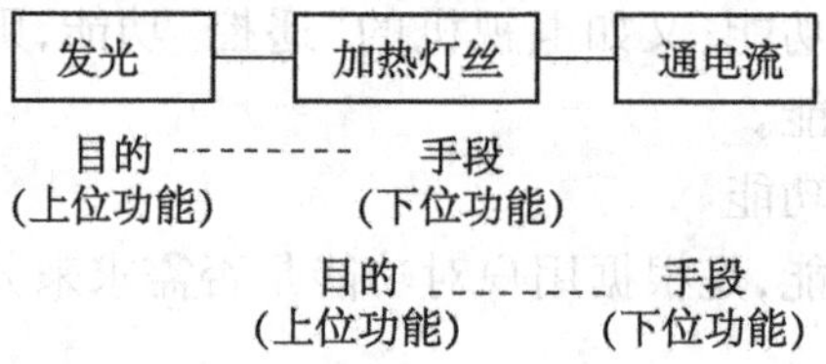

图 10－13　手电筒功能系统图

功能的并列关系是指在复杂的功能系统中,在上位功能之后,往往有几个并列的功能存在,这些并列的功能又可能各自形成一个子系统,构成一个功能区域,称为功能区,或称功能领域。

按功能之间的这种上下并列关系,把上位功能摆在左边,下位功能摆在右边,绘制成完整的功能系统图,如图 10－14 所示。

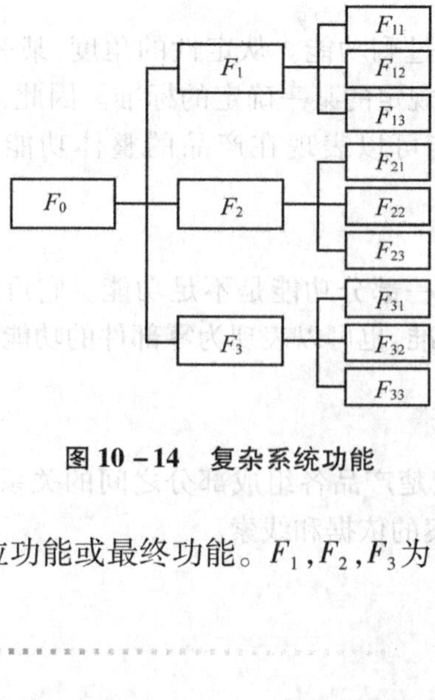

图 10－14　复杂系统功能

图 10－14 中,F_0为最上位功能或最终功能。F_1,F_2,F_3为F_0的下位功能,是并列的二级

功能。$F_{11},F_{12},\cdots,F_{33}$为$F_1,F_2,F_3$的下位功能，是并列的三级功能。

（三）功能整理的方法

对功能整理，国外研究了一套很细致的方法，称为功能分析系统技术，简称 FAST。

首先编制功能卡，每个卡片记录一个功能，包括功能内容、构成要素、零部件名称、功能成本等。把全部功能都一一填入卡片，然后抽出一张卡片来，找出该功能的上位功能与下位功能，再抽出第二张卡片，照此办理。灵活地移动这些卡片，就可以从功能角度研究功能之间的相互关系。最后把全部功能，按照功能之间的上下并列关系组成一个功能系统图。这时，产品的设计构思就一目了然了。在研究上位功能的过程中，会发现功能定义不当，这就可修改功能定义或追加功能卡片。

（四）功能整理举例

以 XC624 型万能铣头为例，说明如何编制产品功能系统图，如图 10－15 所示。

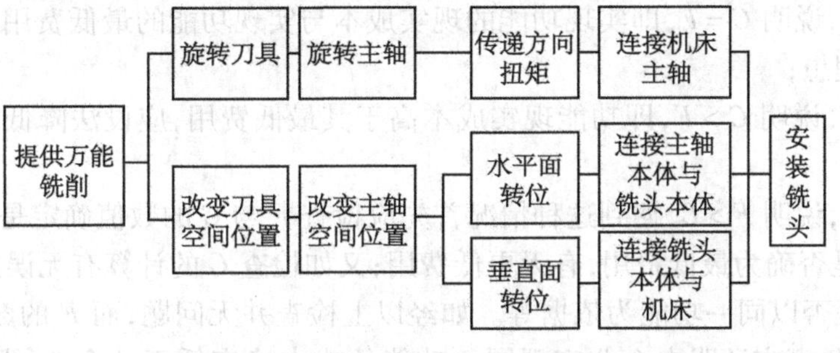

图 10－15 XC624 型万能铣头功能系统图

通过功能整理，我们可以掌握必要功能，去掉不必要功能和确定要改善的功能对象的标准。

四、功能评价

（一）功能评价的概念

功能评价实际上是对功能价值进行测定，在产品功能中引进数量化概念。具体说来，通过功能定义明确了用户的功能要求之后，就要进一步找出实现功能的最低费用作为功能的目标成本（称作功能评价值），以功能评价值为基准，通过与功能现实成本相比较，求出两者的比值（称作功能价值）和二者的差异值（称作改善期望值）。然后选择功能价值低、改善期望值大的功能，作为进一步开展 VE 的重点对象。这一评定功能价值的工作叫作功能评价。其工作程序如下：

（1）求算功能的现实成本；

（2）求功能评价值；

（3）算出功能价值和改善期望值，选择价值低的功能作为改善对象。

功能评价使用的公式为

$$V=F/C \tag{10-7}$$

式中 V——功能价值；

F——功能评价值；

C——功能现实成本。

一般情况下是 $C > F$。功能评价值常用作功能的目标成本，而 $(C - F)$ 即成本的降低幅度称作改善期望值。

功能评价使用的价值公式与价值工程概述中使用的价值公式的实质相同，都是反映价值、功能、成本三者之间的关系。但其中 V,F,C 三者的具体含义有两点差异。第一，以前讲的 V,C 是指实物对象的价值与成本，例如，产品、零部件、对比方案和工程项目等的价值与成本。现在这里讲的 V,C 则是指功能的价值与成本。第二，在概述中 F 有时只是定性地表达对象的功能，而当 F 定量表达对象的功能时，它可以采取功能数量化的方法。例如，使用载重量、功率等加以表示，也可以采用功能评分或功能系数化的方法加以表示。但在功能评价中，F 则是用功能成本化的办法来表示的，即 F 是实现功能的最低费用。通过 F 与 C 即功能最低费用与现实费用之比，求出功能价值 V。

按照式(10－6)对功能价值进行评价，结果会出现下面3种情况。

(1) $V=1$，说明 $C=F$，即实现功能的现实成本与实现功能的最低费用相符合，这种情况可认为比较理想；

(2) $V<1$，说明 $C>F$，即功能现实成本高于其最低费用，应设法降低现实成本，以提高功能价值；

(3) $V>1$，说明 $F>C$，遇到这种情况首先应检查 F 与 C 的数值确定是否得当。例如，检查 F 的数值是否确为最低费用，有无更低费用；又如检查 C 的计算有无误差；再如 C 与 F 的数值的计算是否以同一功能为依据等。如经以上检查并无问题，而 F 的数值是来自企业外部的成本情报，事实证明本企业实现同一功能的成本确实低于外企业，那么就可以用企业的现实成本 C 修改原定的功能最低费用 F，从而使 $F=C$，重新做到 $V=1$。

(二)功能现实成本

功能评价的第一步就是计算功能的现实成本。通常的成本计算都是以产品或零部件为对象进行的计算。而功能成本的计算则与此不同，它是以功能为对象进行的计算。在产品中一个零部件往往有几种功能，而一种功能也往往通过几个零件才能实现。因此计算功能的现实成本，就需要把零件的成本转移到功能成本上去。

计算功能现实成本的方法可以通过填表10－10进行。假设要求 F_1 至 F_6 六种功能的现实成本，这6种功能由4种零件予以实现。首先将与功能相对应的零件名称及其现实成本填入表中，然后将功能或功能领域(F_1-F_6)填入表中。将各零件的现实成本逐一分摊到有关的功能上去，例如丙零件具备 F_4，F_6 两种功能，就将丙的成本60元分摊到两种功能上去。分摊比例按零件对两种功能所起作用的 F_6 比 F_4 大1倍，则将成本60元分摊给 F_4 为40元，F_2 为20元。最后将每项功能分摊到的成本加以汇总，便得出功能(F_1 － F_6)的现实成本为(C_1 － C_6)。例如功能 F_1 分摊到的成本 C_1 为150元。

表10－10　功能现实成本分摊表

零件			功能或功能领域					
序号	名称	成本/元	F_1	F_2	F_3	F_4	F_5	F_6
1	甲	300	100		100			100
2	乙	500		50	150	200		100

表 10－10(续)

零件			功能或功能领域					
3	丙	60				40		20
4	丁	140	50	40			50	
合计		C	C_1	C_2	C_3	C_4	C_5	C_6
		1 000	150	90	250	240	50	220

(三)功能评价值

所谓功能评价值就是评定功能的价值，即将功能的现实成本与功能的最低费用进行比较，由二者的比值评定功能的价值。实现功能的最低费用(功能评价值)是衡量功能价值的标准，功能的现实成本高于它就小，等于它就大。功能的成本较易确定，功能评价值则较难确定。所以功能评价工作主要就是寻找、测定、求算功能价值的工作。所谓功能评价值实际上主要是指求功能评价值的方法。

1. 实际价值标准法

求功能评价值的方法有很多种，这里只介绍一种方法，即实际价值标准法。

这种方法是广泛收集企业内外实现同样功能的现有产品实际成本资料，从中选择最低成本定为价值标准的方法。其具体做法如下所示。

(1)广泛收集企业内外已有同样功能产品的资料，包括其功能及约束条件，如可靠性、安全性、操作性、维修性、外观等，功能的实现程度是指性能水平或完好程度，以及产品的成本资料。

(2)所收集的许多产品虽然都是完成同样功能的，但其功能完成程度不完全相同。首先，将所收集的资料按功能的实现程度进行分类，同一类中的功能实现程度应尽量相同。例如几种产品性能相关不多，但有的外观或维修性太差，就不宜放在同一类内。

(3)将各类产品成本分类画入图 10－16 中。例如，将功能实现程度为 F 的同一类产品按其成本的不同用“×”号分别画入坐标图，则可以其中最低成本 C，作为功能实现程度为 F 的基本产品的价值标准。将图中各类产品的最低成本连成一条直线，则此直线就是各类产品的实际价值标准。严格说来，由于一种产品有若干种功能，应该按各功能条件逐一求出它们的最低成本基准，然后加以综合评价，作为产品的价值标准才算恰当。但为了简化评价工作，往往只抓住有代表性的功能条件(多以产品性能为代表)，来确定产品的实际价值标准。

(4)根据实际价值标准决定产品目标成本。如图 10－16 所示，若产品的功能实现程度为 F，现实成本为 C'，则其目标成本可定为 C，成本降低幅度为 $C'-C$。用这种方法确定功能评价值，由于选择的价值标准是实际已经达到的成本水平，因而有可靠的依据和说服力，便于鼓舞信心，可以广泛采用。

2. 制定价值标准时应注意的问题

(1)实际价值标准是从相同功能产品中选定的。虽说这些产品的功能相同，但无论功能条件和功能实现程度都不可能没有差异。因此，要注意对比产品的功能，必须属于或相当于同一等级的产品，否则就没有可比性，选出的最低成本也不足以说明问题。

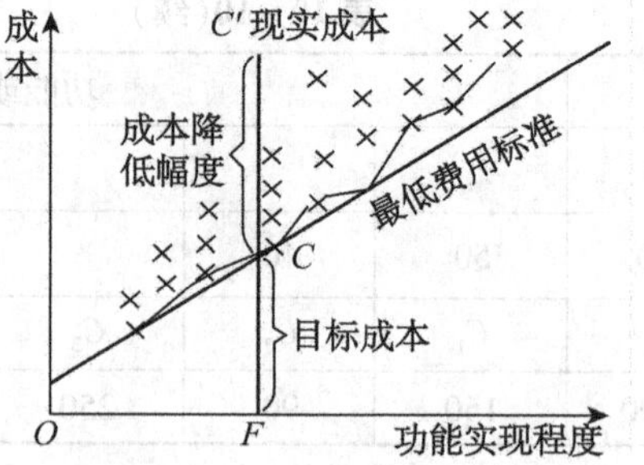

图 10－16　成本、功能实现图

(2) 现有产品不一定是尽善尽美的，仍然可能存在过剩功能与多余成本，因此在选择实际价值标准时应注意调整修正。

(3) 现实产品的功能成本是不断发展变化的，因此实际价值标准要随客观实际的发展而不断修正变化，不能一劳永逸。

下面我们仍以 XC624 万能铣头为例，对功能评价做具体说明。这种方法实际就是前面谈到的强制确定法。其具体步骤如表 10－11 和表 10－12 所示。

表 10－11　XC624 型功能铣头主要零件功能评价系数

零件号	零件名称	一对一比较结果													零件得分	零件功能评价系数
		铣本头体	台座	主本轴体	套筒	主轴	齿轮轴	齿轮轴	齿轮	法兰盘	法兰盘	法兰盘	轴承罩	压条		
1	铣本头体	x	1	1	1	1	1	1	1	1	1	1	1	1	12	0.154
2	台座	0	x	0	1	0	0	0	1	1	1	1	1	1	7	0.090
3	主本轴体	0	1	x	1	1	1	1	1	1	1	1	1	1	11	0.141
4	套筒	0	0	0	x	0	0	0	0	1	1	1	1	1	5	0.064
5	主轴	0	1	0	1	x	1	1	1	1	1	1	1	1	10	0.128
6	齿轮轴	0	1	0	1	0	x	1	1	1	1	1	1	1	9	0.115
7	齿轮轴	0	1	0	1	0	0	x	1	1	1	1	1	1	8	0.103
8	齿轮	0	0	0	1	0	0	0	x	1	1	1	1	1	6	0.077
9	法兰盘	0	0	0	0	0	0	0	0	x	1	1	1	1	4	0.015
10	法兰盘	0	0	0	0	0	0	0	0	0	x	1	1	1	3	0.038
11	法兰盘	0	0	0	0	0	0	0	0	0	0	x	1	1	2	0.026
12	轴承罩	0	0	0	0	0	0	0	0	0	0	0	x	1	0	0
13	压条	0	0	0	0	0	0	0	0	0	0	0	1	x	1	0.013
	合计														78	1.000

假设我们已经求得总的功能评价值为250元。将此数按功能评价系数分配到每个零件上去，即得到表10－12中第(7)栏的数据。有了目前成本C和功能评价值F就可以根据公式($V=F/C$)($C-F$)计算功能价值和成本降低幅度。

表10－12　XC624型功能铣头主要零件功能价值和成本降低幅度

零件号	零件名称	目前成本C/元	按目前成本计算的成本系数	功能评价系数	功能价值系数	按功能评价系数分配目标成本即功能评价值F/元	成本降低幅度($C-F$)/元	价值分析后预计成本/元
(1)	(2)	(3)	(4) $=\frac{(3)}{363}$	(5)	(6) $=\frac{(5)}{(4)}$	(7)＝(5)×250	(8)＝(3)－(7)	(9)
1	铣本头体	78.2	0.216	0.154	0.71	38.5	39.7	38.5
2	台座	74.2	0.204	0.090	0.44	22.5	51.7	22.5
3	主本轴体	38.4	0.106	0.141	1.33	35.3	3.4	35.3
4	套筒	11.5	0.032	0.064	2.00	16.0	－4.5	11.5
5	主轴	33.6	0.092	0.128	1.39	32.0	1.6	32.0
6	齿轮轴	25.2	0.069	0.115	1.67	28.8	－3.6	25.2
7	齿轮轴	24.8	0.068	0.103	1.51	25.8	－1.0	24.8
8	齿轮	22.3	0.061	0.077	1.26	19.3	3.0	19.3
9	法兰盘	12.2	0.034	0.051	1.50	12.8	－0.6	12.2
10	法兰盘	13.7	0.038	0.038	1.00	9.5	4.2	9.5
11	法兰盘	11.4	0.031	0.026	1.84	6.5	4.9	6.5
12	轴承罩	5.0	0.014	0	0	0	5.0	2.5
13	压条	12.1	0.033	0.013	0.039	3.3	8.8	3.3
合计		363.0	1.000	1.000	—	250.3	112.6	243.1

注：轴承罩的价值分析后预计成本不可能是零，因此取比5小的任意值，本例中取2.5。

功能价值的计算结果有3种情况：当$V<1$，表示功能评价值比目前成本小，即$F<C$，说明成本有降低的余地，其降幅为($C-F$)，如铣头本体、台座、主轴本体等。当$V=1$，表示目前成本与功能评价值相等，即$F=C$；当$V>1$，表示功能评价值高于目前成本，即$F>C$，套筒、齿轮轴及零件号9的法兰盘等，此表中第(8)栏为负值。根据万能铣头对这3个零件功能的要求，没有再变动的必要，保持原有成本。

第四节　方案评价

方案评价的目的是将在功能分析的基础上提出的若干个改进方案进行筛选，提出一个优秀的方案。方案评价主要着眼于经济评价、技术评价、社会评价，也叫环境评价3个方面，通过3个方面研究比较,最后进行综合评价,做出决策,确定出功能高、成本低、价值大的方案,具体评价方法有下述几种。

一、技术可行性评价

技术可行性研究主要以用户需要的功能为依据,评价必要功能和功能实现的程度。一般评价内容为:功能的实现程度(性能、质量、寿命等)、可能性、维修性、操作性、安全性,整个系统的协调,与环境的协调。评价时利用理论计算、模拟试验、样品样机试验鉴定所取得的资料数据进行评价。下面介绍几种定量的分析方法。

(一)效果估计打分法

为实现某一功能,提出4个方案,确定其技术可行性。

先列出方案的功能分析表,根据各方案能够达到各项功能要求程度,按十分制给予打分。然后按分数高低对方案决定取舍,如表10－13所示。

表10－13　功能分析表

方案	效果设计							决定
	可靠性	运转可能性	保养易难程度	生产易难程度	重复	安全	合计	
A	2	10	10	10	10	2	44	不采纳
B	8	8	4	8	6	4	38	不采纳
C	8	10	8	10	10	8	54	采纳
D	8	8	8	10	10	4	48	保留

(二)加权打分法

某产品有4种功能a,b,c,d,但其在总体中所占的地位不同,因此要确定出各功能比重(Φ)。满足程度以百分打分,然后计算出4个方案A,B,C,D的各自总分($\sum \Phi \cdot s$)。分数高者为优,因此方案D为最好的技术可行方案。如表10－14所示。

表10－14　打分表

功能因素	a	b	c	d	评价总分
因素比重 Φ	0.5	0.1	0.2	0.2	$\sum \Phi \cdot s$
方案	满足系数(s)				
A	77	81	70	76	75.8
B	73	70	97	70	75.5
C	77	70	82	73	76.5
D	88	90	75	82	84.4

二、经济可行性评价

经济评价是在技术可行性评价后进行。把技术评价后选出的方案,进行成本分析,找出最低成本方案。具体方法如下所示。

(一)总额法与差额法

在比较不同方案时,既可以将影响利润或成本的全部因素加以计算,求出总利润或总成本进行比较;也可以只将有差异的因素进行计算比较,从而对方案优劣进行评价。前者称总额法,后者称差额法。

【例 10-5】设有 A,B 两方案,其销售收入与成本均不相同,有关数据如表 10-15 所示,试对 A,B 两方案进行比较。

表 10-15 A,B 方案的相关数据

方案	销售收入/元	总成本/元
A	12 000	9 000
B	10 000	8 000

由于 A,B 两方案的收入,成本因素均不相同,故采用总额法进行对比。

由销售收入 - 总成本 = 盈利,得

A 方案盈利:12 000 - 9 000 = 3 000(元)

B 方案盈利:10 000 - 8 000 = 2 000(元)

评价结果 A 方案利润大,可选 A 方案。总额法适用于影响成本或利润因素各不相同的情况。

【例 10-6】设 A,B 两方案的成本相同,均为 9 000 元,销售收入不同,A 方案为 12 000 元,B 方案为 10 000 元,试对 A,B 两方案进行比较。

因成本相同,故只比较销售收入即可。由表 10-15 中的数据可知,A 方案有利。

A,B 两方案间盈利差异 = A,B 两方案间销售收入差异 = 12 000 - 10 000 = 2 000(元)

【例 10-7】设加工某种零件有 A,B 两方案,A 方案可以沿用现有模具,模具的待摊费用还有 2 000 元,模具费加工费每千件 800 元。B 方案需花费 8 000 元新制的模具费,还有模具的损失费用 2 000 元,但加工费低,每千件 600 元。预定年产量 70 000 件,求方案评价结果。

按总额法计算:

A 方案的成本为(0.8 ×60 000) + 2 000 = 50 000(元)

B 方案的成本为(0.6 ×60 000) + 8 000 + 2 000 = 46 000(元)

评价结果成本差异额 4 000 元,B 方案有利。但其中待摊模具费 2 000 元是由于过去的决策所发生的成本,在方案比较中处于无关地位,因而可按差额法进行成本比较。

A 方案的成本为 0.8 ×60 000 = 48 000(元)

B 方案的成本为 0.6 ×60 000 + 8 000 = 44 000(元)

评价结果成本差额同样为 4 000 元,B 方案有利。

（二）机会成本法

为了更明确地表示对比方案经济效果上的差异，常采用“机会成本法”。所谓机会成本并非以货币支出为基础所测算的成本，在思考方法上它是一种如若实行就得到利益，如若不实行就将遭受到损失的可能。假若【例 10－6】中 A，B 两方案是相互排斥的，如果采用 A 方案，就放弃 B 方案，从而丧失若实行 B 方案所能得到的利益；反之，如果要用 B 方案，则将丧失实行 A 方案所得到的利益。若采用成本分析法计算 A，B 两方案的机会利益或机会损失。其结果如下所示。

A 方案：12 000 － 9 000 － 1 000 ＝ 2 000（元）

B 方案：10 000 － 9 000 － 3 000 ＝ －2 000（元）

当采用总额法进行计算时，A 方案利益（3 000 元）大于 B 方案利益（1 000 元），评价结果 A 方案有利。而采用机会成本法计算时，A 方案有机会利益 2 000 元，B 方案有机会损失 2 000 元。评价时以不遭受“机会损失”或“机会利益”较大的方案为有利，结果还是 A 方案有利。

（三）盈亏分析法

盈亏分析法是通过确定方案盈亏平衡点，对方案进行盈亏分析，来评价比较方案价值大小的方法，前面已作详细说明，此处不再赘述。

三、方案的社会评价

方案的社会评价也可以叫社会环境评价，主要是谋取企业利益与用户利益及社会利益的一致。谋求从企业角度对方案的评价与从社会角度对方案评价的一致，社会评价的内容视方案的具体情况而定。其内容是多方面的，如一个方案的可行不仅技术先进，经济上有效益，而且要充分考虑当地的气候、环境、人们的文化程度、技术水平、社会的经济结构、产品的供求情况、消费者习惯，甚至包括宗教等条件。

一般说来，方案的社会评价方法多采用社会调查法，列出评价提纲，征求反映。一方面看用户对产品的反映程度，了解用户的意见要求，统计产品的市场占有率。也可采用打分方法，请各用户给产品各项功能打分，看用户欢迎产品程度，也就是判断产品满足用户需要功能的程度。另一方面通过对政府部门、各社会团体，社会名流广泛征求意见进行调查，借以确定产品的社会评价。

四、方案的综合评价

方案的综合评价是在技术评价、经济评价、社会评价的基础上，对方案所做的整体评价。评价程序一般是：首先，确定评价项目，即需要用哪些指标或因素衡量方案的优劣。然后，分析每个方案，对每个评价项目的满足程度进行分析，即分析该方案能否满足或实现该项目的要求。最后，根据满足程度判断方案的总体价值，把总体价值最大的定为最优方案。

方案综合评价有很多方法，下面仅对“加权评分法”做一些简述。

加权评分法的要点是：假定各评分项目有相同的最高评分，根据评价项目的重要程度分别附以一个加权系数，并与其所得分数相乘，以达到对评价结果进行修正的目的。例如，在万能铣头改进方案过程中，希望“扩大铣头加工范围”为重点，在不超过一定指标的条件下，适当照顾刚度等要求。

加权评分法的步骤如下所示。

第一步，求加权系数。将各评价项目进行一对一的比较，重要的得一分，不重要的得零分，然后分别累计，并除以总分，得出各评价项目的加权系数（W_i）。见表 10－16。

表 10－16　各评价项目加权系数表

评价项目	一对一比较结果															按重要程度得分合计	加权系数（W_i）
扩大加工范围	1	1	1	1	1											5	0.333
成本	0					1	1	1	1							4	0.266
刚度		0				0				1	1	1				3	0.200
重量			0				0			0			0	1		1	0.066
装卸方便程度				0				0			0		1		1	2	0.133
外观					0				0			0		0	0	0	0
合计																15	1.000

第二步，求出加权系数后，可用两种方法对方案进行总的评价。

一种方法是评定各方案对评价项目的满足程度，因此，满足程度（s_i）乘以加权系数（W_i）即得各方案的总分（T_i）。其表达式为

$$T_i = \sum W_i R_i \tag{10-8}$$

假如各个评价项目的满足程度，最高为 10 分，则方案的评价结果如表 10－17 所示。

表 10－17　各评价项目综合得分

改进方案	对评价对象的满足程度（s）						方案总分 $T = \sum W_i R_i$
	扩大加工范围	成本/元	刚度	质量/kg	装卸方便程度	外观	
现有方案	5	10	9	8	8	7	7.717
45°交轴	5	8	10	9	9	10	7.584
短轴式	10	7	7	7	8	7	8.113
双主轴式	10	6	10	7	8	7	8.452
铰链式	5	5	8	10	10	6	6.585

从表 10－17 中可看出，双主轴式万能铣头最佳，短轴式万能铣头次之。

另一种方法是，先对改进方案中相同评价项目进行一对一的对比打分，求出它们的功能评价系数，如表 10－18 所示。然后再按评价项目加权系数，乘以不同方案中相同项目的功能评价系数，得出各个评价项目的评价值。最后，将每个方案各个项目的评价值相加，便得出各方案的评价值。从表 10－19 中可看出，在 5 个方案中，以短轴式和双主轴式万能铣头方案为最好。

表 10－18　用打分法计算不同方案各评价项目的功能评价系数

评价方案	评价结果										得分	功能评价系数	评价项目
现有方案	0	0	0	0							0	0	扩大范围
45°交轴	1				0	0	0				1	0.1	
短轴式		1			1			1	1		4	0.4	
双主轴式			1			1		0			3	0.3	
铰链式				1			1		0	0	2	0.2	
现有方案	0	1	1	1							3	0.3	成本
45°交轴	1				0	0	1				2	0.2	
短轴式		0			1			0	1		2	0.2	
双主轴式			0			1		1		1	3	0.3	
铰链式				0			0		0	0	0	0	
现有方案	0	0	0	1							1	0.1	刚度
45°交轴	1				1	0	1				3	0.3	
短轴式		1			0			0	1		2	0.2	
双主轴式			1			1		1		1	4	0.4	
铰链式				0			0		0	0	0	0	
现有方案	0	1	1	1							3	0.3	质量
45°交轴	1				1	1	1				4	0.4	
短轴式		0			0			1	1		2	0.2	
双主轴式			0			0		0		1	1	0.1	
铰链式				0			0		0	0	0	0	
现有方案	0	1	1	0							2	0.2	装卸方便程度
45°交轴	1				1	1	0				3	0.3	
短轴式		0			0			1	0		1	0.1	
双主轴式			0			0		0		0	0	0	
铰链式				1			1		1	1	4	0.2	
现有方案	0	0	0	0							0	0	外观
45°交轴	1				1	1	1				4	0.4	
短轴式		1			0			1	1		3	0.3	
双主轴式			1			0		0		1	2	0.2	
铰链式				1			0		0	0	1	0.1	

表 10-19 按加权系数和功能评价系数评价改进方案

改进方案	现有方案	45°交轴	短轴式	双主轴式	铰链式
扩大加工范围	0.333×0=0	0.333×0.1=0.0333	0.333×4=0.1332	0.333×0.3=0.0999	0.333×0.2=0.666
成本	0.266×0.3=0.0798	0.266×0.2=0.0532	0.266×0.2=0.0532	0.266×0.3=0.0798	0.266×0=0
刚度	0.200×0.1=0.02	0.200×0.3=0.06	0.200×0.2=0.04	0.200×0.4=0.08	0.200×0=0
质量	0.066×0.3=0.0198	0.066×0.4=0.0264	0.066×0.2=0.0132	0.066×0.1=0.0066	0.066×0=0
装卸方便程度	0.133×0.2=0.0266	0.133×0.3=0.0399	0.133×0.1=0.1033	0.133×0=0	0.133×0.4=0.0532
外观	0×0=0	0×0.4=0	0×0.3=0	0×0.2=0	0×0.1=0
总评价值	0.1462	0.2128	0.2529	0.2663	0.1198

习　题

1. 通过阅读有关资料，请写一篇关于价值分析的历史与发展过程的文章。

2. 试阐述价值分析的基本原理，并对原理中的寿命周期费用、必要功能、功能分析、有组织的活动等基本要素进行详细说明。

3. 说明价值分析和基本实施步骤及各步骤之间的关系。

4. 试从功能的观点分析成本的组成，并由此阐述价值分析技术的特点。

5. 通过对价值分析中的“价值”的理解，研究提高价值的途径。

6. 如何进行资料收集工作？请你独立设计出一种收集资料的计划表。

7. 寿命周期费用包括哪些费用？它们当中哪些是可控制的费用？哪些是不可控制的费用？

8. VE 与其他降低成本的方法有何区别？

9. 以你熟悉的产品为例，对它进行功能定义并制作功能系统图。

10. 已知实现某功能需要有以下 4 个功能做保证，它们的两两比较的重要程度如表 10-20所示。

表 10-20 各功能的重要程度对比

FA_1	FA_2	FA_3	FA_4
1.5	2.0	3.0	—

以 FA_1 作为比较的基础，试用 DARE 法确定功能的重要程度。如果 VE 对象的现状成本为 300 元，试按功能的重要程度来分配成本。又如果已知各功能的现状成本如表 10-21 所示，试确定 VE 活动的进行顺序。

表 10－21 各功能的现状成本

FA_1	FA_2	FA_3	FA_4	合计
80	120	65	35	350

11. 某产品存在 5 个功能领域，各功能领域的现实成本 $F_1=10$ 元，$F_2=30$ 元，$F_3=30$ 元，$F_4=20$ 元，$F_5=10$ 元。又知各功能领域的相对重要程度 F_4 是 F_5 的两倍，F_3 是 F_4 的 2.5 倍，F_2 是 F_3 的两倍，F_1 是 F_2 的 0.2 倍。求各功能领域的价值及成本降低幅度，并决定改进对象的优先顺序。

第十一章　技术引进与技术进步的技术经济分析

第一节　技术引进概述

一、技术引进的含义

当前，国际间技术交流的范围和规模正在不断扩大，技术贸易已成为国际贸易的一个重要方面，技术市场已成为世界市场的一个重要的组成部分。

就技术引进的对象来看，顾名思义，引进的是技术，而不是设备。虽然设备本身包含着技术的内涵，但其实质只是生产工具手段，购置设备一般并不解决该设备制造的技术问题。而技术的含义是指有关产品的生产工艺、知识、经验和技能。也就是说，技术是由系统的科学知识、成熟的实践经验和操作技能综合而成。它既包括如原理、结构、计算、设计和应用等理论方面的知识，又包括如加工、装配、调试、运行、操作、维修等方面的实际经验和操作技艺。

就一个国家而言，技术引进指一国引进国外的先进技术知识和经验。它包括引进产品设计、制造工艺、测试方法、材料配方等，也包括引进科学的管理技术。

有技术引进，就有技术转让，这是一个问题的两个方面。关于技术转让，联合国"国际技术转让行动守则"中提出的定义是："国际间的技术转让是指制造某种产品或运用某种工艺或者提供某种劳务所需要的系统知识的转让，并不延伸到货物的单纯买卖和租赁。"由此可见，技术引进或技术转让的重点是通过引进技术去获得所需要的系统知识，并不延伸到诸如设备等货物的购置。

因此，技术引进就是一个国家通过各种途径，从外国取得先进的科学技术，它是技术转让过程中引进方的活动。

二、技术引进的基本内容

通过国际技术贸易，以引进专门知识（如产品设计知识、工艺知识、测试方法、材料配方等）为重点，取得制造技术，其中也包括引进必要的作为翻版、消化、改革用的样机等。

通过广泛的技术交流、合作及各种跨国的学术交流活动，做到引进国外新的学术思想与引进先进的科学技术知识并举。

通过引进先进的经营管理方法，充分发挥所引进的先进技术的作用，做到引进技术知识与引进管理知识并举。

总之，技术引进不外乎两点：一是以样机产品形式体现出来的引进；二是以制造技术形式体现出来的引进。

产品实物引进，如果不把它作为样机来研究仿制、改进乃至提高，就不算作技术引进，只能算作技术进口。因为这样做并没有得到生产该设备的技术，国内其他单位若想获得该种设备仍需进口，因此，对于实物设备而言，只有当作样机，以研究、仿制、开发为目的，才能算作技术引进。

三、技术引进的途径

国际间的技术交流与传播有多种途径,但基本上可分为非贸易形式与贸易形式两种。科技人员的交流、学者访问、专家讲学、出国考察、参加国际学术会议、交流技术情报、举办技术展览等,都属于非贸易方式的引进。这种引进方式代价不大,但潜在效果往往较好。

另一种引进方式是有偿贸易技术引进,这是技术引进的主要方式。具体形式有以下几种。

(一)许可证贸易方式的技术引进

许可证(Licensing)贸易是国际技术贸易的一种基本形式,它主要解决产品制造权和制造技术的转移问题,即技术引进方从技术输出方取得制造某种产品的权利,并得到相应的制造技术。引进方要为此交付一定的款项或在协议期间以提成方式支付一定数额的费用,作为对技术输出方的报酬。

在许可贸易中,技术转让的内容主要有专利使用权、专有技术和商标。

1. 专利(Patent)

专利是受专利法律保护的发明技术,是一种工业产权。目前世界上绝大多数国家都实行专利制度,我国已从1985年4月1日开始实施专利法。

获得专利权的发明创造,必须具有新颖性、实用性、创造性3个条件。发明人或单位向所在国或其他某国申请专利时,要公布要点,征询异议,履行手续,得到批准后,才能获得专利权。所谓购买专利,就是购买专利的使用权。国际上专利保护的依据是1883年签订的《国际保护工业产权巴黎公约》,我国于1985年3月19日加入了这个公约组织,成为参加该组织的第97个国家。

专利制度是国际上通行的一种利用经济和法律手段,促进技术进步的一种管理制度,它有以下几方面的作用。

(1)鼓励发明创造,促进技术进步

各国专利法都规定了保证发明人及其专利权人有权取得来自其发明专利的权益,并禁止他人未经许可使用其专利。专利制度通过法律承认和保护智力劳动这一特殊商品,通过其有偿转让,来收回研制经费并获得利益,从而鼓励人们发明创造的积极性,进而加快技术进步的发展进程。

(2)公开新技术,促进技术交流

"公开性"是专利特征之一,即申请人在申请专利时,对其发明创造做出清楚完整的说明,并由专利局在一定时期内公布于众,这就起到了向社会提供技术信息的作用,以促进社会技术交流。

(3)保护竞争,促进技术发展

在专利制度中,对同一内容的发明创造只授予一项专利,这便于使专利所有者在竞争中拥有技术优势。因此,专利权的授予刺激了经济活动中对新技术的研究和追求,进而保护了竞争,对技术发展起到促进作用。

(4)有利于引进先进技术,促进国际技术交流

专利制度对于需要引进外国先进技术的国家,是一个有利的工具。专利制度是技术市场的社会保障条件。在专利制度保护下,可开展先进技术的有偿转让。因此专利制度有利

于引进国外先进技术,对国际市场的发展起到重要的推动作用。

由于专利制度保护了发明者的利益,所以它有力地促进了技术转让和技术引进。

2. 专有技术(Know - How)

对于 Know - How,国内有技术秘密、技术诀窍、专有技术等几种译法,但人们习惯上还是称之为专有技术。它是指为生产某种产品,或应用某项工艺方法所需要的整套技术知识、经验和技艺,包括各种设计资料、图纸、工艺流程、加工工艺、材料配方等,在有些情况下,还包括有关管理、商务等方面的知识内容。这些专有技术对生产具有一定的价值,大部分是关键性的、未公开的秘密技术。专有技术不属于工业产权范畴之内,因而没有专门法律来保护,但可援引保护商业秘密的法律,不得随意泄露。由于专有技术是社会公众所不了解,所以它往往比专利技术具有更大的经济价值。

联合国工业发展组织编写的《技术转让协定评价准则》(Guidelines for Evaluation of Transfer of Technology Agreement)中谈到,“专有技术是指一套在工业上实用的、秘密的、新颖的和有价值的资料,以及有关的技术方面和其他方面的资料和技能”。

专有技术与专利技术有着本质的区别,概括地说有以下几方面。

(1)专有技术既包括完全未公开的秘密技术,也包括专利技术的核心秘密,也就是说,专有技术包含了最关键的技术。专利技术虽然是公开的,但也保留着它的技术秘密,即发明者在公布发明时,绝不会毫无保留地将其核心秘密完全公开,而只是做到使之能够申请下专利为止。这样,这些未公开的关键性技术就成了专利覆盖下的、秘密的、有价值的“Know - How”了。所以,专有技术包含专利覆盖下的和与专利无关的两种。

(2)专利技术受到法律的保护,未经购买,他人不得使用,否则就是违法;而专有技术则因没有申请专利而不受法律的保护。

(3)专利技术在专利被批准以后就被公开了,而专有技术则是自始至终被保密的,不被公开的。

(4)专利技术有期限规定,而专有技术则无期限规定。但专有技术一旦被公众得知,就不再为专有技术了。

(5)专利技术是通过文字说明书而体现出来的,而专有技术既可能通过文字图纸来体现出来,也可能是人们掌握的知识技能,因而要通过人员培训、现场示范指导等。

购买专有技术,一定要先审查其是否具有新颖性、实用性和价值,若自己不能审查,也要请专有技术拥有者进行陈述介绍,不可贸然行事。

专有技术协定一般包括 4 个方面:①涉及陈述性能与法律行政条款;②定义给予的权利和各方义务;③许可方应付的报酬及作为其条件的因素;④专有技术的附属服务及事项,如商标权、专利权之类事项。

专有技术的传授一般要经过一段时间,因而可能涉及人员培训、技术修改等事项。

专有技术转让协议中应明确列出发生过失或缺陷时接受方可以采取的补救方法,对此,许可方要有保证和担保。保证和担保的条文在法律上如何解释对解决争议有很大影响,对此应认真推敲。

由于发展中国家技术实力较差,急于将所购买的专利技术变为生产力,因此,常在购买专利的同时,购买将专利技术转变为生产力的专有技术,以加快发挥专利作用的速度。

3. 商标(Trade Mark Registration)

商标是商品制造者或销售者使自己的商品与其他商品区别开来的识别标志。世界知识产权组织给商标下的定义是:"商标是用来区别某一工业企业或商业企业或企业集团的商品的标志"。因此,商标象征着商品的信誉和质量,通过商标,可以鉴别出商品的制造者或经营者。

所以,商标是商品制造者或经营者给其商品以人为的标记并已经注册从而得到保护,完全是为了与他人商品相区别而设置的标志。《中华人民共和国商标法》规定,商标所使用的文字、图形或者其组合,应有显著特征,以便于识别。

商标种类繁多,一般可根据其构成、使用和作用不同而分类。例如,用文字、图形、记号结合而构成的,叫作"组合商标";将公司标记、营业名称用于商品上作标记的,叫作"营业商标";表示商品制造者的标记,叫作"制造商标"。

从广义上讲,商标还包括"服务标记""集体商标""证明商标""联合商标"和"防御商标"等。服务标记是服务性行业使用的标志,用以区别于其他服务行业。如 CAAC 是中国民航的服务标记;CCTV 是中国中央电视台的服务标记等。集体商标是企业集团或联合企业、工会、协会等组织的集体成员共同使用的商品商标或服务标记。证明商标是用于证明商品的原产地、原材料、制造方式、质量、精度等特征的商标,目前世界上只有美、英、法等少数国家有此种商标规定。联合商标是指同一商标专用权所有人在相同的商品上注册几个类似的商标,或在同一类型的不同商品上注册几个商标,我国过去曾注册过联合商标,现在按一般商标注册办理。防御商标指同一注册商标专用权所有人在不同商品上注册同一著名商标,其目的是为了扩大其商品的影响和防止他人在其商品上使用该商标。

商标,作为一种工业产权,同专利一样,在许多国家的国内和国际上受到专门法律的保护。企业把所生产或销售的商品及包装上的商标向国家商标管理机构注册获准后,即取得了商标专用权,简称商标权。商标能够反映出产品的质量和生产企业的信誉,是关系到产品销售情况的一个重要问题,在国际贸易中,为了取得商标使用权,引进方是要支付费用的,而且,为了保护信誉,要求引进方的产品必须达到规定的质量标准。商标章程承认商标持有方有权制止接受方出售佩有其商标,但达不到该商标产品质量标准的商品。好的商标,可以使产品竞争能力增强,销售快,利润大,资金周转快。当然,始终用他人的商标,永远也创不出自己的信誉。较好的做法是将自身商标与购进的商标同时使用,当信誉树立起来后,就可以用自己的商标了。

(二)结合与外商进行合作生产、共同经营等方式的技术引进

1. 来料加工

来料加工是由某个国家或地区(简称甲方)的企业向另一国家或地区(简称乙方)的外贸部门或工业部门提供原材料、辅助材料、包装材料以及部分有关的机器、仪器、工具、模具等,按照双方共同商定的办法,由乙方有关工厂加工生产后出口。这种方式有时是全都由甲方来料,有时是部分由甲方来料,部分采用乙方当地的原材料和辅料。来料加工产品的质量、规格、式样或商标,均由甲方按国际市场需要提出。

来料加工是利用外资的一种方式,若利用得当,有助于我国一些部门或单位引进先进技术和设备,提高生产技术和经济管理水平,促进生产和出口贸易的发展。

2. 合作生产

与外商分工合作,生产某种产品的方式叫作合作生产,具体方法如下所述。

(1)双方按各自的设计制造出零部件之后配套形成产品。

(2)采用外方的技术图纸,分工制造,必要时可请外方帮助培训人员或派专家指导,或

在技术上由外方总负责。

(3)共同生产一种产品,各自生产产值均为50%的不同的零部件,然后按价值对等原则进行交换,双方都不支付外汇。

合作生产不仅是贸易关系,双方必须在技术、生产、销售等方面密切协调配合。合作生产有利于引进方利用外资引进先进技术,并能减少进口,见效较快。

3. 补偿贸易

补偿贸易是目前国际技术贸易中常用的方式之一,其主要含义是输出方和接受方签订一个长期合作协议,规定输出方向接受方提供贷款的数额,接受方用这笔贷款向输出方购买成套机器设备等用于开发自然资源或兴建工业企业。然后用这些项目所生产的产品或双方商定的其他商品来偿还贷款及利息。

补偿贸易的具体做法很多,但基本上可分为回购式和反购式两种。

(1)回购式。甲方贷款给乙方兴建企业,签约时规定在协议期间乙方以该厂所生产的全部或部分产品作为偿还甲方贷款的手段。

(2)反购式。乙方购买甲方的设备等,在签约时规定甲方在一定时期内购买乙方一定金额的产品。反购式一般要签两个合同,一个是设备等的供应合同,一个则是产品的返销合同。

补偿贸易往往是对双方都有利的。对乙方来说,可以使利用外资和引进技术相结合,进口与出口相结合,使技术出口、商品出口和归还借款的外汇来源等得到保证。对甲方来说,可以通过签订较长期的贸易协定的方式,输出过剩的资金和技术,并保证某些商品的来源,同时还可获得一定贷款利息。

4. 合资经营

合资经营或合资生产建立联合企业,是当前国际经济合作中常见的做法,也是引进技术、利用外资的一种重要方式。合资企业以引进技术为基础,通过生产与销售,按双方的投资比例分配利润。合资经营的主要特点是共同投资、共同经营、共担风险、共负盈亏。

合资经营的形式大体有以下几种。

(1)与外商合作在本国建立合资经营企业。我国现阶段大多采用这种形式,目的是不用或少用外汇,利用外资引进先进的技术与设备,增加新建项目,填补本国空白,加强产品在国际市场上的竞争能力。

(2)与外商合作在外资提供方国内建立合资经营公司。其主要目的是销售自己的技术和设备,赚取外汇,并争取工业原材料的稳定供应。

(3)与外商合作在第三国兴办建设项目。如联合勘探开发自然资源,成立工程设计与顾问合营公司,联合兴建厂矿企业等。

合资经营有利于解决资金和生产技术、设备问题,减少外债压力,有助于取得最新技术和学习现代化管理经验,增加企业收益;有利于利用外资和进入国外市场,扩大产品出口,增加外汇收入。

合资经营企业必须在维护国家主权和经济独立,有利于加速我国现代化建设的前提下,按照平等互利的原则建立。

为了更好地通过合资经营方式引进先进技术,我国已颁布了《中华人民共和国中外合资经营企业法》,确立了合资经营企业在我国的法律地位,这必将促进合资经营方式在我国的健康发展。

四、技术引进的意义

技术,是人类社会的共同财富,它本身没有国家与民族的界限,只有继承性。鉴于各国历史条件不同,自然条件也不同,对科学技术的认识、掌握和应用总是有先后、深浅之差。如果一切都要亲自去实践,不仅做不到,也没有必要。所以人类的绝大多数知识是来自于间接经验,技术引进也是学习国外先进的间接经验,它是提高技术水平、加快经济发展的重要手段。许多发达国家就是依靠技术引进促进本国的科学技术水平与国家经济的发展。

近代世界技术经济发展的历史表明:技术引进已成为迅速发展本国经济的必不可少的手段,它已引起各国的普遍重视。技术引进的意义在于以下几个方面。

(一)有益于促进国民经济的发展

世界上任何一个国家技术经济的进步都离不开技术引进。例如,马可·波罗将中国发明的指南针、火药、造纸以及用煤作燃料等技术传到西方,从而促进了西方社会的繁荣和生产的发展。美国18世纪就从英国引进了蒸汽机技术,并应用于内河航运、面粉加工、酿造等生产经济部门;19世纪又从英国引进了其赖以生存的蒸汽动力、冶铁、铁路运输和机器制造等方面的技术。现在,美国已经是世界上较大的技术输出国,但仍大量从国外引进先进技术,每年为此大约花费4~5亿美元。

自新中国成立以来,我国在技术引进工作中经历了十分曲折的历程。“一五”计划期间就从苏联引进了156个大型项目,为建立我国工业体系和发展国民经济奠定了基础。后来由于极“左”路线的影响,放慢了技术引进的步伐。十一届三中全会以后,党中央制定了“对外开放,对内搞活经济”的经济政策,技术引进工作也大大向前推进了。

(二)有利于提高国内技术水平

科学技术是人类在征服大自然的劳动过程中,通过生产实践而被发展创造的,又通过相互交流借鉴而发展起来的。科学技术是人类共同的财富,任何国家和民族都可能通过各种合理可能的方式获得别国的科学技术成果为自己所利用。西方经济发达国家在掌握先进科学技术方面,在生产和经营方面有许多先进的知识和经验,对于他们的先进技术和有益经验,我们应该大胆引进,借人之长,避免走弯路,提高科学技术水平,加快我国的经济建设步伐。

(三)有利于改善商品结构,扩大出口量

做好技术引进工作,可以促进工业结构调整,改善商品生产结构,使商品生产过程从中间产品生产向最终产品生产过渡,提高最终产品的数量和质量。扩大最终产品的出口量,为国家多创外汇。

(四)有利于开发国内资源,增强自力更生能力

自力更生与技术引进不是相互对立、相互排斥的,而是相辅相成、相互促进的。随着技术贸易和技术交流活动的规模在国际范围内的不断扩大,现代科学技术的新成就已经不可能为一个国家或少数国家所垄断。同时,任何国家都不可能闭关自守,超然而立。不学习和引进他国的先进技术,就不可能使本国的国民经济高速发展。一个国家无论科学技术水平多么发达,都不可能生产自己所需的一切产品,也不可能在一切领域里都处于领先地位。

社会经济的发展历程表明,增强自力更生能力与发展科学技术交流有着十分密切的关系。在当今的世界中,生产规模日益社会化,导致国际市场的形成和不断地发展,使得各个国家的技术、经济和生产都向国际化方向发展。科技交流、技术转让、信息交流在规模和速

度上都达到了空前的程度。因此,我们必须充分利用国外先进科学技术成果,敢于引进,善于吸收,积极消化,才能尽快地掌握现代化装备的制造技术,掌握现代化科学经营管理方法,为加速经济建设服务。

五、技术引进的原则

先进技术本身是在一定条件下产生的。在技术引进之前,应充分考虑产生这种技术的条件是否与引进方的实际需要相符合,要经过认真周密的调查研究,实事求是地进行分析比较,然后再做决定,以免盲目引进,造成不应有的经济损失。为此,在引进技术时,应在以下几方面给予足够的重视。

(一)技术引进要以经济效益为中心

技术引进是一项十分复杂的工作,它涉及技术选择、外资利用等许多重要问题。因此,要求对技术引进项目反复进行认真周密的技术经济分析,讲究技术引进的经济效益。值得注意的是,我们所说的经济效益,既包括企业经济效益,又包括国家经济效益;既包括目前经济效益,又包括长远经济效益。这就要求进行技术引进时做到统筹兼顾,以国家长远经济效益为重点。

(二)技术引进要做好经济分析和可行性研究工作

经济分析和可行性研究是保证引进项目在技术上先进、经济上合理的首要条件。引进技术要紧密结合行业技术改造,有步骤、有重点地进行,要找出行业的薄弱环节和与国外的技术差距,有针对性、有步骤、有规划性地进行引进工作。

同时,要十分明确不宜引进的技术。目前针对我国具体情况,不宜引进的技术主要有以下几个方面:

(1)不能很好满足本国市场和消费者需要的技术;

(2)过多依靠进口原材料,很少使用本地原材料的技术;

(3)不适应本国技术水平,缺乏消化能力和难以稳定掌握的技术;

(4)国内配套困难,零部件供应及修理要依赖外国的技术;

(5)不能充分利用本国劳动力资源的技术。

(三)技术引进要坚持引进、消化、创新相结合的原则

技术引进的目的是为了不断吸收国外科学技术的新成果,经过消化、吸收、创新、提高自己的经济技术水平,增强经济实力。为此,引进技术后,必须加快消化吸收的进程,组织好科研、设计、制造、使用等部门协同分析工作,研究、解剖、仿制、掌握引进技术的原理、技术参数、设计内容、制造工艺、经济数据等,进而不断发展、创新,逐步建立自己的技术体系,在技术领域、生产领域和经济领域缩小与国外先进技术经济水平的差距。

(四)技术引进要结合本国实际情况,量力而行

技术引进的应该是适合本国国情的技术,因为技术引进是要花钱的,又主要是外汇,而且常常是向技术输出方借贷,这些贷款一般利息较高,偿还期要求严格。因此,在组织技术引进时,首先要考虑资金的承担能力,量力而行。

(五)技术引进要着重引进软件,增强自力更生能力

国际上的实践已经证明,技术引进应以单项技术为主,必要时也可引进生产线,但重点是软件技术的引进,因此,应十分重视软件技术的引进,否则,软件比例太小,就不能收到投资少、见效快的效果。而且硬件本身不是技术的重点,过多引进硬件将会影响本国自力更

生发展技术的能力。

（六）技术引进要坚持统一规划与综合平衡的原则

技术引进是国家经济工作的一个重要的组成部分，必须纳入国民经济统一规划，进行综合平衡，以提高国民经济的综合经济效果。

综合平衡应包括资金的综合平衡、物资供应的综合平衡、生产与建设之间的综合平衡、配套工程项目建设的综合平衡等。其重点是资金的综合平衡。因此，必须考虑国家和企业的支付和偿还能力，对支付的本利、偿还期限及投资效果等都要进行科学的计算，作为技术引进的依据。

（七）技术引进要坚持与科学管理方法引进相结合的原则

引进技术应包括引进经营技术和科学管理方法。因为先进的技术与科学的管理相辅相成的，没有现代化的管理，先进的技术就不能发挥其应有的作用。生产领域越是现代化，对科学管理的要求就越严格、越迫切。日本及西欧各国经济高速发展的经验之一，就是在实现技术现代化的同时，实现经营管理现代化。

第二节　技术引进的经济分析

一、投资利用的经济分析

进行技术引进所需的投资，概括地说，一般有两方面的基本来源：一是利用国内自有资金，如申请国内银行外汇贷款等；二是利用外资，如与外商合作生产、共同经营、利用国际信贷等，这是技术引进资金利用的主要途径。在这一点上，即使是经济十分发达的国家，过去和现在也无疑地将利用外资引进技术作为发展本国技术经济的一种重要手段。因此，在一定程度上利用外资和引进技术是不可分离的统一整体。

就投资而言，不论是利用自有资金还是利用外资，评价资金利用的常用指标有以下几种。

（一）投资利润指标

技术引进项目的经济效益不能只是以它所提供的产值的大小来衡量，也不应以它包括纳税金额在内的全部积累价值进行核算，而应该以其能够取得的利润与所需要的投资比来衡量。具体的投资利润指标有以下几种。

1. 年平均投资利润率

$$P=\frac{\overline{P}}{T}\times 100\% \tag{11-1}$$

式中　P——年平均投资利润率；

$\overline{P}$——引进期年平均利润；

T——引进项目总投资。

年平均投资利润率主要研究的是项目投入资金后，在引进期中单位投资每年平均能够收入的利润，它是衡量技术引进项目是否具有较好的经济效益以及衡量企业经营水平高低的实质性指标。同时，年平均投资利润率也是衡量偿还能力的重要指标。

2. 投资增加利润率

$$\Delta p = \frac{\Delta P}{T} \times 100\% \tag{11-2}$$

式中 Δp——投资增加利润率；

ΔP——引进期增加利润总额。

投资增加利润率反映的是应用内部资源，进行内涵扩大再生产所获得经济效益的情况，这一指标应用在评价技术引进后利润增加上是合适的。引进技术投入生产，达到引进技术的设计要求后又增加了利润，说明引进单位对引进的先进技术掌握、运用得好，带来了更多的经济效益，提高了企业的偿还能力。

（二）创汇率指标

1. 创汇率

$$K = \frac{\overline{S}}{W} \times 100\% \tag{11-3}$$

式中 K——创汇率；

$\overline{S}$——引进期年平均外汇收入；

W——借用外资总额。

创汇率指标衡量的是利用外资项目本身所创造的外汇是否足以按期偿还借入外资的本金及其利息。因为有了一定的利润，还不足以说明有了足够的外汇，也不能说明有了足够的外汇偿还能力。借入的外汇必须用外汇来偿还，所以，只有当创汇率高于还本付息率时或引进项目的利润足以能兑换成所借的外汇的数量，才能够偿还借入的外汇，引进技术才有价值。

2. 还本付息率

$$h = \frac{\overline{H}}{W} \times 100\% \tag{11-4}$$

式中 h——还本付息率；

$\overline{H}$——引进期年平均还本付息金额。

在实际工作中，有些引进项目是面向国内市场的，其产品不出口、不创汇，这时我们应以该产品代替进口商品所节约的外汇，或以其提高其他企业商品的创汇额来计算该项目的创汇率。

3. 引进期年平均收入

引进期年平均外汇收入取决于商品的出口数量和出口价格。

$$\overline{S} = \overline{P} \times Q \tag{11-5}$$

式中 $\overline{S}$——引进期年平均收入；

$\overline{P}$——产品年平均价格；

Q——产品年出口量。

其中，产品年平均价格可以按下面公式来计算，即

$$\overline{P} = P_l \times \frac{(1+D_a)^{n+1} - (1+D_a)}{D_a} \times \frac{1}{n} \tag{11-6}$$

式中 $\overline{P}$——产品年平均价格；

P_l——签订合同时产品国际市场价格；

D_a——引进期间年平均价格增长率；

n——引进年限。

（三）外资偿还年限

只有当借入的外资在借入期限内所获得的全部利润足以超过还本付息总和时，才有可能按期偿还借入的外资，技术引进才能够取得经济效益。从一个国家或地区的全部外资利用情况来看，要综合考虑外资的偿还年限，偿还年限越短，经济效益就越大。

在计算外资的偿还年限时，需要考虑资金的时间价值。因为，国际上许多通用的利用外资的形式，都是有一定的利息率的，也就是说利用外资必须支付利息。因此，考虑外资偿还年限不能忽略偿还利息，否则，将会带来错误的决策。

二、引进利益分配的经济分析

不论技术引进还是技术输出，都是为了一定的经济利益目的而进行的。引进方的目的是输入新的先进技术并为自己所用，从而取得经济效益；输出方的目的则是通过技术输出占领国际技术市场，保持自身的技术优势，从而同样获得经济效益。

利用外资引进技术，国际上通常采用的费用支付方式一般有一次总算和提成支付两大类。

一次总算即将技术转让的一切费用，包括专有技术费用、资料费、培训费、专家咨询费等在签订合同时一次算清，然后一次或分期支付。

提成支付即引进技术后，按生产产品的产量或销售量，每年提取一定百分比的提成费，作为部分技术转让的费用。目前国际上通常采用的就是这种方式，但多结合第一种方式进行，即先支付一笔定金，然后逐年按产量或销售量提成支付。

从引进方角度来看，衡量技术引进是否合理，通常可以利用以下指标。

（一）提成基数

提成基数是按产量、销售价格或利润来确定的提成费。

1. 按产量计算

这种方式计算的费用数额比例固定，不随成本、销售价格等因素的变动而变动。

2. 按销售价格计算

这种计算方法中的价格指的是净销售价格，即在总销售价格中，减掉与输出方提供的技术所创造的价值无关的其他成本、价值或费用而得出的价格。一般情况下，用净销售价格计算提成费用，对引进方比较有利。

3. 按利润计算

这种计算方法下的提成费用的高低取决于引进技术所创利润的高低，利润高时，提成费用也高；利润低时，提成费用也低。当引进方在该引进项目上亏损时，甚至可以不计提成费。因此，这是对引进方最有利的一种计算提成费用的方式，但输出方一般情况下不愿接受这种计算提成费用方式。

（二）提成基价

提成基价是指计算销售价格的标准。一般采用随工资物价指数变动而变化的浮动基价。计算浮动基价的经验公式为

$$q_t = q_0 = \left(0.2 + 0.35\frac{R_t}{R_0} + 0.45\frac{C_t}{C_0}\right) \tag{11-7}$$

$$q_t = q_0 \times \left(0.5 \times 0.5\frac{R_t}{R_0}\right) \tag{11-8}$$

$$q_t = q_0 \times \left(0.5 + 0.3\frac{R_t}{R_0} + 0.2\frac{C_t}{C_0}\right) \tag{11-9}$$

式中　q_t——当年应付的提成单价；

q_0——签订合同时的提成单价；

R_t——当年本国的最低工资指数；

R_0——签订合同时的最低工资指数；

C_t——当年本国材料费用指数；

C_0——签订合同时的材料费用指数。

式(11-8)、式(11-9)的常数均为0.5，即基数的1/2是固定不变的；式(11-7)的常数仅为0.2，其他都是可变的。故当工资、材料费上涨时，式(11-8)、式(11-9)常数值大，可变性小，对引进方比较有利。式(11-8)未考虑材料费用的变动，工资指数变动的权重占0.5；式(11-9)则考虑了材料费用与工资两项变动因素，故当工资上涨幅度大于材料费用上涨幅度时，采用式(11-9)相对减少了工资变动指数的权重，对引进方有利。

（三）提成率

利润提成率，即技术输出方与技术引进方利润分配的比例，是衡量技术引进项目经济效果的重要指标。

计算技术引进方与技术转让方利润比例的基本参数和公式为

$$Z_b = \frac{P_b}{P_a} \times 100\% \text{ 或 } P_b = Z_b \times P_a \tag{11-10}$$

$$Z_r = \frac{P_c}{P_a} \times 100\% \text{ 或 } P_c = Z_r \times P_a \tag{11-11}$$

$$Z_s = \frac{P_c}{P_b} \times 100\% \text{ 或 } P_c = Z_s \times P_b \tag{11-12}$$

$$Z_s = \frac{Z_r}{Z_b} \times 100\% \text{ 或 } Z_r = Z_b \times Z_s \tag{11-13}$$

式中　P_a——净销售额；

P_b——引进方利润额；

P_C——输出方利润额；

Z_b——引进方利润占净销售额的百分比；

Z_r——输出方提成率；

Z_s——输出方利润占引进方利润的百分比。

【例11-1】某企业引进某项技术后，项目投产年销售额为75万美元，利润率按15%计算，输出方要求的利润提成率为5%，则

$$P_b = Z_b \times P_a = \frac{15 \times 750\ 000}{100} = 112\ 500\text{(美元)}$$

输出方利润额为

$$P_c = P_a \times P_a = \frac{5 \times 750\ 000}{100} = 37\ 500(\text{美元})$$

输出方利润占引进方利润的比例为

$$Z_s = \frac{P_c}{P_b} \times 100\% = \frac{37\ 500}{112\ 500} \times 100\% = 33.3\%$$

或

$$Z_s = \frac{Z_r}{Z_b} \times 100\% = \frac{5}{15} \times 100\% = 33.3\%$$

计算情况表明，按5%提成，输出方所获取的利润占引进方利润的33.3%，比例偏高，如果规定输出方所获取的利润不应超过引进方利润的20%，则可以计算出这时的提成率应降低为

$$Z_r = Z_b \times Z_s = \frac{15}{100} \times \frac{20}{100} = 3\%$$

即这时的提成率不应大于3%。如按3%提成，输出方的利润额为

$$P_c = Z_r \times P_a = \frac{3 \times 3750\ 000}{100} = 22\ 500(\text{美元})$$

输出方此时比按5%提成率提成少获利润额为

$$37\ 500 - 225\ 00 = 15\ 000(\text{美元})$$

这样，通过调整双方的提成率，使双方利润比例比较合理。要计算多少年才能收回全部投资，一般要求引进项目的标准投资回收期以4年左右为宜，也就是说，引进项目的投资收益率以25%～30%为宜。

三、技术引进市场效果经济分析

从引进方角度看，技术引进的根本目的是要改变自身产品的落后状况，使产品的质量水平得到提高，更好地满足国内外用户的要求，加强自身产品的国内、国际市场上的竞争能力，不断扩大市场占有率，实现企业的经营战略目标。衡量技术引进市场效果的一个重要指标是市场占有率，其表达式为

$$m = \frac{Q_i}{Q} \times 100\% \tag{11-14}$$

式中 m——引进技术产品在引进方国家或地区的市场占有率；

Q_i——引进技术产品在引进方国家或地区的销售量；

Q——同种产品在该国家或地区的市场总销售量。

计算市场占有率，要对市场进行周密的调查，掌握社会对产品的总需求量以及引进技术产品在市场中的地位。对出口产品，还需要了解国际市场的动态和产品在国际市场中的竞争能力情况。同时，在计算市场占有率时，还必须考虑到产品的生命周期。产品生命周期指一种新产品从投入市场开始，到被市场淘汰为止所经历的时间。产品生命周期一般经过投入期、成长期、成熟期和衰退期4个阶段。在技术引进过程中，对于技术新、处于成长期阶段的产品，即使市场占有率低，但有着很好的发展前途，待用户认识到这种产品的优越性时，就会带来极大的经济效益，因此，引进技术也是可行、有利的；对于技术老化、处于或接近衰退期阶段的产品，即使暂时市场占有率较高，但已不具备与新技术产品竞争的条件，“后劲”较差，因此，从长远来看，技术引进的经济效益也不一定好。

四、物质消耗的经济分析

(一)物资消耗

物资消耗可用每百元产值的物资消耗或单位数量物资所提供的产值来描述。物资消耗指标是反映引进技术资源利用程度的一项综合性指标。由于世界上有限的生物、矿产等资源正因高速消耗而急剧减少,人们正加紧努力进行物资资源的综合利用,以提高物资资源的利用程度。因此,所引进的技术应在节约物资消耗以及物资资源综合利用方面具有较先进的水平。

(二)能源消耗

能源消耗可用每百元产值的能源消耗或单位数量能源所提供的产值来描述。能源总是世界性的重要问题。我国过去对这个问题重视不够,导致我国能源短缺和紧张的现状。在生产过程和经济建设过程中能否做到节约能源,将直接影响国民经济的发展和人民生活的改善。因此,我们在引进国外先进技术时,必须将能源消耗视为一项十分重要的经济效益指标,并以之为依据,研究和分析技术引进方案的合理性及可行性。

第三节 技术进步的含义及经济分析

一、技术进步的概念与基本内容

技术进步指人们对技术应用所期望达到的目标及其实现目标的方法等方面所取得的进化与革命。对原有技术进行研究、改造、革新,开发出一种新的技术,代替旧技术,从而使其应用效果达到或更为接近应用目标,这时我们就认为产生了技术进步。

随着科学技术的迅猛发展,科学技术进步已成为社会经济发展的强大动力。有关资料表明,经济发达国家的经济发展,60%以上是依靠科学技术进步。我国科学技术现代化建设对社会及经济发展所起到的关键作用也日趋明显。

随着社会经济的发展,技术进步的内涵也在发生变化。过去人们认为技术进步一般指劳动手段的变化、工艺流程的改进、发展与完善等,即通过采用新技术、新工艺、新材料、新能源等进行生产活动,使生产力中物质技术基础发生进化与变革。然而,随着社会的进步与科学技术的发展,人们对技术的含义有了新的理解,对技术进步的含义也有了新的解释。人们认为技术应包括生产技术、管理技术和服务技术,生产技术包括物质生产技术和知识生产技术;管理技术包括生产管理技术、经营管理技术和服务管理技术等;服务技术包括生产服务技术和生活服务技术等。因此,技术进步就应包括生产技术进步、管理技术进步及服务技术进步等方面内容,其主要内容具体表现在以下几方面。

第一,技术进步表现在再生产过程中不断采用高效率的劳动工具和工艺方法,以及能够带来生产显著变化及劳动生产效率明显提高的组织管理、生产管理等方面的改进与完善。

第二,技术进步表现在用机器代替手工,用自动化代替机械化进行劳动,用电子计算机的自动控制代替人工的操作、管理。

第三,技术进步表现在人们在生产过程中不断改进技术,不断研制新材料以及不断完善技术管理、技术结构、技术服务等。

第四,技术进步表现在不断开发和利用各种新的高效能源,以及对其进行管理、服务等技术的改进。

第五,技术进步表现在不断调整产业结构,协调各部门之间的比例关系,使技术密集型、知识密集型产业不断发展壮大。

第六,技术进步表现在制定和实施新的能够带来生产效率显著提高的经济技术政策、措施等。

综上所述,技术进步的内涵应包括生产要素质量的变化、知识进展、资源的有效配置、规模经济性、政策影响等多方面的因素。技术进步的一个突出的特点就是能够使劳动生产率迅速提高。

可以肯定,未来社会的发展、物质财富的创造将更加依赖于技术进步,也只有在加速技术进步的基础上,经济发展的战略目标和长远规划才能够实现。经济发达国家技术进步的历史表明,技术进步对经济增长有着重要的影响作用,而且这种影响作用随着社会的发展将会越来越大。要提高劳动生产率,促进固定资产的有效利用,节约各类物质资源,提高产品的产量、质量,不能靠简单地增加投资、增加设备数量,也不能靠简单地增加劳动力数量、延长工作时间,而是要采用新技术、新装备,靠技术进步这个主导因素。这是因为技术进步可以创造出提高劳动生产率的新的因素;可以改变人们的劳动性质,提高人们在劳动中的积极性、创造性、管理能力和控制能力;可以创造高效率的劳动工具和工艺流程;可以创造多功能、多性能的新型材料与产品;可以使技术与生产力诸要素更加紧密地结合起来,从而更好地促进生产力的发展。

技术进步不仅是经济增长的主要源泉,也是实现经济增长的核心与关键。在当今世界中,在经济的发展越来越受到人力资源、物力资源、财力资源及自然资源等因素限制的情况下,不依靠技术进步发展经济是不可思议的。

具体地说,技术进步对经济的发展能够在以下几方面起到重要的作用。

1. 技术进步可以提高劳动生产效率

(1)技术进步可以减少手工劳动和重体力劳动;

(2)技术进步可以提高生产技术水平,挖掘生产潜力;

(3)技术进步可以降低单位产品中的劳动消耗;

(4)技术进步可以提高生产技术定额、劳动定额、材料消耗定额、设备负荷定额等定额的水平。

2. 技术进步可以节约各类物质资源

(1)技术进步可以提高原材料加工深度,提高原材料利用的附加价值;

(2)技术进步可以加速开发运用各种高效、节能的技术设备,积极制造、使用和推广先进的生产工艺;

(3)技术进步可以降低原材料、能源、动力的消耗。

3. 技术进步可以提高固定资产的使用效率和利用效果

(1)技术进步可以保证固定资产被较为充分地利用;

(2)技术进步可以缩短建设工期,使建设项目尽快投产、达产;

(3)技术进步可以挖掘固定资产的利用潜力。

4. 技术进步可以提高产品的质量水平

(1)技术进步可以增加合格品、优质品在产品中的比重;

(2)技术进步可以节约企业内部的质量成本；

(3)技术进步可以降低用户的使用费用；

(4)技术进步可以降低产品对生产企业、用户及第三者所造成的质量损失程度。

二、技术进步经济效益分析

(一)技术进步经济效益的含义

技术进步的经济效益指在技术进步过程中，所取得的有用效果与在这个过程中付出的劳动耗费的比较。可见，技术进步经济效益与一般经济效益的本质是一致的，都是产出与投入的比较。但是，技术进步是从科学到生产的多因素相互作用的复杂过程，它毕竟不同于一般的物质生产，因此，在进行技术进步经济效益分析时，要十分重视其特殊性。

首先，技术进步经济效益具有间接性。科学技术作为生产力的重要因素，在没有投入生产领域之前，还只是意识形态的东西，是潜在的生产力，只有将科学技术应用于生产过程之中，才能形成直接、现实的生产力。

其次，技术进步经济效益具有综合性。技术进步过程是包含许多因素的复杂过程，在这个过程中既包括生产工具的改进、劳动者素质的提高和工艺的完善，又包括管理水平的提高等。所以，技术进步经济效益是各种因素相互交错、相互制约影响、共同作用的结果，具有综合性的特点。

由于技术进步的经济效益具有上述两个特点，而且技术进步是与社会经济动态联系的，而社会经济又是一个极其复杂的、各种因素相互交错、共同作用的体系，所以很难从众多的因素共同对国民经济作用而产生的效益结果中分离出来哪些是技术进步带来的效益。这样，分析计算技术进步经济效益的难度就较大，但经过长期实践，人们还是对其进行了许多探索和研究，提出了许多分析计算技术进步经济效益的方法。

(二)技术进步经济效益的分析方法

1. 生产函数法

为了较准确地测算技术进步在国民经济中的作用，关键是要测算技术进步的投入与产出，考核其活劳动与物化劳动的消耗。这种定量测算具有一定的难度和复杂性，目前国内外都在进行着这方面的专题研究。诺贝尔经济学奖获得者，美国著名经济学家罗伯特·M. 索洛在经过长期研究后提出了通过生产函数来估算技术进步所起作用的方法。

所谓生产函数是一种技术经济关系式，它表示在一定技术条件下，某一经济目标的投入与产出之间的数学关系。在众多形式的生产函数关系式中，柯布－道格拉斯函数最为著名。20 世纪 30 年代初，美国数学家柯布(Charles. W. Cobb)和经济学家道格拉斯(Paul. H. Dongles)用统计方法测定了美国制造业的生产函数，他们提出的生产函数为

$$Q = AK^{\alpha}L^{\beta} \tag{11-15}$$

式中　Q——产出量；

K——资本投入量；

L——劳动投入量；

A,α,β——常数。

将式(11－15)变形为生产函数的一般形式，即

$$Y = A \cdot X_1^{a_1} \cdot X_2^{a_2} \cdots X_n^{a_n} \tag{11-16}$$

式中　Y——产出量；

$X_1, X_2, \cdots, X_n$——n 个输出变量；

$a_1, a_2, \cdots, a_n$——常数，表示各输出要素的弹性。

2. 技术进步率法

从经济学角度来看，技术进步的产出量增长速度应大于投入量的增长速度，如果单位投入得到的产出量增加，即说明产生了技术进步的经济效益。单位投入的产出量可用下式表达，即

$$f = \frac{Y}{T} \tag{11-17}$$

式中 f——单位投入的产出量，即生产率；

Y——产出量；

T——投入量。

对式（11－17）两边微分，得

$$\mathrm{d}f = \frac{T \cdot \mathrm{d}Y - Y \cdot \mathrm{d}T}{T^2}$$

再对上式两边同除以 f，得

$$f' = \frac{\mathrm{d}f}{f} = \frac{\mathrm{d}Y}{Y} - \frac{\mathrm{d}T}{T}$$

在上式中，f' 为生产率的增长率，即技术进步率，它等于产出增长率 $\mathrm{d}Y/Y$ 与投入增长率 $\mathrm{d}T/T$ 的差额。

如果有多种产出和多种投入，其计算单位无法统一，所以无法直接相加，这时可以价值为权数进行计算。

设 P_{yi} 为第 i 种产出价格，P_{ij} 为第 j 种投入价格，则有

$$K_i = Y_i \cdot P_{yi} / \sum_{i=1}^{m} Y_i \cdot P_{yi} \tag{11-18}$$

$$V_i = T_j \cdot P_{ij} / \sum_{j=1}^{m} Y_j \cdot P_{ij} \tag{11-19}$$

式中 K_i——第 i 种产出价值占产出总值的份额；

V_j——第 j 种投入价值占投入总值的份额；

m——产出种数；

n——投入种数。

则

$$f' = \sum_{i=1}^{m} Y_i \cdot K_i - \sum_{j=1}^{n} T_j \cdot V_j \tag{11-20}$$

这种计算方法适用于两个时间间距较近的时期，因为如果时间越长，权数本身的变化就越大。

3. 增长因素分析法

增长因素分析法也称经济核算法。20 世纪 60 年代初，美国鲁金斯学会的研究人员丹尼森在西蒙·库兹涅茨所提出的国民收入核算与分析理论的基础上，利用历史统计资料对美国经济增长因素进行分解，提出了增长因素分析法。

根据丹尼森的分析，如果总投入增加 1%，实际国民收入的增长要大于 1%。丹尼森将国民收入增长超出投入增长的部分称为“单位投入的产出”，同时，他认为，影响实际国民收

入增长的因素主要有两个:一是总投入,二是单位投入的产出。在总投入中主要有劳动力、土地和资本等生产要素;单位投入的产出主要表现在资源配置的改善、规模节约和技术进步3种因素的贡献,如图11－1所示。除技术进步外,增长因素中各项对国民收入的增长速度的贡献都是可以直接估算出来的,技术进步的贡献则可以被间接计算出来。

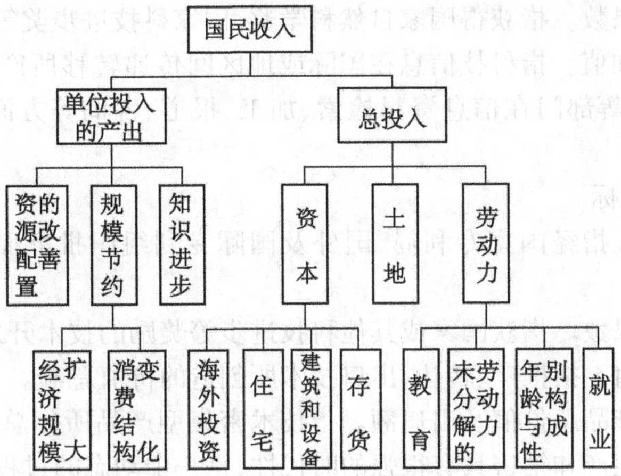

图11－1　影响国民收入增长的因素

丹尼森所给出的技术进步带来的产出增长速度公式为

$$f = y - m - (r + s) \tag{11-21}$$

式中 f——技术进步带来的产出增长速度;

y——国民收入国际增长速度;

m——总投入带来的产出增长速度;

r——资源配置改善带来的产出增长速度;

s——规模节约带来的产出增长速度。

丹尼森方法将国民收入的增长速度分解到各增长因素中去时,不存在"多重贡献"问题,所以对各增长因素的估价就更为准确了。

4. 科学技术综合能力分析法

科学技术综合能力指一个国家或地区的科技活动的资源投入能力、科学能力和技术能力之间的综合能力水平。科技活动的资源投入能力或投入量表明其综合能力的基础是否雄厚;科学能力是指人们认识客观世界的水平;技术能力则是指人们改造客观世界的能力水平。

评价科学技术综合能力的指标由科技资源投入或潜力指标、科学能力指标和技术能力指标3个指标。

(1)科技资源投入或潜力指标

①科技人员总数。指直接从事科技研究和开发工作的研究人员、工程技术人员及其辅助技术人员(包括引进科技人才)等方面人员总数。

②科研经费总额。指可以直接投入自主开发研究的科技项目中的所有预算费用。

③科研仪器、设备经费。指已有科研用仪器及设备等固定资产总值。

④科学技术引进投资总额。指软件性技术或人才引进所用经费总额。

(2)科学能力指标

①论文发表数。指国际学术会议,国内外学术刊物上发表的论文数量。

②科学合作交流人数。指国际间合作研究、研讨会、学者互访、国际性学术组织、出国留学、培养国外留学生等方式进行人员交流的数量。

③主要科学成果数。指获得国家自然科学奖、国家科技进步奖等的科研项目数。

④科技信息附加值。指科技信息在国际或地区间传递转移所产生的价值。包括教育、科研、科技情报咨询等部门在信息资料检索、加工、报道、咨询等方面的信息服务中所获得的经济收入。

(3)技术能力指标

①专利登记数。指经国家专利局、国外及国际专利组织批准而获得专利登记的专利件数。

②重大技术成果数。指获国家或其他科技进步等奖励的技术开发成果数。

③技术转让价值。指推广、转让、出口技术所创造的价值总额。

④技术密集型产品总价值及出口额。指技术密集型产品所创总产值及出口创汇总额。技术密集型产品的生产和销售具有很强的时代性,是一个动态的过程。

⑤制造业净产值。制造业是对原材料进行加工或对零部件进行组装的工业部门的统称。这个工业部门技术较密集,以其净产值作为一项评价指标,也是技术能力的一个表征。

对于技术综合能力的评价模式,可采用两种基本方式,一是用本国或本地区的技术综合能力现状与本国或本地区过去水平相比较;二是用本国或本地区技术综合能力现状与工业发达国家现在的水平相比较。前者可以看出自身逐年进步的水平,后者可以看出自身与国际先进水平的差距,以及间接地看出自身水平逐年提高的情况。

习 题

1. 简述技术引进的含义和基本内容。
2. 技术引进有哪些具体的途径?
3. 简述技术引进的意义和原则。
4. 简述技术进步的含义和基本内容。
5. 简述技术进步经济效益的分析方法。

第十二章　技术经济预测

技术经济分析所依据的数据很多要靠预测取得，科学的预测是正确决策的前提条件之一。要做好技术经济分析工作必须掌握预测技术。

第一节　技术经济预测概述

通常所说的预测是指对未来的预计和推测。朴素的预测思想人人皆有，自古就有。人们在每个有目的的行动之前总是要想一想，这个“想”就包含着预测。

预测已成为一门科学，而且近几十年广泛应用于经济、技术领域。我们现在所要研究的预测是在对现实和历史进行调查研究的基础上，找出事物发展的客观规律，对未来事件状态进行科学分析。

一、预测的特征

预测具有以下几个主要特征。

(1)预测是把过去、现在和未来视为不可截然分开的整体，根据现在和过去预计未来，根据已知推断未知。人们的实践、实验及统计数据等都是过去和现在的“已知”，预测就是通过对“已知”的研究来科学推测“未知”的。

(2)预测本身不是目的，是一种手段。它的功能在于提供关于未来的信息，在于提高人们的决策水平，以便人们去追求和努力争取实现有利的未来，尽力减少或避免不利的未来所带来的损失。探索关于未来的永恒真理，不是也绝不可能是预测工作的目标。

(3)预测结果具有近似性和随机性的特点，预测的对象是现实事件的未来状态和未来发生的事件。显然这些事件与状态具有不确定性，因此预测的结果往往带有随机性，预测结果往往会与实际发生的结果有偏差，所以人们不能奢求预测结果百分之百准确。虽然随着人们对客观世界的认识能力不断提高，随着数学方法与计算工具的完善，预测结果的准确度会不断提高，但不可能完全避免预测结果的近似性和随机性。

(4)预测工作具有科学性，也具有艺术性。预测的科学性表现在预测工作要基于能指导实践的理论，基于详尽的调查研究，基于系统而可靠的资料，基于科学的方法和计算工具等。预测的艺术性则表现在预测工作的质量很大程度上取决于预测工作者进行调查研究、搜集资料、分析数据、提出假设、选择方法、建立模型、推理判断的技巧，以及预测工作者自身的素质、经验及能力。任何预测方法都不是灵丹妙药，成功的预测绝不是仅仅靠数学模型所能办到的。

二、预测的分类

预测是一门实用性很强的应用科学，不同领域、不同层次的技术经济工作都离不开预测。

预测从不同角度可做多种分类。

（一）按预测对象应用领域分类

1. 社会发展预测

社会发展预测主要研究并预测与社会发展有关的未来问题，目的在于选择、控制和创造达到未来理想社会的途径和手段。社会发展预测的主要对象是由于社会发展而产生的种种社会问题，例如人口问题、就业问题、教育问题及生态环境等方面的未来发展状况。

2. 政治军事预测

政治军事预测指对有关未来政治军事形势或事件的研究和预测。其目的在于向决策者提供各种政治军事信息，为制定正确的政治军事决策服务。例如对国际政治局势的预测，对有关国家可能采取的方针政策及军事行动的预测等。

3. 科学预测

科学预测指人们对科学（自然科学、社会科学）的未来发展趋势，事先提出的一种有根据的预见。科学预测是用科学的方法来研究现代科学各个领域、各个学科的发展规律与内在联系，寻求科学的发展趋势与目标，从而为制定中长期科学发展规划提供重要的信息。

4. 技术预测

技术预测指人们对技术发展、技术发明、技术应用及其对社会、经济等方面的发展所产生的影响（包括有利影响与不利影响），事先提出的一种有根据的预见。

5. 经济预测

经济预测指人们对所从事的社会经济活动可能产生的经济后果及其发展趋势，事先提出的一种有根据的、比较符合发展规律的预见，为制定经济发展规划提供科学依据。

6. 市场预测

市场预测是经济预测的一个组成部分，由于它对国家与企业经济决策的重要作用，以及该范畴的特殊规律和方法，通常把它从经济预测中单列出来。市场预测主要指对市场商品需求及供给的发展变化趋势事先提出一种有根据的比较符合发展规律的预见。

所谓技术经济预测，通常包括科学预测、技术预测、经济预测及市场预测。

（二）按预测问题涉及范围的大小分类

1. 宏观预测

宏观预测通常是指对涉及整个宇宙、整个人类社会或整个国家的有关问题的预测，如对世界范围内的新技术革命到来时机的预测，对我国未来能源结构的预测，对我国未来某年人均国民收入水平的预测等。

2. 微观预测

微观预测是指相对于宏观预测涉及范围较小的有关问题的预测。例如对北京市人口增长速度的预测，对某行业对外贸易总额的预测，对工程项目投资、成本及收益的预测等。

（三）按对预测结果的要求分类

1. 定性预测

定性预测是指对预测对象未来状态（如事物的总体趋势、事物发生和发展的各种可能性及其后果）所做的定性分析与判断。这类预测主要凭借预测者的主观经验和逻辑推理能力。

2. 定量预测

定量预测是指对预测对象的未来状态所做出的定量描述。例如对某商品需求数量的预测，对国家人口增长率的预测，对某项新技术应用于生产上的时间的预测等。这类预测往往要借助于数学模型和现代计算工具。

在许多情况下，定量预测与定性预测要结合进行。

（四）按预测期限长短分类

按预测期限长短划分，其可以分为短期预测、中期预测和长期预测。

对于不同的预测对象和预测目标，短期、中期与长期的时间划分是不一样的。例如对科学技术预测来说，5 年以内为短期，5 ~ 15 年为中期，15 年以上为长期；而对市场预测，一般是半年以内为短期，半年到 3 年为中期，3 年以上为长期。

三、技术经济预测的步骤

预测的程序因预测对象、预测目标的不同而各不相同，一般的技术经济预测工作有如下几个步骤。

（一）确定预测目标

预测是为决策服务的，所以要根据决策所提出的要求来确定预测的目标。具体包括预测内容、精确度要求和预测期限（预测结果距现在的时间）。

（二）搜集、分析资料

资料是做预测的依据，应根据预测目标的要求搜集有关各种资料。其中应该包括：预测对象本身发展的历史资料，对预测对象发展变化有影响的各种因素的历史和现状的资料，有关的历史背景资料等。要尽量使搜集的资料系统而全面。同时，对已搜集来的各种资料要进行分析，判别资料的真实性与可靠性，剔除不可靠的对预测没有用处的资料。

（三）选择预测方法

预测方法有许多种，对于所面临的预测问题，往往可以用多种方法得到预测结果。由于预测方法各有特点，有的适用于短期预测，有的适用于长期预测；有的要求有系统的历史资料，有的对资料要求不高；有的预测精度高，有的预测精度低。所以实际工作中需要根据预测目标的要求和具体的工作条件，本着效果好、经济、实用的原则选择合适的预测方法。

（四）建立预测模型

建立预测模型包括对模型的检验与评价。

（五）分析情况做预测

有相当一部分预测方法是利用数学模型得到预测结果的。由于建立数学模型不可避免地要对问题加以简化，所以有必要根据具体情况对预测结果做进一步分析和修正。后面几节将介绍几种常用的技术经济预测方法。

第二节　抽样调查法

一、抽样调查法的种类

抽样调查的抽样方法有两大类：一是随机抽样；二是非随机抽样。随机抽样的根据是被抽查的总体（抽查对象的全体）的每个个体被抽查到的可能性是相等的。只要将被查的对象一一编号，然后采用摇奖机（抽签）抽取即可。这种抽样，其优点是避免了人的主观因素，如感情、倾向、知识、论断等的影响，而且所得的数据具有统计推断的功能，能估算出样本的代表性程度。而非随机抽样则不具备这种功能，因而其代表性差，然而并非毫无用处，当抽查的总体过于庞大而且复杂，不适于随机抽样时，就必须采用非随机抽样。

上述两类抽样方法，还可根据具体对象运用更为具体的抽样方法，如表 12－1 所示。

表 12－1　抽样调查方法的具体分类

类型	抽样方法
随机抽样	单纯随机抽样
	分层随机抽样
	分群随机抽样
非随机抽样	便利抽样
	判断抽样
	配额抽样

（一）单纯随机抽样

这种方法是通过抽签方式（摇奖机）或查随机数表抽取样本。这种取样方法比较客观，完全排除了调查人员的主观选择，在数学上可以严格证明，在被抽样的总体中，每个个体被抽到的可能性完全相等。因此，此种抽样被称为机会均等的抽样。

（二）分层随机抽样

这种抽样是首先将抽样总体按某种特征或属性分为若干层，然后在各层中用单纯随机抽样的方法，抽取所需的样本。例如，调查某地居民每户人均收入情况，先按户人均收入的高低分为高、中、低 3 个层次，然后再从这 3 个不同的层次中，分别按单纯随机抽样的方法和按事先规定的样本数抽取样本。

（三）分群随机抽样

这种抽样是将抽样的总体分为若干个群体，使每个群体中都包含了总体中的各种类型的个体。例如，以某大学为一群，这个群体中含有教师、干部、工人、农场工人、大学生、中学生和小学生等。分层随机抽样与分群随机抽样二者是有区别的。前者要求各分层的子母体之间有明显的差异性；而后者与之相反，分群随机抽样的子母体之间，则要求具有相同性。例如，分层随机抽样中的高收入阶层，每户的人均收入都很高，而低收入阶层中，每户的收入都较低。但是，在分群随机抽样中，不论是高等学府的群体还是工厂企业群体，按户的人均收入，均有高、中、低 3 个档次，呈现出群体之间的相同性。

（四）便利抽样

这种抽样是随调查者的方便选取样本。例如，调查人员进行市场调查，在商店里遇到谁就问谁，其选取样本的原则是以便利调查为标准。此法的特点是应用方便，但误差大，使用价值低，缺乏科学性。

（五）判断抽样

判断抽样又称为主观抽样，是根据专家或调查人的判断来选取样本。例如，在编制物价指数时，有关产品项目的选择以及样本地区的决定常用此法。

（六）配额抽样

按各类代表人物都配以一定的比例抽取样本。人民代表大会的代表名额分配就是如此。例如，规定选取 20 人，按性别分男 11 人、女 9 人；按社会阶层分干部 2 人、工人 14 人、农民 4 人；按年龄分 18 ~ 28 岁 6 人、29 ~ 44 岁 8 人、45 ~ 54 岁 4 人、55 岁以上 2 人。根据上述原则，得到配额抽样表如表 12 - 2 所示。

表 12 - 2　配额抽样表

社会阶层		干部		工人		农民		合计
性别		男	女	男	女	男	女	
年龄	18 ~ 28 岁			3	2		1	6
	29 ~ 44 岁	1		3	2	1	1	8
	45 ~ 54 岁		1	1	2			4
	55 岁以上			1		1		2
小计		1	1	8	6	2	2	50
		2	14	4				

二、抽样调查的误差分析及样本大小的确定

抽样调查只是调查了总体的一部分，以此去推断总体，未免会产生误差。产生误差的原因有两个：一是由抽样产生的，称为抽样误差，这是一种不可避免的误差；二是非抽样误差，称人为误差或伪误差。例如，对调查员训练不够，调查员责任心不强，记录数据产生差错，以及调查访问不合法等。此外，还有另一种误差，就是被调查者不说真话。例如，调查年轻人的年龄，由于年轻人喜欢别人夸奖他年轻有为，或者怕说年纪大了不好找对象，就常常把年龄报小些。因此，提高调访技术，避免这种人为的误差，是一项比较重要的工作。

一般说来，抽样越多，调查的结果越准确。也就是抽样产生的误差越小。但抽样愈多，相应的人力、物力就要增大。因此，欲两全其美是困难的。究竟要抽多少样本才有代表性呢？不能一概而论，要具体问题具体分析。例如，调查个人消费支出时，如差距很大，混在一起计算平均消费支出，就需较多的样本；如差距不大，则样本可以少一些。总之，样本数目大小的确定，必须以保证抽样误差不超过允许的范围为前提。样本的数目通常是在抽样之前根据允许的抽样误差确定的。

在单纯随机重复抽样的条件下，估计母体均值所需的样本数，可按下述公式计算，即

$$n = \frac{t^2 N\delta^2}{\Delta^2} \tag{12-1}$$

式中　n——抽取的样本数；

t——在置信水平下的概率分布临界值；

δ^2——总体方差；

Δ——允许误差范围。

在单纯随机不重复抽样的条件下，估计母体平均数所需的样本数为

$$n = \frac{t^2 N\delta^2}{N\Delta^2 + t^2\delta^2} \tag{12-2}$$

式中　N——总体的个体总数。

一般说来,在抽样调查时,δ^2 是未知的,通常用过去做过调查或试验性调查所得到的 δ^2 来代替。如果过去有若干个 δ^2 的值可供参考,则宜选取最大的 δ^2 值。因为 δ^2 越大,抽取的样本数就越多,就越能保证调查的精度。

【例 12-1】某厂对其所生产的 20 000 只灯泡进行寿命检验。根据以往正常生产的经验,灯泡寿命的方差为 $\delta^2=25(h)$,现采用不重复抽样方式,进行抽样调查,要求在 95.45%的概率保证下,允许误差不超过 $2h$,问至少要抽多少样本?

根据不重复抽样中估计母体平均数所需样本数的计算公式,得到样本数为

$$n=\frac{t^2N\delta^2}{N\Delta^2+t^2\delta^2}=\frac{4\times 20\,000\times 25}{20\,000\times 4+4\times 25}=25(\text{只})$$

这里的 t 值是在 95.45%的置信水平下,其概率分布的临界值为 2,允许误差 Δ 为 2,代入计算公式得到 n 为 25。

第三节　专家调查法

一、专家调查法概述

所谓专家调查是运用一定的方法,将专家们个人分散的经验和知识汇集成群体的经验和知识,从而对事物的未来做出主观预测。这里的"专家"是指对预测问题的有关领域或学科有一定专长或有丰富实践经验的人。对专家做调查和索取信息所采取的具体方式有许多种,常用的有专家个人判断、专家会议和德尔菲法。

(一)专家个人判断

早期的专家调查主要是请专家个人判断和召开专家会议。个别专家分析判断的主要优点是可以最大限度地发挥专家个人的能力,但容易受到专家具有的知识面、知识深度和占有信息的多少,专家的经验以及对预测的问题是否感兴趣等因素的影响,易带片面性。

(二)专家会议

召开专家会议时,可以互相启发,通过讨论或辩论,互相取长补短,求同存异,同时由于会议参加人多,占有信息多,考虑的因素会比较全面,有利于得出较为正确的结论。专家会议的缺点是,在专家们面对面讨论时,容易受到一些心理因素的影响,如屈服于权威和大多数人的意见,受劝说性意见的影响,以及不愿意公开修正已发表的意见,这些都不利于得出合理的预测结论。

(三)德尔菲法

德尔菲法是在专家个人判断和专家会议基础上发展起来的一种专家调查法。它最早出现于 20 世纪 50 年代末期,美国兰德公司首次将德尔菲法应用于预测中。此后这一方法便被各国预测人员所广泛采用。据报道,到 20 世纪 70 年代中期,专家会议和德尔菲法的使用在各类预测方法中所占比重约为 1/4。

二、德尔菲法(Delphi)

德尔菲法是采用匿名函询的方法,通过一系列简明的调查征询表向专家们进行调查,并通过有控制的反馈,取得尽可能一致的意见,对事物的未来做出预测。

(一)德尔菲法的特点

德尔菲法预测过程实际上是一个由被调查的专家们集体交流信息的过程。德尔菲法预测的主要特点是匿名性、反馈性和收敛性。

1. 匿名性

匿名性是指专家们以“背靠背”的方式接受调查,提供预测信息。被调查的专家们互不见面,不直接交流信息;在由调查工作者组织的书面讨论中,是通过匿名的方式向各位专家传递信息的。这样做有利于使意见趋于统一,因为专家们可在不必顾忌面子的情况下改变自己的观点,服从言之有理的意见。

2. 反馈性

为了使专家们能进行书面讨论,德尔菲法采用多轮调查的方式(后一轮调查表一定附有前一轮调查结果)。即在每一轮调查表返回后,由调查工作组将各专家提供的信息和资料进行综合、整理、归纳与分类,再随同下一轮调查表一起函送给各位专家,使专家们了解预测调查的全面情况。这样可促使专家进行再思考,完善或改变自己的观点,或者做出新的判断。调查信息的这种不断反馈有力地促进专家之间的信息交流和书面讨论。德尔菲法一般要进行三轮到四轮专家意见征询。

3. 收敛性

多轮调查与反馈的过程,也是专家们在匿名状况下相互启迪和讨论的过程。通过书面讨论,言之有理的见解会逐渐为大多数专家所接受,分散的意见会向其集中,呈现出收敛的趋势。

(二)德尔菲法预测步骤

一般情况下,德尔菲法的实施有以下几个步骤。

1. 组成调查工作组

德尔菲法的实施需要一定的组织工作,首先应建立一调查小组,人数一般以 10 ~ 20 人为宜,视预测工作量大小而定。调查小组成员应对德尔菲法的实质和方法有正确的理解,具备必要的专业知识、统计和数据处理等方面的基础。调查工作组的任务是组织整个调查预测工作,主要工作内容是:对预测过程做计划、选择专家、设计调查表、组织调查、对调查结果进行汇总处理,做出预测。

2. 选择专家

德尔菲法是根据专家们对事物未来的主观判断做出预测的,选择理想的专家是用德尔菲法进行预测的一项重要工作。选择什么样的专家,主要是由所要预测问题的性质决定的。在选择专家的过程中,既要选择那些精通本学科领域、在本学科有代表性的专家,也要注意选择边缘学科、社会学等方面的专家,还要考虑到专家们所属部门和单位的广泛性。既要选择高层的有名望的技术权威,也要注意选择专门从事某项具体工作的一般专家。

专家人数的多少,视预测问题的规模而定,一般以 10 ~ 50 人为宜。对于一些重大问题的预测,专家人数可以扩大到 100 人以上。按照统计学对样本数的要求,一般不少于 20 人。

3. 以函询方式向专家们索取预测信息

所谓函询方式是指调查工作组向专家们索取预测信息是采取向专家们函寄调查表的方式进行的。由此可见,调查表是进行德尔菲法预测的主要手段,调查表设计的质量直接影响到调查和预测的效果。德尔菲法预测的调查表并没有统一格式,应根据所要调查的内容和预测目标的要求,因事制宜地设计。总的原则是所提问题要明确,回答方式应简练,便于对调查结果进行汇总处理。调查表中应有供专家阐明有关意见的栏目。函寄调查表时应对预测的目的、填表要求做充分的说明,还应向专家提供有关资料和背景材料。

4. 调查结果的汇总处理

调查结果汇总以后,需要进行统计处理,国外预测学者的研究结果表明,专家意见的概率分布一般符合或接近正态分布,这是对专家意见进行统计处理的重要理论依据。对调查结果进行处理和表达的方式取决于预测问题的类型和对预测的要求。

(1)对定量调查结果的处理

当预测结果需要用数量(含时间)表示时,一般用"中位数法"进行数据处理。即分别求出预测结果的中位数、下四分位点和上四分位点。

设参加预测的专家数为 n,对某一问题各专家回答的定量值为 $x_i(i=1,2,\cdots,n)$,x_i 是由小到大或由前至后顺序排列的,即 $x_1 \leqslant x_2 \leqslant \cdots \leqslant x_n$,则调查结果的中位数为

$$\bar{x}=\begin{cases}\dfrac{x_{n+1}}{2} & (n\text{ 为奇数})\\[2ex] \dfrac{1}{2}\left(\dfrac{x_n}{2}+\dfrac{x_{n+1}}{2}\right) & (n\text{ 为偶数})\end{cases} \tag{12-3}$$

中位数可看作是调查结果的期望值。在小于或等于中位数的答数中再取中位数,即为调查结果的下四分位点,在大于或等于中位数的答数中再取中位数,即为调查结果的上四分位点。上、下四分位点之间的区域为四分位区间。四分位区间的大小反映专家意见的离散程度,四分位区间越小,说明专家意见的集中程度越高,预测结果的可信程度也就越大。调查过程中,可以根据四分位区间的大小确定是否需要进行下一轮意见征询。

(2)对评分、排序调查结果的处理

在征询专家意见时,常常有请专家们对某些事项的重要性进行评分或排序的内容,对于这类问题的答案,可用总分比重法进行处理,即用各事项的得分在总得分中所占比重衡量其相对重要程度。

对于以评分方式回答的问题,各事项的总分比重可直接由下式求得

$$B_j=\frac{\sum_{i=1}^{n} b_{ij}}{\sum_{j=1}^{m}\sum_{i=1}^{n} b_{ij}} \tag{12-4}$$

式中 B_j——第 j 个事项的总分比重;

b_{ij}——第 i 个专家对第 j 个事项的评分;

n——给出答案的专家数;

m——参加比较的事项数。

对于以排序方式回答的问题,需要事先给定各排序位置的得分,然后再用式(12-4)求出各事项的总分比重。

(3)对主观概率的统计处理

用德尔菲法进行预测,有时需要专家对某个未来事件发生的概率做出主观判断,当各位专家的主观概率估计不一致时,通常用平均主观概率作为专家集体的预测结果。平均主观概率的计算公式为

$$\bar{P}=\frac{1}{n}\sum_{i=1}^{n} P_i \tag{12-5}$$

式中 $\overline{P}$——专家集体的平均主观概率；

P——第 i 个专家估计的主观概率；

n——参加预测的专家数。

除了上面介绍的专家意见统计处理方法之外，还可用直方图表示专家预测值的分布，用方差或标准差表示专家预测值的离散程度。

（三）对德尔菲法的评价

德尔菲法简单易行，用途广泛，费用较低，在大多数情况下可以得到比较准确的预测结果。在缺乏足够资料的领域中，例如对某些长期的复杂的社会、经济、技术问题的预测，对某些无先例事件和突发事件的预测等，数学模型往往无能为力，只能使用德尔菲法进行预测。

德尔菲法预测是建立在专家主观判断的基础之上的，因此专家的学识、兴趣和心理状态对预测结果影响较大，从而使预测结论不够稳定。采用函询方式调查，客观上使调查组与专家之间的信息交流受到一定限制，可能影响预测进度与预测结论的准确性。采用匿名方式调查，有不利于激励创新的一面。

了解德尔菲法的优点，同时也认识到它的缺点，有助于预测人员更恰当地使用这种方法。

第四节 回归分析法

各种事物之间都存在着直接的或间接的联系。任何事物的发生变化都不是孤立的，都与其他事物的发展变化存在着或大或小的相互影响、相互制约的关系。在经济领域中，这种关系也是普遍存在着。事物发展变化过程中的这种相互关系称为相关关系。

相关关系有多种表现形式，其中最重要的、应用最广的是因果关系。因果关系是事物之间普遍联系和相互作用的形式之一，它的特点是原因在前，结果在后，并且原因与结果之间常常具有类似函数的密切联系，这就为利用因果关系建立数学模型进行预测提供了方便。

社会经济现象之间的相关关系往往难以用确定性的函数关系来描述，它们大多是随机性的，要通过统计观察才能找出其中规律。回归分析是利用统计学原理描述随机变量间相关关系的一种重要方法。回归分析法预测是利用回归分析方法，根据一个或一组自变量的变动情况预测与其有相关关系的某随机变量的未来值。进行回归分析需要建立描述变量间相关关系的回归方程。根据自变量的个数，可以是一元回归，也可以是多元回归。根据所研究问题的性质，可以是线性回归，也可以是非线性回归。非线性回归方程一般可以通过对数运算化为线性回归方程进行处理，这里不做专门介绍。下面分别介绍一元线性回归预测法和多元线性回归预测法。

一、一元线性回归预测法

一元线性回归预测法适用于预测对象主要受一个相关变量影响且两者间呈线性关系的预测问题。一元线性回归的工作程序如下。

（一）建立一元回归模型

设有一组反映预测对象与某变量之间因果关系的样本数据（可以是历史序列数据，也

可以是历史截面数据）为

$$x_1 \cdots x_2 \cdots x_i \cdots x_n \qquad (12-6)$$
$$y_1 \cdots y_2 \cdots y_i \cdots y_n$$

根据经验判断或观察分析（如通过作散点图观察），两者之间确有较明显的线性相关关系，则可建立一元回归模型为

$$y = a + bx \qquad (12-7)$$

式中 y——因变量（预测对象）；

x——自变量；

a,b——回归系数。

（二）由已知样本数据根据最小二乘法原理求出回归系数

计算公式为

$$b = \frac{n\sum x_i y_i - \sum x_i \cdot \sum y_i}{n\sum x_i{}^2 - \left(\sum x_i\right)^2} \qquad (12-8)$$

$$a = \frac{\sum y_i - b\sum x_i}{n} \qquad (12-9)$$

式中 n——样本数据点数目，最好不少于 20；

x_i, y_i——样本数据。

样本数据应经过分析筛选，去掉不可靠和明显不正常的数据点。

（三）计算相关系数 r，进行相关检验

$$r = \frac{n\sum x_i y_i - \sum x_i \cdot \sum y_i}{\sqrt{n\sum x_i^2 - \left(\sum x_i\right)^2 \cdot \left[n\sum y_i{}^2 - \left(\sum y_i\right)^2\right]}} \qquad (12-10)$$

$0 \leqslant |r| \leqslant 1$，$|r|$ 越接近 1，说明 x 与 y 的相关性越大，预测结果的可信程度越高。一般可用计算出的相关系数 r 与相关系数临界值 r_0 相比较，r_0 是由样本数 n 和显著性水平 α 两个参数决定的，实际工作中可由相关系数临界值表（见表 12-3）查出。α 表示用线性方程在一定区间描述 x 与 y 的相关关系不可靠的概率。$1-\alpha$ 称为置信度，表示在一定区间用线性方程描述 x 与 y 的关系令人置信的程度。只有当 $|r| > r_0$ 时，预测模型（回归方程）在统计范围内才具有显著性，用回归方程描述 y 和 x 的关系才有意义。

（四）求置信区间

由于回归方程中自变量 x 与因变量 y 之间的关系并不是确定性的，所以对于任意的 $x = x_0$，我们无法确切地知道相应的 y_0 值，只能通过求置信区间判定在给定概率下 y_0 实际值的取值范围。在样本数为 n，置信度为 $1-\alpha$ 的条件下，y_0 的置信区间为

$$\hat{y}_0 \pm t(\alpha/2, n-1) \cdot S(y) \qquad (12-11)$$

式中 $\hat{y}_0$——与 x_0 相对应的根据回归方程计算的 y_0 的估计值；

$t(\alpha/2, n-1)$——自由度为 $(n-2)$，置信度为 $(1-\alpha)$ 时 t 分布的临界值，可参考有关文献由 t 分布表查出；

$S(y)$——经过修正的因变量 y 的标准差。

$$S(y) = \bar{\delta} \cdot \sqrt{1 + \frac{1}{n} + \frac{(x_0 - \bar{x})^2}{\sum (x_i - \bar{x})^2}} \qquad (12-12)$$

式中

$$\bar{\delta} = \sqrt{\frac{\sum (y_i - \hat{y}_i)^2}{n - 2}}$$

$$\bar{x} = \frac{1}{n} \cdot \sum x_i \tag{12-13}$$

表 12-3　相关系数临界值表

$n-2$	α		$n-2$	α	
	0.05	0.01		0.05	0.01
1	0.997	1.000	21	0.413	0.526
2	0.950	0.990	22	0.404	0.515
3	0.878	0.959	23	0.396	0.505
4	0.811	0.917	24	0.388	0.496
5	0.754	0.874	25	0.381	0.487
6	0.707	0.834	26	0.374	0.478
7	0.666	0.798	27	0.367	0.470
8	0.632	0.765	28	0.361	0.463
9	0.602	0.735	29	0.355	0.456
10	0.576	0.708	30	0.349	0.449
11	0.553	0.684	35	0.325	0.418
12	0.532	0.661	40	0.304	0.393
13	0.514	0.641	45	0.288	0.372
14	0.497	0.623	50	0.273	0.354
15	0.482	0.606	60	0.250	0.325
16	0.468	0.590	70	0.232	0.302
17	0.456	0.575	80	0.217	0.283
18	0.444	0.561	90	0.205	0.267
19	0.433	0.549	100	0.195	0.254
20	0.423	0.537	200	0.138	0.181

在实际的预测工作中，如果样本数足够大，式(12-11)中的根式近似地等于1。当置信度取 $1-\alpha=0.95$ 时，$t(\alpha/2, n-2)$ 约等于2，y_0 的置信区间近似为 $y_0 \pm 2\delta$，这意味着 y_0 的实际值发生在 $(y_0-2\delta, y_0+2\delta)$ 区间内的概率为95%。当置信度取 $1-\alpha=0.95$ 时，$t(\alpha/2, n-2)$ 约等于3，y_0 的置信区间近似为 $(y_0 \pm 3\delta)$。

（五）分析情况做预测

回归方程是根据历史数据建立的，利用回归方程做预测的前提是确认预测对象与所选自变量的关系及影响预测对象的环境条件未来没有重大变化，因此必须对变量间的关系及环境因素的变化做认真的分析，必要时应对预测模型做适当的修正。在此基础上才可根据求得的回归方程进行预测。

【例 12－2】有关部门曾用一元线性回归分析法对我国卫生陶瓷的销售进行预测。根据对已抽集数据的分析，历年卫生陶瓷的销售量与同期全国竣工城镇楼房住宅面积有相关关系，经过筛选后的 19 对有关历史数据如表 12－4 所示。

表 12－4　原始数据

年份	卫生陶瓷销售量/万件	竣工城镇楼房面积/万平方米	年份	卫生陶瓷销售量/万件	竣工城镇楼房面积/万平方米
1953	46.6	939.4	1964	71.2	1 073.9
1954	61.3	928.9	1965	111.4	1 209.3
1955	46.3	1 012.2	1971	59.5	1 440
1957	53.4	1 971.2	1973	105.8	2 164
1958	79.9	1 849.4	1974	146.5	2 055.2
1959	102.9	2 272.2	1975	222.1	2 215.2
1960	141.1	2 285.3	1976	202.4	2 178
1961	109.1	963.9	1977	242	2 880
1962	49.2	537.6	1978	227.8	3 377.3
1963	51.4	706.2			

设卫生陶瓷销售量为 y，同期全国竣工城镇楼房住宅面积为 x，回归方程为

$$y = a + bx$$

回归系数为

$$b = \frac{n\sum x_i y_i - \sum x_i \cdot \sum y_i}{n\sum x_i^2 - \left(\sum x_i\right)^2} = 0.068\ 6$$

$$a = \frac{\sum y_i - b\sum x_i}{n} = -3.622\ 3$$

由此可得

$$y = -3.622\ 3 + 0.068\ 6x$$

相关系数为：

已知 $n-2=17$，取 $\alpha=0.05$，由表 12－3 可查得相关系数临界值 $r_0=0.456$，$r<r_0$ 说明本例中的回归模型具有显著性，可用于预测。

置信区间为

$$\bar{\delta} = \sqrt{\frac{\sum (y_i - \hat{y}_i)^2}{n-2}} = 40.964\ 5$$

对于给定的 $x=x_0$，则有

$$S(y)=\hat{\delta}\cdot\sqrt{1+\frac{1}{n}+\frac{(x_0-\bar{x})^2}{\sum(x_i-\bar{x})^2}}$$

$$=40.9645\times\sqrt{1+\frac{1}{19}+\frac{(x_0-1\,687.326\,3)^2}{11\,031\,139.8}}$$

置信度取 $1-\alpha=0.95$ 时，y_0的置信区间近似为 $\hat{y}\pm2S(y)$。

由上述回归方程和置信区间计算公式，根据全国城镇住宅建设规划即可对未来若干年内我国卫生陶瓷的销售量做出预测。例如，按照规划某年全国城镇楼房住宅竣工面积为 $x_0=7\,500$万平方米，代入回归方程可求得

$$\hat{y}_0=-3.622\,3+0.068\,6\times7\,500=510.88\text{（万件）}$$

置信区间为

$$\hat{y}_0\pm2S(y)=510.88\pm166.2$$

也就是说，有95%的可能性，该年份卫生陶瓷的销售量为344.68~677.08万件。

二、多元线性回归预测法

如果影响预测对象变动的主要因素不止一个，可以采用多元线性回归预测法。多元回归的原理与一元回归基本相同，但运算较为复杂，一般要借助计算机完成。

多元线性回归方程的一般形式为

$$y=b_0+b_1x_1+b_2x_2+\cdots+b_mx_m \tag{12-14}$$

式中 y——因变量（预测对象）；

$x_1,x_2,\cdots,x_m$——互不相关的各个自变量；

$b_0,b_1,\cdots,b_m$——回归系数，其中 $b_i(i=1,2,\cdots,m)$ 是 y 对 $x_1,x_2,\cdots,x_m$ 的偏回归系数，其含义是当其他自变量保持不变时，x_i变化一个单位所引起的 y 的变化量。

设有一组反映因变量 y 与自变量 $x_1,x_2,\cdots,x_m$ 相关关系的数据：

$$\begin{array}{ccccc} y: & y_1 & y_2 & \cdots & y_n \\ x_1: & x_{11} & x_{12} & \cdots & x_{1n} \\ x_2: & x_{21} & x_{22} & \cdots & x_{2n} \\ \vdots & \vdots & \vdots & & \vdots \\ x_m: & x_{m1} & x_{m2} & \cdots & x_{mn} \end{array}$$

则 $b_0,b_1,\cdots,b_m$ 可根据以上数据按残差平方和最小的原则确定。$b_i(i=1,2,\cdots,m)$ 的值应为以下方程组的解。即

$$\begin{cases} L_{11}b_1+L_{12}b_2+\cdots+L_{1m}b_m=L_{1y} \\ L_{21}b_1+L_{22}b_2+\cdots+L_{2m}b_m=L_{2y} \\ \cdots \\ L_{m1}b_1+L_{m2}b_2+\cdots+L_{mm}b_m=L_{my} \end{cases} \tag{12-15}$$

式中

$$L_{ij} = \sum_{t=1}^{n}(x_{it} - \overline{x_i})(x_{jt} - \overline{x_j});(i,j = 1,\cdots,m)$$

$$L_{iy} = \sum_{t=1}^{n}(x_{it} - \overline{x_j})(y_t - \overline{y});(i,j = 1,\cdots,m)$$

$$\overline{x_i} = \frac{1}{n}\sum_{t=1}^{n}x_{it}\overline{y} = \frac{1}{n}\sum_{t=1}^{n}y_t$$

$$b_0 = \overline{y} - \sum_{i=1}^{m}b_i \cdot \overline{x_t}$$

多元线性回归模型的相关检验可通过计算全相关系数进行，计算公式为

$$r = \sqrt{\frac{U}{L_{yy}}} \tag{12-16}$$

式中

$$U = \sum_{i=1}^{m}L_{iy} \cdot b_i;L_{yy} = \sum_{t=1}^{m}(y_t - \overline{y})^2。$$

r 值接近1，回归模型的预测效果好。

在取置信度 $1-\alpha=0.95$ 的情况下，对应于自变量 $x_{i0}(i=1,2,\cdots,m)$ 的预测值 y_0 的置信区间为 $\hat{y}_0 \pm 2S(y)$。则有

$$s = \sqrt{\frac{Q}{n-k}} \tag{12-17}$$

式中，$Q = L_{yy} - U, k = m+1$。

第五节 时间序列法

时间序列法是根据预测对象的时间序列数据，找出预测对象的时间推移的变化规律，通过趋势外推预测未来的一种方法。

所谓时间序列数据是指某一经济变量按照时间顺序排列起来的一组连续的观察值，且相邻观察值的时间间隔是相等的。例如，我国电度表销售量1970 ~ 1980年的时间序列数据如表12 -5所示。

表12 -5 我国1970 ~1980年的电度销售量

时间周期/年	1970	1971	1972	1973	1974	1975	1976	1977	1978	1979	1980
电度表销售量/万只	120	142	153	221	299	293	282	310	399	609	1240

通过对大量时间序列数据的变动做分解，可以认为一般经济变量时间序列数据的变动包含着随机变动、周期性变动和体现长期发展趋势的线性或非线性变动。其中随机变动是不规则的，周期性变动与长期趋势是有规律性的(如图12 -1和图12 -2所示)。用时间序列法做预测，首先需要进行数据处理，设法消除随机变动，找出预测对象的长期发展趋势和周期性变动的规律，并建立相应的预测模型。寻找时间序列数据长期变动趋势的方法常用

的有两类：回归方法和平滑方法。回归分析的基本方法上节已做介绍，下面我们将着重介绍几种平滑的方法。

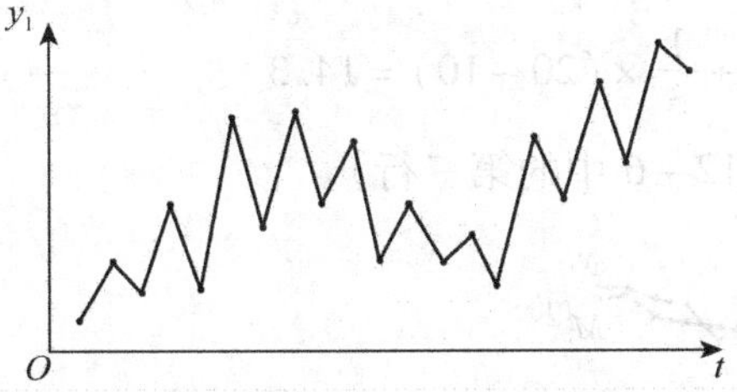

图 12－1　未分解的原时间序列数据变动情况

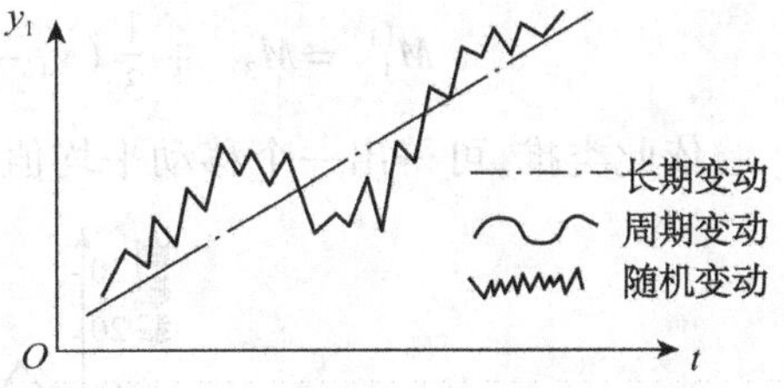

图 12－2　经分解的时间序列数据的各种变动

一、移动平均法

移动平均法是用分段逐点推移的平均方法对时间序列数据进行处理，找出预测对象的历史变动规律，并据此建立预测模型的一种时间序列预测方法。

用移动平均法平滑处理的具体做法是每次取一定数量的时间序列数据加以平均，按照时间序列由前向后递推，每推进一个单位时间，就舍去对应于最前面一个单位时间的数据，再进行平均，直至全部数据处理完毕，最后得到一个由移动平均值组成的新的时间序列。视需要可多次进行这种移动平均的处理过程。

（一）一次移动平均值的计算

设实际的预测对象时间序列数据为 $y_t(t=1,2,\cdots,m)$，一次移动平均值的计算公式为

$$M_{t-1}^{[1]}=\frac{1}{n}(y_{t-1}+y_{t-2}+\cdots+y_{t-n})$$

$$M_t^{[1]}=\frac{1}{n}(y_t+y_{t-1}+\cdots+y_{t-n+1})=M_{t-1}^{[1]}+\frac{1}{n}(y_t-y_{t-n}) \tag{12-18}$$

式中　$M_t^{[1]}$——第 t 周期的一次移动平均值；

n——计算移动平均值所取的数据个数。

由式（12－18）可知，当 $n=1$ 时，$M_t^{[1]}=y_t$，移动平均值序列就是原数据的实际序列；当 n 等于全部数据的个数 m 时，移动平均值即为全部数据的算术平均值。可以看出，n 的大小对平滑效果影响很大，n 取得小，平滑曲线灵敏度高，但抗随机干扰的性能差；n 取得大，抗随机干扰的性能好，但灵敏度低，对新的变化趋势不敏感。所以，n 的选择是用好移动平均法的关键，针对具体的预测问题，选择 n 时，应考虑预测对象时间序列数据点的多少及预测限期的长短。通常 n 的取值范围可在 3～20 之间。

【例 12－3】已知某产品 15 个月内每月的销售量（如表 12－6 所示），因时间序列数据点少，取 $n=3$，计算一次移动平均值。

表 12－6　某产品 15 个月内各月的销售量及一次移动平均值

月序 t	1	2	3	4	5	6	7	8	9	10	11	12	13	14	15
销售量 y_t/万件	10	15	8	20	10	16	18	20	22	24	20	26	27	29	29
$M_t^{[1]}(n=3)$	—	—	11.0	14.3	12.7	15.3	14.7	18.0	20.0	22.0	22.0	22.3	24.3	21.3	28.3

由式(12 - 18)得

$$M_3^{[1]} = \frac{1}{3}(y_3 + y_2 + y_1) = \frac{1}{3} \times (8 + 15 + 10) = 11.0$$

$$M_4^{[1]} = M_3^{[1]} + \frac{1}{3}(y_4 - y_1) = 11.0 + \frac{1}{3} \times (20 - 10) = 14.3$$

依此类推,可得出一个移动平均值序列(如表 12 - 6 中的第三行)。

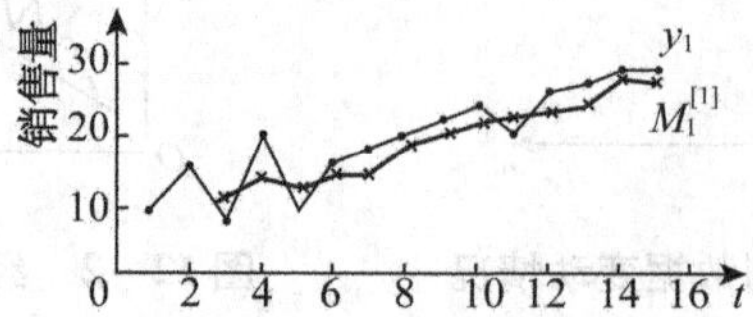

图 12 - 3　实际数据序列与一次移动平均值序列的对比

将实际的时间序列数据与计算出的移动平均值序列绘到一个坐标图上(如图 12 - 3 所示),可以看出,通过一次移动平均处理,削弱了随机干扰的影响,较明显地反映出了预测对象的历史变化趋势。但应该注意到,当实际数据随时间推移发生变化时,一次移动平均值的变化总是落后于实际数据的变化,存在着滞后偏差,n 取得越大,滞后偏差趋大。

(二)二次移动平均值的计算

二次移动平均值要在一次移动平均值序列的基础上计算,计算公式为

$$M_t^{[2]} = \frac{1}{n}(M_t^{[1]} + M_{t-1}^{[1]} + \cdots + M_{t-n+1}^{[1]}) = M_{t-1}^{[2]} + \frac{1}{n}(M_t^{[1]} - M_{t-n}^{[1]}) \qquad (12-19)$$

式中　$M_t^{[2]}$——第 t 周期的二次移动平均值。

【例 12 - 4】根据【例 12 - 3】中表 12 - 6 的数据,取 $n = 3$,计算二次移动平均值。

由式(12 - 19)得

$$M_5^{[2]} = \frac{1}{n}(M_5^{[2]} + M_4^{[2]} + M_3^{[2]}) = \frac{1}{3} \times (12.7 + 14.3 + 11.0) = 12.7$$

$$M_6^{[2]} = M_5^{[2]} + \frac{1}{3}(M_6^{[1]} - M_3^{[1]}) = 12.7 + \frac{1}{3} \times (15.3 - 11.0) = 14.1$$

依此类推,可得出一个二次移动平均值序列(如表 12 - 7)。

实际数据序列与一次、二次移动平均随值序列的对比如图 12 - 4 所示。

表 12 - 7　某产品 15 个月内各月的销售量及移动平均值

月序 t	1	2	3	4	5	6	7	8	9	10	11	12	13	14	15
销售量 y_t/万件	10	15	8	20	10	16	18	20	22	24	20	26	27	29	29
$M_t^{[1]}(n=3)$	—	—	11.0	14.3	12.7	15.3	14.7	18.0	20.0	22.0	22.0	22.3	24.3	21.3	28.3
$M_t^{[2]}(n=3)$	—	—	—	—	12.7	14.1	14.2	16.0	17.6	20.0	21.3	22.4	23.3	25.0	26.6

由图 12 - 4 可以看出,二次移动平均值序列的线型比一次移动平均值序列的线型更加平滑,同时,二次移动平均值序列对一次移动平均值序列也有一个滞后偏差。

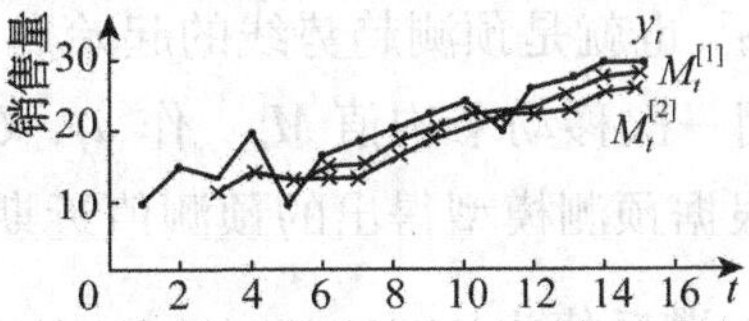

图 12-4 实际数据序列与一次、二次移动平均值序列的对比

（三）利用移动平均值序列做预测

如果实际的时间序列数据没有明显的周期变动，近期的移动平均值序列没有明显的增长或下降趋势，可以直接用最近一个周期的一次移动平均值，作为下一周期的预测值。也就是说，当最近一个周期为 t 时，可以认为 $\hat{y}_{t+T}=M_t^{[1]}$，如果实际的时间序列数据有明显的周期变动，近期的移动平均值序列有明显的增长或下降趋势，就不能直接用一次移动平均值做预测。这是因为，移动平均值的变化总是滞后于实际数据的变化，当预测对象有明显的增长趋势时，直接用一次移动平均值做预测会使预测值偏低，当预测对象有明显的下降趋势时，直接用一次移动平均值做预测会使预测值偏高。在这种情况下，如果预测对象的变化趋势呈线性，可以通过建立线性预测模型做预测。

线性预测模型的一般形式为

$$\hat{y}_{t+T}=a_t+b_t\cdot T \tag{12-20}$$

式中 t——目前的周期序号；

T——由目前列预测周期的周期间隔数；

$\hat{y}_{t+T}$——第 $(t+T)$ 周期的预测值；

a_t——线性预测模型的截距；

b_t——线性预测模型的斜率，即每周期预测值的变化量。

$$a_t=2M_t^{[1]}-M_t^{[2]} \tag{12-21}$$

$$b_t=\frac{2}{n-1}(M_t^{[1]}-M_t^{[2]}) \tag{12-22}$$

a_t 与 b_t 的计算利用了移动平均处理中存在滞后偏差这种现象。

当一次移动平均值序列 $M_t^{[1]}$ 的近期数据呈线性增长或线性下降时，相应的 $M_t^{[2]}$ 也应呈线性增长或线性下降，$M_t^{[1]}$ 滞后于 $M_t^{[1]}$。由公式

$$M_t^{[2]}=\frac{1}{n}(M_t^{[1]}+M_{t-1}^{[1]}+\cdots+M_{t-n+1}^{[1]})$$

可知，相对于的滞后时间为

$$\frac{t-(t-n+1)}{2}=\frac{n-1}{2}$$

设 $M_t^{[1]}$ 于 $M_t^{[2]}$ 的单位时间增量均为 b_t，则 $M_t^{[2]}$ 相对于 $M_t^{[1]}$ 的滞后值为

$$M_t^{[1]}-M_t^{[2]}=\frac{n-1}{2}\cdot b_t$$

则有

$$b_t=\frac{2}{n-1}(M_t^{[1]}-M_t^{[2]})$$

a_t为线性预测模型的截距，也就是预测趋势线的起始点。若用实际观察值y_t作a_t，则受偶然性因素的影响较大，若用一次移动平均值$M_t^{[1]}$作a_t，又存在着滞后偏差。故设想由于$M_t^{[1]}$近期数据变动呈线性，根据预测模型得出的预测值近期也有线性变动趋势。$M_t^{[1]}$滞后于$\hat{y}_t$，滞后时间为$\frac{n-1}{2}$个周期，滞后值为

$$\hat{y}_t - M_t^{[1]} = \frac{n-1}{2}b_t = M_t^{[1]} - M_t^{[2]}$$

故有

$$\hat{y}t = 2M_t^{[1]} - M_t^{[2]}$$

如果把第t周期作为预测方程的起始周期，$\hat{y}_t$也就是方程的截距a_t，即

$$a_t = 2M_t^{[1]} - M_t^{[2]}$$

【例12-5】根据表12-7的数据建立预测模型，预测第17个月的销售量，目前的月序为15。

$$a_{15} = 2M_{15}^{[1]} - M_{15}^{[2]} = 2\times 28.3 - 26.6 = 30.0$$

$$b_{15} = \frac{2}{n-1}(M_{15}^{[1]} - M_{15}^{[2]}) = \frac{2}{3-1}(28.3 - 26.6) = 1.7$$

故可得线性预测模型为

$$\hat{y}_{15+T} = 30.0 + 1.7T$$

第17个月销售量的预测值为

$$\hat{y}_{17} = y_{15+2} = 30.0 + 1.7\times 2 = 33.4\text{（万件）}$$

二、指数平滑法

指数平滑法是移动平均法的改进。其基本思路是：在预测研究中越是近期的数据越应受到重视，时间序列数据中各数据的重要程度由近及远呈指数规律递减，故对时间序列数据的平滑处理应采用加权平均的方法。

（一）一次指数平滑值的计算

假设时间序列数据是一个无穷序列：$y_t, y_{t-1}, y_{t-2}, \cdots$其加权平均值为

$$\beta_0 y_t + \beta_1 y_{t-1} + \beta_2 y_{t-2} + \cdots + \beta_i y_{t-i} + \cdots$$

式中，$1 \geq \beta_i \geq 0 (i = 0,1,2,\cdots)$，且$\sum_{i=0}^{\infty}\beta_i = 1$。令$\beta_i = \alpha(1-\alpha)^i$，则有

$$\begin{aligned}\sum_{i=0}^{\infty}\beta_i &= \alpha(1-\alpha)^0 + \alpha(1-\alpha) + \alpha(1-\alpha)^2 + \cdots \\ &= \alpha[1 + (1-\alpha) + (1-\alpha)^2 + \cdots] \\ &= \frac{\alpha}{1-(1-\alpha)} = 1\end{aligned}$$

用$\beta_i = \alpha(1-\alpha)^i (i = 0,1,2)$对时间序列数据加权，设加权平均值为$S_t^{[1]}$，则有

$$\begin{aligned}S_t^{[1]} &= \alpha y_i + \alpha(1-\alpha)y_{t-1} + \alpha(1-\alpha)2y_{t-2} + \cdots \\ &= \alpha y_i + (1-\alpha)[\alpha y_{t-1} + \alpha(1-\alpha)y_{t-2} + \cdots] \\ &= \alpha y_t + (1-\alpha)S_{t-1}^{[1]}\end{aligned}$$

实际上,时间序列数据是有限的,一般情况下,$\sum_{i=0}^{\infty}\beta_i < 1$,但只要这个时间序列足够长,上式可以作为有限时间序列数据加权平均值的一种近似。这个加权平均值就是我们所要求的一次指数平滑值。所以一次指数平滑值的计算公式为

$$S_t^{[1]} = \alpha y_t + (1-\alpha) S_{t-1}^{[1]} \tag{12-23}$$

式中　$S_t^{[1]}$——第 t 周期的一次指数平滑值;

y_t——预测对象第 t 周期的实际数据;

α——指数平滑系数。

α 实际上是新旧数据权重的一个分配比例,α 值越大,则新数据的权重越大。α 取值的大小是影响预测效果的重要因素,一般要根据实际时间序列数据的特点和经验确定。如果时间序列数据的长期趋势比较稳定,应取较小的 α 值(如 0.05 ~ 0.20)。如果时间序列数据具有迅速且明显的变动倾向,则应取较大的 α 值(如 0.3 ~ 0.7)。

式(12-23)是一个递推公式,计算 $S_t^{[1]}$ 时,要先知道 $S_{t-1}^{[1]}$,计算 $S_{t-1}^{[1]}$ 时,要先知道 $S_{t-2}^{[1]}$,如此递推下去,计算 $S_t^{[1]}$ 时就需要有一个初始值 $S_0^{[1]}$。当实际数据比较多时,初始值对预测结果的影响不会很大,可以以第一个数据 y_1 作为初始值;如果实际数据较少(如 20 个以内),初始值的影响就比较大,一般取前几个周期的数据的平均值作为初始值。

如果实际时间序列数据的变动主要是随机变动而没有明显的周期变动和增长或下降趋势,我们可以直接用最近一个周期的一次指数平滑值 $S_t^{[1]}$ 作为下一周期的预测值。如果求得的一次指数平滑值时间序列数据有明显的线性增长或下降趋势,与移动平均法相类似,由于一次指数平滑值序列相对于实际数据序列存在着滞后偏差,必须在求二次指数平滑值的基础上建立预测模型。

(二)二次指数平滑值的计算与线性预测模型的建立

二次指数平滑是对一次指数平滑值序列再做一次指数平滑。二次指数平滑值的计算公式为

$$S_t^{[2]} = \alpha S_t^{[1]} + (1-\alpha) S_{t-1}^{[1]} \tag{12-24}$$

式中　$S_t^{[2]}$——第 t 周期的二次指数平滑值。

求二次指数平滑值也要先确定初始值,通常直接取 $S_0^{[2]} = S_0^{[1]}$,也可以取前几个一次指数平滑值的平均值做二次指数平滑的初始值。

在二次指数平滑处理的基础上可建立线性预测模型

$$\hat{y}_{t+T} = a_t + b_t \cdot T \tag{12-25}$$

截距 a_t 与斜率 b_t 的计算公式分别为

$$a_t = 2S_t^{[1]} - S_t^{[2]} \tag{12-26}$$

$$b_t = \frac{\alpha}{1-\alpha}(S_t^{[1]} - S_t^{[2]}) \tag{12-27}$$

【例 12-6】根据【例 12-3】中的数据,用指数平滑法建立线性预测模型。

取指数平滑系数 $\alpha = 0.5$,设初始值为

$$S_0^{[2]} = S_0^{[1]} = \frac{1}{3}(y_3 + y_2 + y_1) = 11.0$$

根据式(12-23)与式(12-24)分别计算一次指数平滑值与二次指数平滑值,计算结果如表 12-8 所示。

表 12-8 计算结果

月序 t	1	2	3	4	5	6	7	8	9	10	11	12	13	14	15
销售量 y_t/万件	10	15	8	20	10	16	18	20	22	24	20	26	27	29	29
$S_t^{[1]}$ $\alpha=0.5$	10.5	12.8	10.4	15.2	12.6	14.3	16.1	18.1	20.0	22.0	21.0	23.5	25.3	27.1	28.1
$S_t^{[2]}$ $\alpha=0.5$	10.8	11.8	11.1	13.1	12.9	13.6	14.8	16.5	18.2	20.1	20.6	22.0	23.7	25.4	26.7

预测模型的截距为

$$a_{15}=2S_{15}^{[1]}-S_{15}^{[2]}=2\times 28.1-26.7=29.5$$

预测模型的斜率为

$$b_{15}=\frac{\alpha}{1-\alpha}(S_{15}^{[1]}-S_{15}^{[2]})=\frac{0.5}{1-0.52(28.1-26.7)}=1.4$$

故可得线性预测模型为

$$\hat{y}_{15+T}=29.5+1.4T$$

将上式与【例 12-5】中用移动平均法求得的预测模型相比较,上式中的斜率明显更小,这是由于指数平滑法更重视近期数据的变化趋势所造成的。

二次指数平滑预测模型仅适用于预测对象的变动趋势呈线性的情况。如果预测对象的变动趋势是非线性的,则应在求三次指数平滑值的基础上建立非线性预测模型。

(三)三次指数平滑值的计算与非线性预测模型的建立

三次指数平滑是对二次指数平滑值序列再作一次指数平滑。三次指数平滑值的计算公式为

$$S_t^{[3]}=\alpha S_t^{[2]}+(1-\alpha)S_{t-1}^{[3]} \tag{12-28}$$

式中 $S_t^{[3]}$——第 t 周期的三次指数平滑值。

三次指数平滑的初始值可以直接取 $S_0^{[3]}=S_0^{[2]}$,也可以取前几个二次指数平滑值的平均值。

在三次指数平滑处理的基础上可建立非线性预测模型为

$$\hat{y}_{t+T}=a_t+b_t\cdot T+c_t\cdot T^2 \tag{12-29}$$

模型系数 a_t,b_t,c_t,的计算公式为

$$a_t=3S_t^{[1]}-3S_t^{[2]}+S_t^{[3]} \tag{12-30}$$

$$b_t=\frac{\alpha}{2(1-\alpha)^2}[(6-5\alpha)S_t^{[1]}-2(5-4\alpha)S_t^{[2]}+(4-3\alpha)S_t^{[3]}] \tag{12-31}$$

$$c_t=\frac{\alpha}{2(1-\alpha)^2}(S_t^{[1]}-2S_t^{[2]}+S_t^{[3]}) \tag{12-32}$$

若实际时间序列数据的变动趋势呈线性,则有

$y_t-S_t^{[2]}=S_t^{[1]}-S_t^{[2]}=S_t^{[2]}-S_t^{[3]}$

代入上述模型系数计算公式,可得 $c_t=0$,a_t与 b_t的计算公式简化后与线性预测模型中相同。由此可知,线性预测模型实际上是非线性预测模型的一种特殊形式。

【例 12-7】已知某商品 11 年内每年的销售量(如表 12-9 所示),用指数平滑法建立预测模型并预测第 12 年和第 13 年的销售量。

通过做散点图分析，实际数据序列呈非线性递增趋势（如图 12－5 所示），故必须在三次指数平滑处理的基础上建立非线性预测模型。

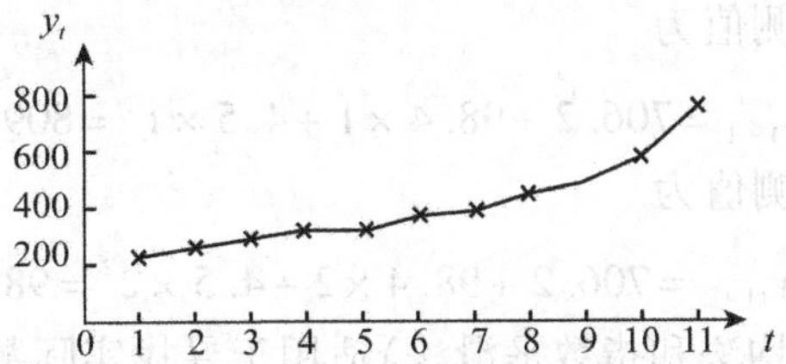

图 12－5 例 12－7 的实际数据散点图

表 12－9 某商品 11 年内各年的销售量及计算结果

月序 t	0	1	2	3	4	5	6	7	8	9	10	11
销售量 y_t/万件		225.2	249.9	263.2	293.6	318.9	356.1	363.8	424.2	466.5	582.0	750.0
$S_t^{[1]}(\alpha=0.3)$	246.1	239.8	242.9	249.0	262.3	279.3	302.5	320.9	351.9	386.3	445.0	536.5
$S_t^{[2]}(\alpha=0.3)$	246.1	244.2	243.8	245.4	250.5	259.1	272.1	286.8	306.3	330.3	364.7	416.2
$S_t^{[3]}(\alpha=0.3)$	244.5	244.4	244.2	244.6	246.4	246.4	256.8	265.8	277.9	293.6	315.0	345.3

本例中，实际数据序列的变动倾向较明显，平滑系数 α 不宜取太小，取 $\alpha=0.3$。实际数据数目较少，取一次、二次指数平滑初始值为

$$S_0^{[2]}=S_1^{[1]}=\frac{1}{3}(y_3+y_2+y_1)=\frac{1}{3}\times(225.2+249.9+263.2)=246.1$$

根据式（12－23）和式（12－24）分别计算一次、二次指数平滑值 $S_t^{[1]}$ 和 $S_t^{[2]}$。取三次指数平滑初始值为

$$S_0^{[3]}=\frac{1}{3}(S_1^{[2]}+S_2^{[2]}+S_3^{[2]})=\frac{1}{3}\times(244.2+243.8+245.4)=244.5$$

根据式（12－28）计算三次指数平滑值 $S_t^{[3]}$。各次指数平滑值的计算结果如表 12－9 所示。

计算预测模型系数为

$$a_{11}=3S_{11}^{[1]}-3S_{11}^{[2]}+S_{11}^{[3]}=3\times536.5-3\times416.2+345.3=706.2$$

$$\begin{aligned}b_t&=\frac{\alpha}{2(1-\alpha)^2}[(6-5\alpha)S_t^{[1]}-2(5-4\alpha)S_t^{[2]}+(4-3\alpha)S_t^{[3]}]\\&=\frac{0.3}{2\times2\times(1-0.3)^2}\times[(6-5\times0.3)]\times536.5-2\times(5-4\times0.3)\times\\&\quad 416.2+(4-3\times0.3)\times345.3\\&=98.4\end{aligned}$$

$$\begin{aligned}c_t&=\frac{\alpha}{2(1-\alpha)^2}(S_t^{[1]}-2S_t^{[2]}+S_t^{[3]})\\&=\frac{0.3^2}{2\times(1-0.3)^2}\times(536.5-2\times416.2+345.3)=4.5\end{aligned}$$

建立非线性预测模型为

$$\hat{y}_{11+T}=y_{11+T}=a_{11}+b_{11}\cdot T+c_{11}\cdot T^2=706.2+98.4t+4.5T^2$$

第12年销售量的预测值为

$$\hat{y}_{12}=y_{11+1}=706.2+98.4\times1+4.5\times1^2=809.1(\text{万台})$$

第13年销售量的预测值为

$$\hat{y}_{13}=y_{11+2}=706.2+98.4\times2+4.5\times2^2=981(\text{万台})$$

平滑法(包括移动平均法和指数平滑法)适用于寻找实际数据序列的长期变动趋势,对数据序列的转折点缺乏鉴别能力。如果遇到数据序列出现转折点的情况,要靠预测者根据外部影响因素的分析判断对预测值进行修正。

某些预测对象实际数据序列的变动除有随机变动和线性或非线性总体发展趋势之外,还有季节性的周期变动。用回归法或平滑法寻求预测对象的总体发展趋势,会把有规律的季节性变动平滑掉。因此,对有季节性周期变动的预测对象,不仅要找出其总体发展趋势,还要研究其季节性周期变动规律。通常用季节变动指数反映预测对象的季节性周期变动规律。下面举例说明季节变动指数的计算方法。

【例12-8】某公司的产品近两年内每月的销售量如表12-10(以吨为单位)所示,试预测下一年各月的销售量。

通过做散点图分析,实际数据序列既有线性增长趋势,又有季节性周期变动(如图12-6所示)。设自变量为时间T(以月为单位),用回归法求得描述预测对象总体变动趋势的线性方程为

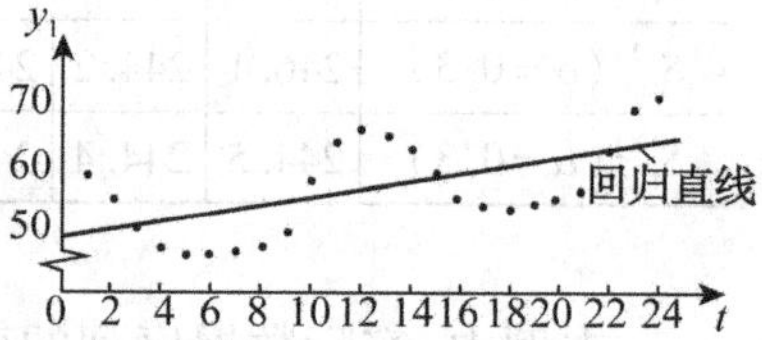

图12-6 实际数据散点图

$$y'_T=48.85+0.611T$$

式中 y'_T——只考虑线性变动趋势时第T月销售量的计算值;

T——月序数。

根据上述线性方程求得的近两年内各月销售量的计算值$y'_T(T=1,2,\cdots,24)$如表12-10所示。

表12-10 季节变动指数计算

月序 T	第一年和第二年			
	月份 K	销售量实际值	销售量计算值	季节变动指数
1	1	59.1	49.1	1.19
2	2	55.0	50.1	1.10
3	3	50.2	50.7	0.99
4	4	46.9	51.3	0.91
5	5	46.2	51.9	0.89
6	6	46.1	52.5	0.88
7	7	46.5	53.1	0.88

表 12－10（续）

月序 T	第一年和第二年			
	月份 K	销售量实际值	销售量计算值	季节变动指数
8	8	47.2	53.7	0.88
9	9	49.5	54.3	0.91
10	10	58.1	55.0	1.06
11	11	64.4	55.6	1.16
12	12	66.2	56.2	1.18
13	1	65.6	56.8	1.15
14	2	63.2	57.4	1.10
15	3	59.2	58.0	1.02
16	4	55.7	58.6	0.95
17	5	54.3	59.2	0.92
18	6	53.1	59.8	0.90
19	7	54.0	60.5	0.89
20	8	54.8	61.1	0.90
21	9	56.3	61.7	0.91
22	10	62.6	62.3	1.00
23	11	69.1	62.9	1.10
24	12	71.9	63.5	1.13

分别计算第一年和第二年各月份的季节变动指数为

$$F_K^{(1)} = y_T/y_T' \quad (K = 1,2,\cdots,12;T = 12,14,\cdots,24)$$

$$F_K^{(2)} = y_T/y_T' \quad (K = 1,2,\cdots,12;T = 1,2,\cdots,12)$$

如果有 n 年的实际数据，第 i 年各月份的季节变动指数为

$$F_K^{(i)} = y_t/y_T' \backslash [i=1,2,\cdots,n;K=1,2,\cdots,12;t=12(i-1)+1,12(i-1)+2,\cdots,12(i-1)+12] \quad (12-33)$$

式中　$F_K^{(i)}$——第 I 年 K 月份的季节变动指数；

y_T——第 T 个月的实际数据；

y_T'——根据回归方程求得的第 T 个月预测对象的计算值。

本例中第一、第二年各月份季节变动指数的计算结果如表 12－10 所示。

取各年相同月份季节变动指数的平均值作为预测中使用的该月份的季节变动指数，即

$$F_K = \frac{1}{n}\sum_{i=1}^{n} F_K^{(i)} \quad (K=1,2,\cdots,12) \qquad (12-34)$$

式中　F_K——K 月份的季节变动指数。

本例中 $F_K = \frac{1}{2}(F_K^{(1)} + F_K^{(2)})$，计算结果如表 12－11 所示。

表 12－11 销售量预测

月序 T	月份 K	季节变动指数	销售量回归计算值/吨	销售量预测值/吨
25	1	1.17	64.1	75.0
26	2	1.10	64.7	71.2
27	3	1.01	65.3	66.0
28	4	0.93	66.0	61.3
29	5	0.91	66.6	60.6
30	6	0.89	67.2	59.8
31	7	0.89	67.8	60.3
32	8	0.89	68.4	60.9
33	9	0.91	69.0	62.8
34	10	1.03	69.6	71.7
35	11	1.13	70.2	79.4
36	12	1.16	70.8	82.2

在求得各月份季节变动指数的基础上，即可求得第 m 年各月份的预测值为

$$\hat{y}_T = F_K \cdot y_T'[K=1,2,\cdots,12;T=12(m-1)+K] \tag{12-35}$$

式中 $\hat{y}_T$——第 T 个月(即第 m 年 K 月份)。

本例中，第三年各月销售量的预测值为

$$\hat{y}_T = F_K \cdot y_T' = F_K(48.85+0.611T)(K=1,2,\cdots,12;T=24+K)$$

计算结果如表 12－11 所示。

三、生长曲线法

许多事物的发展规律类似于生物的自然增值过程，可以用一条近乎 S 型的曲线来描述：发展初期增长速度较慢，一段时间后，增长速度会逐渐加快，到接近于某一增长极限时，增长速度又会变慢(如图 12－7 所示)。技术的发展与普及过程、新产品的普及过程、企业生产能力的提高过程、一国的经济增长过程等都具有这种特点。

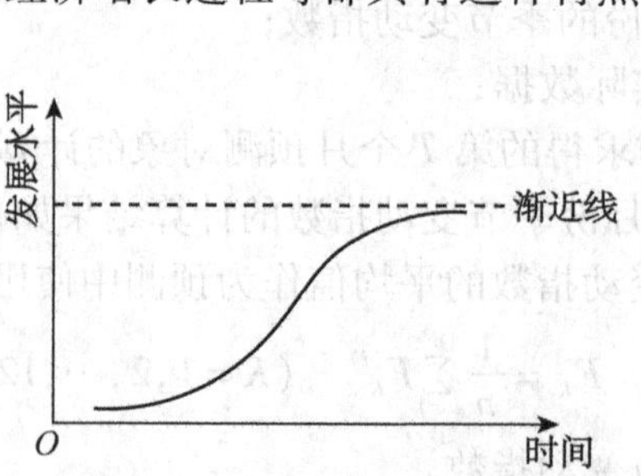

图 12－7 事物发展的 S 型曲线

对于事物发展过程呈 S 型曲线这一规律，很多人进行了研究，有多种 S 型曲线的数学描述。常用作预测模型的有戈珀兹曲线(Comperts Curve)与逻辑曲线(Logistic Curve)。下面分别加以介绍。

(一)戈珀兹曲线预测模型

戈珀兹曲线的数学形式为

$$y = L \cdot a^{bt} \tag{12-36}$$

式中　y——函数值；

t——时间变量；

L——渐近线值(极限值)；

a,b——模型参数。

如果通过对时间序列数据的观察分析，认为可以用戈珀兹曲线拟合，可按如下步骤计算 L,a,b 等 3 个待求参数。

(1)进行时间编序，第一年 $t=0$，第二年 $t=1$，依此类推。

(2)将时间序列数据分为三段，每段 n 年，计算各时间段内实际数据之对数和，分别记作 $\sum_1 \lg y, \sum_2 \lg y, \sum_3 \lg y$。

$$\begin{cases} \sum_1 \lg y = \sum\limits_{t=0}^{n-1} \lg y_t \\ \sum_2 \lg y = \sum\limits_{t=0}^{2n-1} \lg y_t \\ \sum_3 \lg y = \sum\limits_{t=0}^{3n-1} \lg y_t \end{cases} \tag{12-37}$$

式中　y_t——第 t 年的实际数据。

(3)计算 L,a,b。

$$b^n = \frac{\sum_3 \lg y - \sum_2 \lg y}{\sum_2 \lg y - \sum_1 \lg y} \tag{12-38}$$

$$\lg a = (\sum_1 \lg - \sum_1 \lg y) \cdot \left(\frac{b-1}{(b^n-1)^2}\right) \tag{12-39}$$

$$\lg L = \frac{1}{n}(\sum_1 \lg y - \frac{b^n-1}{b-1}\lg a) \tag{12-40}$$

【例 12-9】已知某企业近 12 年内的产值数据(如表 12-12 所示)，根据对数据的观察分析和对企业设备条件的考察，认为该企业生产能力的提高过程可以用戈珀兹曲线描述，且目前已到生产能力趋于稳定的阶段，试建立戈珀兹曲线预测模型并预测下一年的产值。

将时间序列数据分为三段，每段 4 年($n=4$)，分别计算各时间段内实际数据的对数和，计算结果如表 12-12 所示。

表 12－12　原始数据及预测模型参数计算

时间段 i	年序 t	产值 y_t/万元	$\lg y_t$	$\sum_t \lg y$
1	0	152	2.181 84	$\sum_1 \lg y = 9.264\ 82$
	1	183	2.262 45	
	2	245	2.389 17	
	3	270	2.431 36	
2	4	510	2.707 57	$\sum_2 \lg y = 11.306\ 01$
	5	615	2.788 88	
	6	750	2.875 06	
	7	860	2.934 50	
3	8	980	2.991 23	$\sum_3 \lg y = 12.099\ 31$
	9	1 060	3.025 31	
	10	1 095	3.039 41	
	11	1 105	3.043 36	

计算各待求参数

$$b^4 = \frac{\sum_3 \lg y - \sum_2 \lg y}{\sum_2 \lg y - \sum_1 \lg y} = \frac{12.099\ 31 - 11.306\ 01}{11.306\ 01 - 9.264\ 82} = 0.388\ 65$$

$$b = \sqrt[4]{0.388\ 65} = 0.789\ 57$$

$$\lg a = \left(\sum_2 \lg y - \sum_1 \lg y\right) \cdot \frac{b-1}{(b^n-1)^2}$$

$$= (11.306\ 01 - 9.264\ 82) \times \frac{0.789\ 57 - 1}{(0.388\ 65 - 1)^2} = -1.149\ 25$$

$$\lg L = \frac{1}{n}\left(\sum_1 \lg y - \frac{b^n - 1}{b - 1}\lg a\right)$$

$$= \frac{1}{4}\left(9.264\ 82 - \frac{0.388\ 65 - 1}{0.789\ 57 - 1} \times (-1.149\ 25)\right) = 3.150\ 91$$

$$a = 0.070\ 92, L = 1\ 415.5$$

由此可得戈珀兹曲线预测模型为

$$\hat{y}_t = 1\ 415.5 \times 0.070\ 92^{0.789\ 57^t}$$

下一年（$t=12$）产值的预测值为

$$\hat{y}_{12} = 1\ 415.5 \times 0.070\ 92^{0.789\ 57^{12}} = 1\ 211.8\text{（万元）}$$

（二）逻辑曲线预测模型

逻辑曲线的数学形式为

$$y = \frac{L}{1 - be^{-at}} \tag{12-41}$$

式中　y——函数值；

t——时间变量；

L——渐近线值(极限值);

a,b——模型参数;

e——自然对数的底。

如果需要用逻辑曲线拟合时间序列数据,待求参数 L,a,b 的计算方法如下:

(1)进行时间编序,第一年 $t=1$,第二年 $t=2$,依此类推。

(2)将时间序列数据分为三段,每段 n 年,计算各时间段内实际数据的倒数之和,分别记作 S_1,S_2,S_3。

$$\begin{cases} S_1 = \sum_{t=1}^{n-1} \frac{1}{y_t} \\ S_2 = \sum_{t=n+1}^{2n} \frac{1}{y_t} \\ S_1 = \sum_{t=2n+1}^{3n} \frac{1}{y_t} \end{cases} \tag{12-42}$$

设

$$\begin{cases} D_1 = S_1 - S_2 \\ D_2 = S_2 - S_3 \end{cases}$$

(3)计算 L,a,b。

$$L = \frac{n}{S_1 - \frac{D_1^2}{D_1 - D_2}} \tag{12-43}$$

$$a = \frac{1}{n}(\ln D_1 - \ln D_2) \tag{12-44}$$

$$b = \frac{L \cdot D_1}{c(D_1 - D_2)} \tag{12-45}$$

式中,$c = \frac{e^{-a}(1-e^{-na})}{1-e^{-a}}$。

将求得 L,a,b 代入式(12-41)即可得逻辑曲线预测模型。

习　题

1. 根据预测的特点和技术经济预测的一般步骤,影响技术经济预测精确度的主要因素有哪些?

2. 简述德尔菲法预测的实施步骤。设计德尔菲法预测调查表应注意什么问题?试就某一项预测问题设计一个调查表。

3. 什么情况下可以采用一元线性回归预测法?什么情况下可以采用多元线性回归预测法?一元线性回归中的相关系数和多元线性回归中的全相关系数意义何在?如何确定预测值的置信区间?

4. 用时间序列法做预测的假设前提是什么?移动平均法和指数平滑法各有什么特点?说明一次、二次移动平均法和一次、二次、三次指数平滑法分别在哪些情况下适用。

5. 移动平均法中参数 n 的大小对预测结果有何影响?选择参数 n 应考虑哪些问题?

6. 指数平滑法中平滑系数 α 的大小对预测结果有何影响？选择 α 应考虑哪些问题？确定指数平滑的初始值应考虑哪些问题？

7. 在什么情况下要进行季节变动指数分析？简述季节变动指数分析的基本步骤。

8. 举出一个其发展规律可用S型曲线描述的事例，简述用戈珀兹曲线和逻辑曲线拟合时间序列数据的步骤。

9. 某工厂拥有役龄不等的某种型号的机床14台。这些机床去年的维修费与役龄的关系如表12－13所示，试建立回归方程，预测这种型号的机床役龄为10年、11年时的维修费用。

表12－13 维修费与役龄的关系

役龄/年	6	2	7	5	3	1	6	2	4	1	8	5	9	3
维修费/(元/年)	126	49	181	63	110	23	92	68	92	64	105	117	141	40

10. 某种商品去年各月份在某市的销售量如表12－14所示。试分别用移动平均法和指数平滑法建立线性预测模型，并预测今年1月份和2月份的商品销售量（取 $n=3,\alpha=0.6$）。

表12－14 销售量数据

月序	1	2	3	4	5	6	7	8	9	10	11	12
销售量/万件	808	903	10.2	11.2	12.1	12.7	12.8	13.3	15.1	16.8	18.3	17.8

11. 某市过去10年洗衣机的销售量如表12－15所示。用三次指数平滑法建立非线性预测模型预测第11年和第12年洗衣机的销售量。

表12－15 销售售数据

年序	1	2	3	4	5	6	7	8	9	10
销售量/台	858	806	795	921	859	888	907	982	1032	1 117

12. 某塑料厂的A产品前5年各月的销售额（万元）如表12－16所示，试预测第6年各月的销售额。

表12－16 销售额数据

单位：万元

月份＼年序	1	2	3	4	5
1	74.2	74.1	89.6	95.1	103.0
2	69.7	70.0	99.3	86.1	103.2
3	77.6	77.4	88.5	93.8	112.6
4	89.8	93.2	105.5	110.9	128.5

表 12－16（续）

年序 月份	1	2	3	4	5
5	103.0	109.9	120.4	127.4	145.8
6	110.7	122.3	132.6	147.2	163.7
7	116.5	129.0	130.3	148.6	161.1
8	121.6	134.9	143.6	155.5	160.8
9	120.8	134.1	147.3	160.4	152.8
10	113.1	129.6	145.3	160.0	142.00
11	97.1	106.6	117.0	140.3	111.9
12	78.3	90.1	102.3	120.9	101.3

参考文献

[1]林文俏.项目投资决策经济分析[M].广州:中山大学出版社,2002.
[2]邱菀华.现代项目管理导论[M].北京:机械工业出版社,2009.
[3]张立友,金林,于晓璐.项目管理核心教程与 PMP 实战[M].北京:清华大学出版社,2007.
[4]郑立群.工程项目投资与融资 [M].上海:复旦大学出版社,2011.
[5]张青.项目投资与融资分析 [M].北京:清华大学出版社,2012.
[6]王宏起.高长元.技术经济学[M].哈尔滨:哈尔滨工程大学出版社,1995.
[7]戚安邦.项目论证与评估[M].北京:机械工业出版社,2004.
[8]李振球.技术经济学[M].大连:东北财经大学出版社,1999.
[9]简德三.项目评估与可行性研究[M].上海:上海财经大学出版社,2004.
[10]杨国良.技术经济与管理[M].北京:中国经济出版社,1998.
[11]王兰荣,鞠晓峰.技术经济学[M].哈尔滨:哈尔滨工业大学出版社,1990.
[12]傅家骥,仝允桓.工业技术经济学[M].北京:清华大学出版社,1996.
[13]赵国杰.技术经济学[M].天津:天津大学出版社,1996.
[14]高长元.工业技术经济学[M].哈尔滨:黑龙江人民出版社,1999.
[15]武春友.工业技术经济学[M].大连:大连理工大学出版社,2004.
[16]黄渝祥.工程经济学[M].上海:同济大学出版社,2005.
[17]吴添祖,冯勤,欧阳仲键.技术经济学[M].北京:清华大学出版社,2004.
[18]陈立文,陈敬武.技术经济学概论[M].北京:机械工业出版社,2006.
[19]孙怀玉.实用价值工程教程[M].北京:机械工业出版社,1999.
[20]孙薇.技术经济学[M].北京:机械工业出版社,2009.
[21]郎宏文,王悦,郝红军.技术经济学[M].北京:科学出版社,2009.
[22]祝爱民.技术经济学[M].北京:机械工业出版社,2009.
[23]杨克磊.技术经济学[M].上海:上海复旦大学出版社,2007.
[24]刘晓君.技术经济学[M].北京:科学出版社,2008.
[25]邵颖红.工程经济学概论[M].2 版.北京:电子工业出版社,2009.
[26](美)沙利文,(美)威克斯,(美)科林.工程经济学[M].14 版.北京:清华大学出版社,2011.